“十二五”普通高等教育本科国家级规划教材

北京高等教育精品教材
BEIJING GAODENG JIAOYU JINGPIN JIAOCAI

ECONOMICS & MANAGEMENT

教育部经济管理类主干课程教材

市场营销系列

Marketing

市场营销学

（第五版）

吕一林　陶晓波　编著

中国人民大学出版社
· 北京 ·

前言

本书第一版发行至今已经14年了，被评为“十二五”普通高等教育本科国家级规划教材和北京高等教育精品教材。

第五版的修订主要包括以下内容：(1) 更换了章后案例和章前引例；(2) 第1章增加了第4节“市场营销道德”；(3) 原有第3章“消费者市场与产业市场”被拆分成现在的第3章“消费者市场及购买行为分析”与第4章“组织市场及购买行为分析”，分别加以阐述；(4) 增加第6章“通过营销调研实现对信息的利用”；(5) 增加第15章“市场营销绩效的测量与监控”；(6) 删除原第17章“全球营销——经济全球化时代的营销新模式”；(7) 第16章增加了第4节“在线营销的形式”。

修订完善后的教材突出了中国特色。当代中国，在努力实现“中国梦”的过程中，广大消费者正在经历一场前所未有的营销变革，大量中国特有的营销现象不断涌现。创立有中国特色的市场营销学理论体系是当代学者的使命与奋斗目标。为此，本教材采用专题、实例、案例等多种形式，力求反映当代中国社会新的营销现象，研究其特征及发展趋势，如营销道德、在线营销的多种形式、“80后”与“90后”消费者的行为特征、文化营销等。

修订完善后的教材更注重研究方法。当代市场营销学理论发展的重要标志是采用科学的研究方法和研究技术。正是由于研究方法与研究范式的导入，我国市场营销学领域的研究进入崭新的发展阶段，研究水平迅速提升，与国际先进水平的差距逐步缩小。基于这一思考，本教材加强了对研究方法与技术的介绍，增加了第6章“通过营销调研实现对信息的利用”，同时增加了第15章“市场营销绩效的测量与监控”。读者在了解基本理论的同时，能够初步掌握市场营销学的研究方法，使自己不仅成为市场营销学理论的应用者，而且成为一个研究者。

第五版教材的编写人员仍然包括北方工业大学的陶晓波副教授。另外，还要对参与本书前四版撰写或修订的李蕾、岳俊芳、杨立宇三位博士表示衷心的感谢。希望得到读者的意见反馈，以帮助我们不断改进。

目 录

第1章

关于市场营销

华为公司成立于1987年，是一家生产销售通信设备的民营通信科技公司，产品主要涉及通信网络中的交换网络、传输网络、无线及有线固定接入网络、数据通信网络及无线终端产品，为世界各地通信运营商及专业网络拥有者提供硬件设备、软件、服务和解决方案。华为公司堪称中国民族企业的骄傲，截至目前，该公司的产品和解决方案已经应用于全球170多个国家，服务全球运营商50强中的45家及全球1/3的人口，2014年《财富》500强中华为排在第285位，与2013年相比上升了30位。

华为的核心价值观中有这样一段话："为客户服务是华为存在的唯一理由，客户需求是华为发展的原动力。我们坚持以客户为中心，快速响应客户需求，持续为客户创造长期价值进而成就客户。为客户提供有效服务，是我们工作的方向和价值评价的标尺，成就客户就是成就我们自己。"华为公司创始人任正非说："华为的产品也许不是最好的，但那又怎样？什么是核心竞争力？选择我而没有选择你就是核心竞争力。"简单的几句话凸显出华为成功的关键是始终以客户为中心开展营销工作，也表明华为的成功并不是偶然的，而是依据现代营销理念采取正确的营销组合策略开展经营的必然结果。

第1节　市场营销的发展脉络

从字面上理解，"市场营销"就是在市场中的经营与销售。不同历史时期，企业面临的经营环境差异很大，采取的经营与销售方式也不尽相同。理解市场营销的内涵应结合企业所处的时代背景。

一、历史上的市场营销

从企业产生开始，就有了经营与销售活动。企业要能够生存并发展下去，必须通过产品的生产与销售，获得必要的利润。能否获得必要的利润，取决于两点：一是所生产的产品是否畅销；二是产品售价是否高于成本。因此，从一开始，企业所有的经营活动就是围绕如何使产品畅销、如何降低产品成本这两个关键问题展开的。

从某种角度而言，企业是一系列职能活动的集合体，这些职能活动通常包括研发、生产、销售、人力资源管理、财务管理等。企业所面临的产品是否畅销、成本如何降低这两个问题，与企业能否有效率地开展包括生产、销售、研发等在内的职能活动有着密切的关系。

产品是否畅销的问题既与研发有关，也与销售有关。比如，通过研发新产品，也许能够使企业的产品畅销；适当的销售方式、促销方法，对于产品的畅销也起着很大的作用。而如何降低产品成本的问题主要与生产活动有关，有效地组织生产活动、提高生产效率无疑对于降低产品成本起着关键作用。

因此，企业所面临的两大关键问题与生产、研发、销售这三项职能活动的关系最为密切。为使产品畅销、成本降低，企业重点从生产、研发、销售这三个方面寻找解决办法。但是，不同历史时期的企业对于如何解决这些问题，先解决什么问题后解决什么问题等存在不同看法，这些不同的看法就形成了不同历史时期企业不同的经营观念，持有不同经营观念的企业往往会采取不同的经营与销售模式。

1. 以生产为主导的经营观念

20 世纪初，处在工业化初期的企业面临的共同问题不是产品卖不掉，而是产品生产不出来、产量有限、生产成本高等。这些问题之所以产生，原因就在于工业化初期的生产技术水平落后。因此，生产环节成为制约企业扩大规模、获取利润的瓶颈。

20 世纪初期的企业认为：经营的重心是生产，如果能够找到最有效的生产方式，提高生产效率，降低产品成本，企业不仅能够扩大规模，而且能够获取丰厚的利润。这实际上就是以生产为主导的经营观念的反映。

以生产为主导的经营观念是指：生产是企业经营的重心，所有经营活动都应该围绕提高生产效率、降低生产成本展开。在这种经营观念的指导下，企业着重研究如何提高产量、如何提高生产效率、如何降低生产成本，大部分的人力、物力和财力都放在生产环节。所以，在以生产为主导的经营观念的指导下，企业的经营与销售模式是生产导向型的。生产导向的经营与销售模式的潜台词就是：只要能够生产出来，销售就不成问题；只要能够大规模、低成本地生产产品，利润就是丰厚的。之所以生产导向的经营与销售模式能够成功，是因为这种模式与工业化初期生产能力不足、生产效率低下、市场竞争缺乏等历史条件相适应。

生产导向的经营与销售模式为工业化初期的企业指明了经营重心，那些在生产方式改进、生产效率提高、生产成本降低方面有突破的企业无一例外地取得了良好的市场业绩。20 世纪初，福特汽车率先将流水作业的生产方式引入汽车生产之中，而且在流水线上只生产一种型号的汽车——黑色 T 型车，这就使得福特不仅因为采用流水线生产方式提高了生产效率，而且因为只生产单一的黑色 T 型车，实现了汽车的大规模批量生产，从而极大地降低了生产成本。1908 年 10 月 1 日，福特首次推出黑色 T 型汽车，售价为 850 美元，随着设计和生产的不断改进，最终产品售价降到了 260 美元。第一年，T 型车的产量就达到 10 660 辆，创下了汽车行业的纪录，到了 1921 年，T 型车的产量已占世界汽车总产量的 56.6%。显然，20 世纪初期，福特汽车的成功应该归结于它找到并忠实地执行了正确的经营与销售模式，这种正确的经营与销售模式是以生产为主导的经营观念的直接体现。

2. 以产品为主导的经营观念

随着工业化的发展，生产能力得以提高、生产效率得以提升、生产成本得以降低，生产环节不再是制约企业扩大规模、获取利润的瓶颈。企业在享受产能扩大、成本降低带来的利益之时，却发现产品的销售日趋艰难。出现这种情况最主要的原因就是随着生产技术的发展，市场供应不断增加，导致市场竞争越来越激烈，企业再也找不到“只要生产出来就不愁销售”的感觉了。

面对市场环境所发生的变化，企业也在探寻解决办法。由于市场竞争取代生产成为制约企业生存与发展的瓶颈，因此如何应对产能扩大所导致的激烈的市场竞争，就毫无争议地成为工业化进程中企业必须解决的问题。怎样应对日趋激烈的市场竞争？怎样让所生产出来的产品重新畅销？为此，企业转而从内部其他职能活动中寻求解决之道。研发，尤其是关于产品的研发，逐渐取代生产成为企业经营与销售的重心。企业希望通过产品的研发，不断提高产品质量、增加产品功能、完善产品品种，以此使本企业的产品与竞争者的产品保持一定的差异，帮助企业摆脱产品不再畅销的窘境。

由此，诞生了以产品为主导的经营观念，这种经营观念是指：经营与销售的重心是产品本身，企业应该通过研发来提高产品质量、完善产品品种、增加产品功能。所以，在以产品为主导的经营观念的指导下，企业的经营与销售模式是产品导向的。产品导向的经营与销售模式强调企业应当注重产品的研发，通过产品差异化来应对日趋激烈的市场竞争，从而解决销售的难题。

产品导向的经营与销售模式虽然能够在一定程度上帮助企业缓解销售困难，但是没有从根本上改变市场供应过多、产能过剩所导致的市场竞争激烈的现实，也难以真正帮助企业实现有市场价值的产品差异化。

比如，通用汽车公司为应对日趋激烈的市场竞争，通过开发新产品、增加汽车款式和颜色、给汽车增加新的功能来与福特的单一产品经营模式相抗衡，虽然取得了一定的市场效果，但显而易见的是，通用汽车的这种经营与销售方式存在两个致命的缺陷：一是其他企业也可以借助类似的方法，向市场提供质量优异、功能完善、品种丰富的产品，所以，产能过剩的现状没有根本改变；二是没有以消费者需求作为产品研发的基础，因此，即便企业的产品质量优异、功能完善、品种丰富，也会由于与消费者实际需要差距过大而导致企业陷入销售困境。

3. 以销售为主导的经营观念

既然生产不再是瓶颈，而产品导向的经营与销售模式也没有真正帮助企业改变竞争激烈、产品销售困难的局面，那么，什么样的经营与销售方式才能帮助企业走出因生产技术能力提高所导致的供应增多、销售艰难的困境呢？企业这时候又转而通过销售这项职能寻找解决的办法。

当企业从销售职能角度寻找解决经营问题的方法时，就产生了以销售为主导的经营观念。这种经营观念认为：经营与销售的重心是销售本身，企业应该以销售为重点，唯有通过增加销售人员与销售渠道、加大促销力度，才能解决销售难题。所以，在以销售为主导的经营观念的指导下，企业的经营与销售模式是销售导向的。销售导向的经营模式强调销售队伍与销售渠道的建设，也要求采取更多的促销手段，给予消费者更大的折扣。

显然，销售导向的经营模式虽然能缓解一时的销售困难，但是不能改变长期的销售困难的局面。在强大的销售促进攻势下，消费者可能会临时购买和消费更多的产品，但是久而久之，消费者在习惯了更多销售人员、更多折扣的销售模式后，会产生获取更多折扣的“购买期待”，企业不得不再次给予更多的销售折扣，如此循环，必将导致企业产品即使销售出去也因销售成本大幅增加而亏损累累的局面。

二、现代市场营销

由于生产导向、产品导向以及销售导向的经营观念无法帮助企业真正走出销售困境，在市场供应越来越多、竞争日趋激烈的残酷现实中，企业不得不反思：生产导向、产品导向以及销售导向的经营观念是否存在问题？存在什么样的问题？为什么会存在这样的问题？

其实，历史上的三种经营观念所倡导的提高生产效率、注重产品研发、强调销售促进都没有错，只不过随着市场环境的改变，这些经营观念已经显得不合时宜。其原因在于，随着生产技术的发展，市场供应越来越多，不仅促使市场竞争加剧，而且导致市场从供不应求的状态转向供大于求的状态。所以，企业生产什么、以什么方式生产、销售什么、以什么方式销售的决定权实质上已经掌握在消费者手中。这就要求企业不能关起门，在不了解市场、不了解消费者的基础上，擅自决定如何提高生产效率、如何开发新产品、如何进行产品促销。当企业意识到应该采取由外向内的经营方针，即在了解市场的前提下，再思考经营与销售问题的时候，一种新的经营理念随即诞生，这就是现代市场营销。

美国市场营销协会（AMA）曾先后几次给市场营销下过定义，其中 1985 年和 2004 年的定义最具代表性，不仅反映了现代市场营销经营观念的本质，而且体现出现代市场营销经营观念与时俱进的特征。

1. 1985 年的定义

AMA 于 1985 年指出：

> 市场营销是计划和执行关于产品、服务和创意的观念、定价、促销和分销的过程，目的是完成交换并实现个人及组织的目标。

这个定义所反映的经营观念与历史上的其他经营观念的区别表现在：

（1）明确了经营的目的是促使交换的完成。当企业将完成交换视为经营目的时，必然导致经营指导思想与经营方式的改变。生产什么、怎么生产、销售什么、如何销售不再由企业决定，而是由市场决定，所以，企业经营方式转向以需求为主导，企业内部的职能活动依据市场需求展开，即市场需求是生产、研发、销售等职能活动决策的依据。这种经营方式显然与历史上生产主导、产品主导以及销售主导的经营方式有着本质的差别。

（2）将市场营销视为一个过程，这个过程既包括传统意义上的销售活动，如促销与分销，也包括产品设计与开发、产品生产以及产品定价等。这说明市场营销不仅与产品生产出来后的销售活动有关，还与产品生产前的研发、产品生产方式和产品质量控制有关，并且产品定价也不再只是财务上的事情，而是市场营销的分内工作。为什么市场营销会介入如此之多的职能活动呢？根本的原因在于企业生产什么、如何生产、销售什么、如何销售都完全取决于市场需求，只有在了解市场的基础上，将市场需求特征反映到产品设计、产品开发、产品生产、产品质量、产品定价以及销售活动中去，才能确保消费者认可并接受企业的产品，从而使交换能顺利进行。这种观点显然与历史上仅强调单一职能活动重要性的经营观念存在本质的差别。

2. 2004 年的定义

AMA 于 2004 年重新给出了市场营销的定义：

> 市场营销既是一种组织职能，也是为了组织自身及利益相关者的利益而创造、传播、传递客户价值，管理客户关系的一系列过程。

这个新的定义既反映了1985年AMA对于市场营销的理解，也反映了经营环境发生改变后对企业经营方式的新要求。具体而言，在理解新定义时应着重把握：

（1）职能观。即市场营销是一项企业的职能，是一项事关企业经营成败的关键职能。这与1985年的定义没有本质的差别。

（2）客户价值观。即客户价值是企业开展市场营销活动的依据。这与1985年定义中所强调的基于市场需求特征来设计产品、生产产品、制定价格、开展促销和分销并没有本质的区别。

（3）客户关系管理观。即企业应该注重管理好与消费者（或者客户）、经销商、供应商、股东，甚至内部员工的关系。客户关系管理观是AMA在经营环境发生变化后提出的一种新观点，这种观点与1985年的定义存在差异。随着市场饱和度的上升，保留老客户的成本远远低于吸引新客户的成本，所以，新定义强调应该管理与消费者（或者客户）的关系，尤其应该与消费者（或者客户）建立起长期的交换关系。现代竞争已经不再是企业与企业之间的竞争，而是网络与网络之间的竞争，所以企业要创造客户价值，生产出市场需要的有竞争力的产品，需要供应商、经销商、股东与员工的密切配合，因此，企业应该管理好包括供应商、经销商、股东及员工等在内的各种复杂的关系网。

三、未来的市场营销

未来的市场营销是什么样子？企业如何适应未来的市场变化和不断变化的客户需求？知名营销咨询机构EffectiveBrands基于对92个国家和地区的1 000名营销者所做的访谈显示，与其他人相比，营销者更需要有一种超乎寻常的能力，能够预测未来营销的发展趋势。为了让自己更能胜任营销领导者的角色，营销者必须洞察市场变化，并且对品牌和业务发展进行比较准确的预测，之后根据市场变化进行相应的调整，保持品牌的市场相关性。具体来说，未来的市场营销需要考虑五个方面：

1. 确定品牌的目的

当运用各种现代化技术进行营销时，无论是移动、社交媒体还是大数据，营销者都不能忽视自己品牌之所以存在的原因。比起表现不佳者，超常发挥者对于自己的品牌何以存在有着更强的认知意识。

联合利华首席营销官兼传播官基斯·威德认为，营销不再只是涉及传播的功能性利益。相反，营销必须涵盖关于品牌角色的更广泛的含义，而且必须适用于全球范围。他说："我们必须更深入地了解消费者，了解他们在真实生活中的具体需求，并专注于如何为他们提供更好的服务。"

阿克苏诺贝尔（AkzoNobel）的涂料品牌多乐士（Dulux）采用的方法，体现了它对品牌社会性目的的重视。多乐士开展了一场"让我们多姿多彩"

(Let's Colour) 的品牌运动，员工作为志愿者利用多乐士捐赠的涂料，让一些公共场所的环境得以美化。为此，多乐士捐赠了50万升涂料，这些涂料主要用于巴西贫民区，以及英国的300多个社区美化项目。多乐士高级品牌经理雷尼特·科拉克（Renet Colaco）说，“让我们多姿多彩”的品牌运动帮助多乐士塑造了一种能给社会带来价值的品牌形象。虽然很难追踪此次品牌运动给产品销售带来了什么样的影响，但是有明确的数据表明，此举有助于让客户、员工和品牌进行更深入的互动。她说：“你不只是改变自己家的颜色，同时还涉及社会层面的内容——你还可以改变自己居住的社区。此次品牌运动既可以通过颜色给人们的生活带来变革性的影响，还可以塑造多乐士‘色彩权威’的品牌形象。”

2. 保持一致性

有证据表明，拥有强烈的品牌目的有助于品牌在不同的传播渠道中保持一致性。咖啡机品牌 Nespresso 正在寻找保持品牌一致性的方法。为此，Nespresso 向消费者做出承诺：让任何渠道的消费者都享受 Nespresso 最好的咖啡体验。Nespresso 英国市场总经理布莱默·罗翰解释说，作为咖啡机生产企业，他们通过三个渠道服务客户：零售精品店、网络和电话。但是 Nespresso 希望建立一套明晰的关键绩效指标，进而整合所有的业务。她说：“我们是一个全球性的品牌，不仅与本地营销队伍紧密合作，与全球营销部门的合作也非常紧密。我们不断审视自己的渠道，并运用最流行的顾客忠诚度分析指标净推荐值（Net Promoter Score）等，以确保品牌在各个渠道保持一致性。”罗翰解释说，Nespresso 的目标是通过数据和消费者洞察分析，为客户提供个性化的服务体验。为此，Nespresso 收集与客户相关的各种信息，包括客户拥有什么类型的咖啡机，咖啡偏好是什么，然后向目标客户发送有针对性的电子邮件，这也正是 Nespresso 成立用户俱乐部的原因。她说：“我们不仅留意客户的喜好，也留意他们的潜在需求。其中的关键是与消费者对话，在双方相互加深了解的过程中，我们能够更好地了解客户需求。”

3. 与人力资源部、IT 部友好相处

营销者掌握的数据越多，对消费者的洞察越深，品牌的目的越明确，他们的决策对企业整体发展方向所起的作用就越关键。如果营销者是企业执行董事会的一员，或者营销者与企业其他部门合作密切，譬如人力资源部和 IT 部，那么营销者的战略性地位将更重要。因为这样能够更好地在企业内部做好品牌价值传播工作，也能够开发更好的技术和应用系统。酒店预订服务网站 Hotels. com 首席营销官奈杰尔·波克林顿（Nigel Pocklington）对此表示同意，他认为营销在决定企业整体发展方向上起到了重大作用。同时他指出，和许多线上企业一样，现在营销支出是他们最大的一项开支：“企业生死存亡，与其营销开支密切相关。”Hotels. com 本身就是一个例子，它在2011年进行品牌重建，确保其品牌在80多个国家保持一致性。波克林顿指出，首席营销官在传播工作以及明确品牌宗旨的工作中都起到至关重要的作用。就后者而言，他认为 Hotels. com 对于消费者而言是一位“旅游盟友”，而不只是提供酒店预订服务。“营销工作具有重要的整合功能。”他说，“一个营销团队必须能够将企业针对消费者开展的营销活动全部整合起来。”

4. 人员培训

虽然营销者要和企业各个部门保持紧密合作的关系，但是许多营销者发现很难做到。这可能与企业是否为营销者提供培训有关——33%的受访者表示自己没有接受过正式的营销培训，只有 24%的受访者表示自己每年接受超过 3 天的培训。而超常发挥者在这方面的数据为 35%，在表现不佳者中这一数据仅为 19%。

沃克斯豪尔汽车公司（Vauxhall Motors）营销总监彼得·霍普（Peter Hope）认为，那些专注于提高适应市场需求专业技能的企业，将有可观的回报。他说：“市场环境越来越复杂，这对企业提出更高的要求，包括追踪潜在客户开发流程、挖掘社交网络、管理有针对性的企业活动等。现在，我们对这些活动的投资回报情况越来越了解。”“‘一体适用’的理念已经过时了。”百事可乐全球营养集团（Global Nutrition Group）首席营销官甘农·琼斯（Gannon Jones）说，“在特定的领域找到最好的合作伙伴，创建一个共同体或者一个跨学科的团队，是一种新兴的合作模式。”

5. 授权本土团队提升效率

置身于数字化市场环境，保持灵活性至关重要。许多品牌都在寻找办法，希望迅速回应当地消费者并保持互动。这给营销管理者带来了巨大的挑战，因为他们必须确保在全球范围内保持品牌一致性。“全球化曾经是食物链上最高级的一环。”可口可乐执行副总裁乔·特里波迪（Joe Tripodi）说，“但现在真正的机会在于网络实体——要发现那些能把工作做得最好的人，把相关工作交给他们，并且在全球范围内实现社交化。”目前网上服装零售品牌 Zappos. com 采纳了员工授权理念。Zappos. com 的创新包括以“文化考核”（Culture Review）代替基本的绩效考核，要求员工基于同事的各种行为做出评价。它还对新员工采取了这样一种做法，如果在前两周内有谁主动提出退出企业，那么他将获得 2 000 美元——Zappos. com 认为这种激励方式可以确保所有的新员工在工作中全力以赴。Zappos. com 的“文化传道者”乔·沃尔斯基（Jon Wolske）认为，明确企业的价值观和预期，可以大大降低员工管理的难度，并对驱动企业增长起到至关重要的作用。

第 2 节　现代市场营销的逻辑

现代市场营销认为市场是企业经营与销售决策的依据，企业应该以符合市场特征和规律的方式从事经营活动。

市场营销是企业一项非常重要的职能，有效开展市场营销需要遵循由外到内的逻辑，即在了解市场的基础上，再决定生产什么、如何生产、销售什么，以及如何销售。现代市场营销的逻辑体系包括四个方面的内容：第一，理解市场；第二，设计与执行营销方案；第三，建立营销合作体系；第四，建立营销资产。这四方面内容既体现了由外到内的营销逻辑，也说明了营销的目标及实现目标的手段。

一、了解市场是市场营销的起点

市场是企业制定经营与销售决策的依据，所以了解市场是开展市场营销的第一步。生产是为消费而存在的，而消费是为需求而进行的，所以，首先应该从需求角度了解市场。为了让消费者青睐自己的产品，企业除按需生产外，还得使自己的产品比竞争者的产品更有优势。如何确定这样的优势呢？这就需要从竞争的角度了解市场。

1. 从需求的角度了解市场

市场是所有现实与潜在消费者的集合。企业开展经营与销售活动就是为了满足市场的需求，即满足构成市场的消费者的需求。

了解市场就是了解市场需求，了解市场需求就是了解消费者需求，了解消费者需求就是了解消费者需求的规模及特征。

（1）需求规模。市场需求规模取决于两个因素：一是消费者的数量；二是消费者的购买力。消费者的数量通常就是指人口数量，因此，某个市场需求规模大小首先取决于该市场的消费者人口数量多少；消费者的购买力与消费者收入有关，所以，某个市场需求规模大小还与消费者收入水平有关。

需求规模大小是企业决定是否向该市场提供产品的主要依据之一。由于需求规模较大的市场所提供的盈利与发展空间也较大，因此，企业通常喜欢向需求规模较大的市场提供产品和服务。比如，我国改革开放初期很少有外资汽车厂商在中国设厂，而现在，世界各大汽车厂商纷纷在中国设厂，导致这种变化的最主要原因是中国消费者的购买力的变化：改革开放初期中国消费者收入水平较低，汽车市场需求规模不大；而现在，随着经济发展水平的不断提高，中国消费者收入水平有了很大提高，汽车市场规模也随着消费者收入水平的提高而扩大。

（2）需求特征。当企业决定向某个市场提供产品时，还面临着一系列的决策：提供什么产品？以什么方式向这个市场提供产品？做这些决策最主要的依据之一就是需求特征，所以，向市场提供什么产品、以什么方式向市场提供产品是由市场需求特征决定的。

市场需求特征是由构成市场的消费者的特征决定的，所以，企业要想了解市场需求特征，首先必须了解这个市场上的消费者的特征。消费者的文化、社会、人口统计以及心理等特征都会影响他们的需求特征；换句话说，需求特征受制于消费者的文化、社会、人口统计以及心理等因素。

比如，美国某汽车厂商看到中国汽车市场很有发展前途，决定在中国生产和销售汽车。那么应该在中国生产何种车型？以什么方式向中国消费者销售汽车？显然，在美国畅销的车型不一定受中国消费者欢迎，在美国流行的销售方式中国消费者也不一定接受。所以，该美国汽车厂商必须先了解中国消费者的需求特征，才能有的放矢地决定生产什么车型、以什么方式在中国销售汽车。

2. 从竞争的角度了解市场

从竞争角度而言，市场是由提供类似商品的竞争性企业构成的集合。无疑，提供类似产品的企业之间存在竞争关系，实际上这些企业竞争的内容就是市场的需求，它们都希望消费者能青睐自己的产品，而企业只有为消费者提供更有价值的产品，才会受到消费者的欢迎。所以，企业要取得经营的成功，还必须从竞争的角度了解市场。

（1）竞争者是谁。企业首先必须明确竞争对手是谁。明确竞争对手有两大好处：一是知道在争取消费者的过程中哪些对手构成的威胁最大；二是了解所处市场是否具备良好的获利潜力。假如有家饮料企业看到可乐的市场容量很大，有比较好的发展前景，也想生产和销售可乐，从需求角度看，这种选择无可厚非，但是在正式决策之前，企业还必须了解可乐市场竞争者的情况。显然，如果这家企业正式开始生产可乐，必将面临可口可乐与百事可乐两大巨头的挤压，而一般的企业是无法与这两大可乐巨头抗衡的。由于两大可乐巨头把持着可乐市场，导致对其他企业而言，可乐市场不具备良好的获利潜力，因此，即使这家企业进入了可乐市场，也不会有获利的可能。由此可见，企业只有明确所处市场的竞争对手是谁，才能判断出所处市场是否具备获利潜力，也才能辨明自己是否具备抗衡竞争对手的实力。

（2）竞争性定位。企业还必须了解竞争对手各自的市场定位。通过有效的市场定位，企业不仅使自己的产品保持鲜明的个性特征，而且能很好地与竞争者产品相区别。同时，只有通过有效的市场定位，企业才能使消费者对自己的产品留下深刻印象，进而在需求发生时有可能产生购买企业产品的冲动。在明确市场定位之前，企业必须先了解竞争者的市场定位，才能选择与自身竞争优势相匹配、与竞争者定位相区别，并且能够被消费者认同的恰当的市场定位。比如，在高档轿车市场上，宝马是“让人享受驾乘快乐”的汽车，沃尔沃是“世界上最安全”的汽车，消费者之所以对这两家汽车厂商有如此不同的印象，完全是它们根据市场上竞争者定位情况以及自身优势，采取有效的市场定位的结果。

二、设计与执行营销方案是市场营销的过程

了解了市场需求及竞争特征之后，企业就可以开始设计与执行营销方案了。营销方案包括两部分：一是市场营销战略；二是市场营销策略。通过设计并执行营销方案，完成价值创造、传播与传递的过程，即完成市场营销的过程。

1. 市场营销战略

市场营销战略是指导企业开展营销活动的整体谋划，通过制定市场营销战略，使企业确定所要服务的市场以及在市场中的定位。设计与制定市场营销战略包括三个步骤，分别是：市场细分、目标市场选择、市场定位。其中，市场细分是指采用适当的能够影响消费者需求的因素作为细分变量，对整体市场进行细分，从而使企业能够更清晰地勾勒出市场需求的特征，同时将各个细分市场的竞争状况揭示出来；目标市场选择是指在市场细分的基础上，以市场规模、市场成长性、竞争结构、企业自身资源能力及目标为衡量标准，对各个细分市场的潜力进行评估，最终选择具有发展潜力且与企业资源能力和目标相匹配的细分市场作为目标市场的过程；市场定位是指在选择了目标市场之后，根据市场竞争的特征，以企业自身的某种竞争优势为基础，定位产品与服务的过程。

2. 市场营销策略

围绕所制定的市场营销战略，企业设计并实施包括产品策略、价格策略、促销策略与渠道策略等在内的市场营销策略，从而完成价值创造、传播与传递的过程。

（1）产品策略。在依据所确定的细分市场及市场定位制定产品策略时需要解决的问题有：品牌、质量、包装、标签、支持性服务等。实际上，当企业明确自己在细分市场上的定位后，进行的关于品牌、质量、包装、标签等的决策，就是将所明确的定位有形化的过程。

（2）价格策略。为产品制定一个对消费者有吸引力、消费者愿意支付，并且与产品定位相匹配的价格是非常重要的一项营销决策。通常企业可以根据产品成本、消费者认可的产品价值或者市场上竞争者产品的价格来为产品制定适当的价格。制定价格必须遵循以下原则：一是价格与产品定位要匹配；二是价格与市场营销的其他策略要相互协调。

（3）促销策略。依据细分市场上消费者认知心理、购买行为特征、需求偏好以及产品定位，来设计广告、折扣、礼品赠送、优惠券、公共关系、人员推销等策略，帮助企业将产品更好地推向市场，并引起消费者的注意，形成购买冲动。在设计促销策略的过程中需要注意：促销策略不能只为促进销售而设

计，而是既要与产品定位相一致，也要与整体的营销战略及其他营销策略相协调，否则，只能达到一时的短期销售效果，而不能帮助企业建立长期的有价值的营销资产。比如，"名牌"通常就是非常有价值的营销资产，名牌的创造要求企业在品牌建设、公共关系方面投入更多，并且要拥有一个与名牌身份相匹配的产品、价格与销售网络，同时要求企业不能过多地使用降价、折扣等影响名牌形象的促销策略。所以，如果企业更多地采用降价、折扣来促进短期销售额的上升，无疑对企业构建名牌的战略没有多大帮助。

（4）渠道策略。为产品设计一个适合的销售网络是渠道策略所要解决的问题。渠道策略通常涉及以下问题的决策：一是渠道类型；二是渠道构成；三是渠道管理政策。渠道类型与销售网络的形态有关，渠道构成与渠道网络中具体的渠道成员有关，渠道管理政策则起到监控渠道运行效率、激励渠道成员、协调渠道成员行为等作用。渠道策略的设计要考虑产品的特征与定位、细分市场的消费者购买行为特征以及竞争者的渠道特征等因素。

三、协作是市场营销成功的保证

现代市场营销强调协作，协作是市场营销成功的保证。

1. 企业内部的协作

企业是由一系列职能活动组成的集合体，市场营销的成败首先取决于企业内部各项职能活动之间能否保持紧密的协作。所以，企业内部的研发、生产、销售、售后服务、人力资源、财务等各项职能活动在价值创造、传播与传递的过程中应该保持紧密的协作。比如，通过市场调研了解市场需求信息与竞争信息，将收集到的信息反馈给研发与生产部门，研发与生产部门会同营销、采购等其他职能部门共同就新产品开发展开协作，这不仅可以加快新产品开发的速度，而且能够提高新产品开发的成功率。当企业能够不断向市场推出受欢迎的新产品时，就为自己构建了创新的声誉，这种声誉是一种非常有价值的营销资产。显然，这种声誉的获得是企业内部各项职能活动相互协作的结果。

2. 企业外部的协作

现代市场竞争不再只是企业与企业之间的竞争，而是网络与网络之间的竞争。创造、传播与传递价值不能仅靠企业一己之力，而是依赖于与外部供应商、分销商、广告商、调查研究机构的紧密协作。所以，不论从竞争的角度，还是从价值创造的角度来看，都需要企业构建有效的外部协作体系。

四、建立营销资产是市场营销的目的

市场营销起到的作用不应该只是帮助企业销售产品，还应该对企业长远发展提供支持。随着市场竞争日趋激烈，市场日渐饱和，企业长远发展的根本保证不是传统意义上的拥有强大的资金实力，而是要拥有青睐企业产品的忠诚顾客群。所以，企业的一切经营活动都应该围绕如何建立忠诚顾客群展开，而作为与顾客接触最为紧密的市场营销则更应该为建立忠诚顾客群做出贡献。对企业而言，拥有忠诚顾客群意味着具有很高价值的营销资产，所以，建立具有价值的营销资产是市场营销的根本目的，这种资产的价值不是以金钱来衡量的，而是以忠诚顾客群的规模及顾客忠诚度等指标来衡量的。

1. 顾客价值和顾客让渡价值

顾客价值是指顾客购买、消费产品和服务过程中所获得的利益总和，包括商品价值、服务价值、人员价值和形象价值。

与顾客价值相对的概念就是顾客让渡价值。顾客让渡价值是指顾客价值减去顾客为获得这些价值所付出的货币成本、时间成本、体力成本和精力成本。

顾客之所以青睐企业的产品，是因为相对于竞争者而言，企业能够向顾客提供更多的让渡价值，所以，建立忠诚顾客群的前提是企业能够比其他竞争者向顾客提供更多的让渡价值。提高让渡价值无外乎两种途径：一是提高顾客价值；二是降低顾客为获得价值所付出的成本。企业通常应该同时从提高顾客价值与降低顾客成本两方面入手来提高顾客让渡价值。在考虑如何提高顾客价值的过程中，除了通常所熟知的通过提高产品质量、增加产品技术含量、添加新的产品功能等来提高产品价值外，企业应该更多地从提高服务价值、人员价值与形象价值等方面着手。当企业通过各种方法提高了顾客价值时，往往也意味着会增加顾客的货币成本，这时企业可以考虑降低顾客的时间成本、体力成本和精力成本，使顾客即使在货币成本增加的情况下，付出的总成本仍然是降低的。

2. 顾客关系管理

顾客关系管理是指为培育忠诚顾客群而开展的一系列与之建立长期关系的活动。忠诚顾客群是企业非常有价值的营销资产，忠诚意味着承诺与长期的关系，所以，企业与忠诚顾客群之间不再是短期的一次性的交易关系，而是长期的互利的相互依赖关系：企业依赖忠诚顾客群获得成长，忠诚顾客群依赖企业及其产品获得生理、心理以及社会需要的满足。

为培育忠诚顾客群，企业除了向顾客提供更多让渡价值外，还必须进行顾客关系管理。顾客关系管理包括：顾客需求调研、顾客意见反馈、顾客服务体系构建、顾客满意度调查、顾客流失率调查、品牌建设、品牌社区建设、公共关系活动等。

第 3 节　市场营销的新发展

全球经济一体化、竞争无国界化的崭新格局，正在引领市场营销继工业社会诞生以来最深刻的变革。展望未来，市场营销呈现出以下一些新的发展趋势。

一、新媒体营销的发展与繁荣

1998年10月20日，布鲁斯·阿贝尔森（Bruce Ableson）和苏姗·阿贝尔森（Susan Ableson）共同创立了OpenDiary，这是一个向全世界日记写作者提供写作与交流平台的互动系统。早期人们将OpenDiary上面存放的日记称为“weblog”，原意为“网页上的日记”，这一单词之后被网友改写成“we-blog”，意为“我们写日记”，“Blog”一词便应运而生并被翻译为“博客”。伴随着上网速度不断提升，博客一词的认可度越来越高，并取代OpenDiary成为这一类型互动系统的称谓。博客的产生使得个体能够在全世界范围内与其好友就日记内容展开互动，但不能完全满足好友间日常社交活动的需求。在这一背景下，诸如MySpace（2003）、Facebook（2004）、Twitter（2006）、人人网（2005年创立之初称为“校内网”，2009年8月更换为现在的名称）、新浪微博（2009）等增强了社交功能的网站陆续面世。由于这些网站强化了社交功能，是人际互动的重要媒介，因此在英文中统称为“Social Media”，在中文中则被直译成“社会化媒体”，又因为这一媒体与之前出现的媒体存在显著差异，人们将其称为“新媒体”。

新媒体的产生与发展给企业的营销活动带来了许多启示，新媒体营销也应运而生。新媒体营销，指的是利用新媒体，如微博、社交网络等进行的网络营销活动。新媒体营销的基础就是以新媒体为平台进行营销的手段。与传统媒体相比，新媒体其实并不是媒体，而是过程。如果说传统媒体营销只能完成“联系”这个过程，加上活动营销、客户服务、客户服务管理则可以完成“管理”这个过程，然后，再加上在新媒体上与消费者交流、互动，就可以完成“深化关系”这个过程。在新媒体营销中，企业和品牌要跟消费者“社交”：聊天、互动、玩游戏、开玩笑，让品牌活在人群里。在新媒体中，没有绝对意义的信息顶点，因此即便是政府机构、巨型跨国企业，也只是新媒体上的一个节点。新媒体上所呈现的种种不同，是现实社会一比一的镜像。只有深度解读社会，才能理解新媒体营销的本质，才有可能利用有限的资源使信息传播效果最大化。对于世界各国企业的新媒体营销而言，还有漫长的路要走。

二、营销组织的反应更快速

由互联网产生而带来的速度、效率和不确定性，使得企业建立的营销组织必须变革才能适应新的市场营销环境。美国著名管理学权威彼得·德鲁克说：

> 世界的经济与技术正面临一个不连续的年代，在技术和经济上，在产

业结构和经济理论上，在统领和管理的知识上，将面临一个瞬息万变的年代。

社会的不确定性从本质上改变了传统市场营销组织的设计思路，适应网络时代变化的营销组织要求反应迅速、沟通顺畅、加强业内外的协调和互动。传统的产品部门、分销部门、广告部门、公关部门和推销部门等会被逐一淘汰。未来企业营销架构的特征是不设中层管理机构，即传统的层级组织体系将由网状组织体系取代。精简、富有弹性和互动，极具效率且高度自动化、网络化，将是营销组织在信息化社会设置的基本原则。

三、市场营销人员素质提升

未来的营销人员的价值不再是推销产品和服务，而是充当信息咨询顾问。因为营销功能的实现在很大程度上依赖各种电脑网络系统，营销人员的作用是要借助互联网等信息系统为客户提供各种解决问题的方案，而不是简单地劝诱顾客或向顾客推销产品。

由于营销人员的角色转换成为辅助消费者采取购买行为的顾问，他们不但要适应信息化社会千变万化的需求，充满真知灼见，全面掌握和了解市场全球化的发展趋势，应对技术创新所带来的营销观念、营销理论和营销策略的不断变化，还要将自己培养成为洞悉消费者行为、精通业务分析的专家。

四、产品多样化与产品生命周期缩短相伴而行

高科技的发展极大地影响着人类的生产方式，产品生产不仅越来越多样化，而且越来越容易。由此引发的问题是，技术的高度发展降低了生产成本，市场上出现越来越多的同质商品，而且先进的技术又会加速产品的发明创造，使得一种新产品在市场上停留的时间越来越短。产品多样化满足了消费者个性化的消费需求，同时也加剧了市场竞争的激烈程度。工业时代早期的产品生命周期少则数年，多则几十年甚至上百年，而当今以数码产品为代表的电子产品生命周期已经缩短到了半年为一个周期，而有些软件产品的生命周期仅有几个月甚至几周已经不足为奇。

五、市场营销国际化加剧

工业社会的市场壁垒随着互联网的发展和全球经济一体化进程的加快而被逐渐打破，知识经济和信息技术将全球融合为一个巨大的没有时空差异的统一市场。社会的发展客观地把现代企业营销置于一个国际化的环境之中。可以预计，随着自由贸易区域的扩大和各国政策法规对外国投资的放宽，全球市场将进一步开放，所有的企业不仅面临来自本国的市场竞争，还要接受外国强大竞

争者的挑战。全球性的战略联盟进一步加速了市场营销的国际化，特别是国家之间、区域之间和跨国公司之间的战略性联合，缩短了国际市场之间的距离。尽管目前全球联盟仍未形成大规模发展的趋势，但互联网的迅猛发展客观上为各种联盟的产生创造了良好的条件。

六、全球性品牌的涌现

与市场营销国际化相对应的必然是品牌的全球化。造成品牌全球化的主要原因，一方面根植于市场的开放和消费者购买模式的标准化；另一方面则是全球范围内跨国公司之间的合并。与工业社会不同，如今，越来越多的品牌可以在世界范围内流行，消费者在任何一个国家都可以买到他所熟悉的时装、快餐、旅游或银行服务等。特别是在线营销和电子商务的出现，既降低了品牌全球化的运作成本，使无数过去在传统工业社会难以跨出国界的品牌，可以一夜之间进入国际市场，面向全球的消费者；也使人们坐在家里就可以轻松买到过去无法在本国买到的世界知名品牌。全球性品牌的涌现将刺激企业为争夺领导品牌而在全球范围内开展竞争，同时，也将给品牌尚未形成全球化的企业带来强有力的冲击。世界著名市场战略家杰克·特罗特在分析未来市场品牌的意义时指出："有两类竞争者是成功的：一类是强有力的品牌、大的品牌。拥有这类品牌的公司能够在全世界范围内谋求利益。另一类是专门化的或定位很好的品牌。"

七、数字化分销渠道的出现

商业过程的高度自动化和网络化将市场营销中的分销移植到了互联网上，实现了真正的虚拟营销。电子商务改变了工业时代传统的、物化的分销体制，企业必须为适应 B2B 或 B2C 的业务开展在网上建立全新的分销模式。数字化分销渠道缩短了生产者与消费者之间的距离，节省了商品在流通中经历的诸多环节，消费者或用户在电脑屏幕前点击鼠标就可完成购买行为。在网上购物不仅节省时间，方便快捷，而且省钱省力。互联网对于传统的市场营销最具革命性的影响就在于此。如何利用互联网建立自己的分销体系？如何将数字化的分销渠道和传统的分销体系有机地结合起来？如何在网上和客户建立长久的合作关系？这些是现代企业在未来相当长一段时间内必须面对和思考的问题。

八、O2O 营销模式的兴起

O2O（online to offline）这一概念由亚历克斯·拉佩尔（Alex Rampell）于 2010 年提出，是线上营销活动和线下营销活动有机结合的一种电子商务模式。更具体地界定，O2O 指的是线上营销、购买和支付活动带动线下经营和线下消费的模式。

在国外，O2O 已经融入人们的生活，比较典型的例子有 Uber，它是一个允许你通过手机购买私家车搭乘服务的应用。J. Hilburn 是一家允许男士购买个性化设计的衬衫和西裤的电子商务网站，它最大的优点就是能以更低的价格提供高端定制服装。Jetsetter 代表第二代旅行社，它通过一个 200 人的旅行报道记者网络来为会员制定旅行计划。

中国的 O2O 源自携程网，早期模式仅注重信息流的传递，资金流和服务流一般线下实现。大众点评网等是 O2O 概念的早期实践者。团购模式的出现使信息流与资金流一举通过线上实现，商业流与服务流线下实现，标志着中国 O2O 另一全新阶段的开始。目前，我国在 O2O 领域不乏成功的公司，如在线旅游巨头携程、艺龙；生活类网站大众点评、赶集、58 同城；珠宝电子商务巨头钻石小鸟、珂兰；房产巨头搜房网、安居客等。它们都证明线上与线下结合能产生巨大的商业能量。互联网品牌正在逐步壮大并向线下延伸，特别是在 O2O 领域更为明显。

中国网民基数规模不断扩大，中国人获取信息的主要方式从过去的平媒、电视、广播、杂志等慢慢转变成互联网或者以手机为代表的无线互联网。获取信息的方式和渠道决定了用户的消费习惯和消费方向，而 O2O 成为这股力量的重要组成部分。在美国，网上零售与线下的比例为 8%∶92%，估计我国的这一比例会更低，这一传统商业运营中存在的空隙正好由 O2O 来填充。

第 4 节　市场营销道德

随着我国国民经济的高速发展，市场营销作为一门覆盖面极为广阔、受到全社会关注的重要学科也得到了迅速的发展，并带来了市场营销活动的巨大成功。但由于我国处在经济转轨的特定历史时期，各种不道德行为充斥市场营销活动的方方面面，引发理论界与实践界对营销的社会责任的诸多探讨，营销道德问题开始受到社会各界的广泛关注。十六大报告曾指出："要建立与社会主义市场经济相适应、与社会主义法律相协调、与中华民族传统美德相承接的社会主义道德体系。"作为社会主义道德体系的重要组成部分，营销道德的建设具有重大的社会意义。

一、营销道德的概念

道德是社会意识形态之一，是一定社会中调整人与人之间，以及人与自然、社会之间的关系的行为规范的总和。老子在《道德经》中指出，道德是"内得于己，外施于人"。"内得于己"是探索人与人、人与自然之间的关系及其规律，并形成正确科学的认识及价值观；“外施于人”是利用已形成的价值观、伦理观及对客观规律的认识等影响、引导、规范他人的行为。

从社会总体的角度来看，市场营销活动属于宏观市场营销，即一个社会经济活动的过程。宏观市场营销活动引导商品或劳务从生产者手中流转到消费者手中，可以有效地调节商品社会的供需矛盾，实现社会的发展目标，提高社会及广大消费者的福利。仅仅研究微观的市场营销并不能达到从全面的视角分析问题的目的，必须将企业营销活动放在社会整体系统中来分析并制定相应策略，这就要求企业考虑营销活动对社会的冲击。由此可见，营销活动不仅反映人与人的利益关系，还反映人、企业与自然的利害关系。营销作为微观组织的市场活动也是一种社会行为，需要有正确的价值观和符合人类社会发展的伦理道德。

营销道德是指调整企业与中间商、竞争者、消费者等相关人群的利益关系，以及企业与自然、社会的利害关系的行为规范的总和。它被用来判断企业的营销行为是否正确，企业营销活动是否符合消费者及社会的利益，能否为消费者带来最大利益。它需要回答以下几个问题：

（1）对于营销活动，社会上最常有的批评是什么？

（2）对于营销中出现的道德问题，社会大众采取什么行动来阻止或纠正？

（3）对于营销中出现的道德问题，立法机关或政府机关采取哪些步骤来阻止和纠正？

（4）优秀的企业采取哪些措施来实施对社会负责的营销活动？

二、企业重视营销道德的必要性

1. 营销道德问题兴起的社会基础

在以儒家思想为主导的传统观念的指导下，我国在历史上早已形成具有中华民族特色的营销道德观念。例如，“先义后利”、“以义求利”、“仁中取利”、“义内求财”、“货真价实，童叟无欺”、“君子爱财，取之有道”等都是营销道德观念的精要概括。在美国，营销道德问题起源于消费者主义运动，它最早可以追溯到 21 世纪初。1906 年尼普顿·辛克莱在《丛林》上揭发肉类加工业的种种不道德行为，引起消费者的极大愤慨；20 世纪 30 年代中期的经济大萧条、物价大战及药品行业的丑闻更加剧了社会公众对营销道德的呼唤；60 年代，拉尔夫·纳德倡导并提出了企业应当承担社会责任的口号，强调企业之间的竞争应以道德为本；1962 年 3 月 15 日，美国总统肯尼迪在国情咨文中明确提出，消费者在市场营销活动中有四项基本权利，即安全权、认知权、选择权、呼吁权，此后，尼克松总统对消费者的权利进行扩展，在以上四者的基础上增加了索赔权。

案例

快餐行业的过期肉

2014年7月22日，上海市政府新闻办公室官方微博发布消息，上海市食药监局目前查实上海福喜食品有限公司5批次问题产品，涉及麦乐鸡、迷你小牛排、烟熏风味肉饼、猪肉饼，共5 108箱。初步查明，麦当劳、必胜客、汉堡王、棒约翰、德克士、7-11等9家企业使用了福喜的产品，已封存产品约100吨。

上海福喜食品有限公司对于过期肉的使用，是工厂高层直接授意，还是多年来公司政策一贯如此？在调查组的约谈中，福喜公司相关负责人承认，对于过期原料的使用，公司多年来的政策一贯如此，且“问题操作”由高层指使。

资料来源：张瑜，吴怡，陆媛，姜振军：《使用过期肉福喜承认“一贯如此”由公司高层指使》，载《现代快报》，2014-07-23。

2. 我国市场营销活动中的道德问题

在我国处于经济转轨的现阶段，由于制度不完善、思想混乱等原因，企业市场营销活动中产生了许多不道德的现象：

（1）假冒伪劣现象严重。企业市场营销活动中的假冒伪劣现象在我国已经到了严重破坏市场秩序、阻碍守法经营企业正常发展的地步。以近年来兴起的“充电宝”产品为例，充电宝的主要部分是电芯。一些劣质产品生产厂家为追求利润，会选择较便宜的电芯或二手电芯，价格只有五六块钱，容量在1 000毫安时至3 000毫安时，这种电芯在过充、高温情况下容易发生正负极短路、电解液泄漏、内部气体膨胀、内压加大，以致自燃甚至爆炸。事实上，近年来曝光的充电宝爆炸事件绝大多数是这些假冒伪劣产品造成的，但给社会造成的印象却是充电宝的问题，整个充电宝行业蒙受了不白之冤，行业整体形象也受到负面影响。

（2）竞相降价所带来的恶性竞争。价格竞争是企业市场竞争的有效手段，它可以促进市场的优胜劣汰。但是，过度价格竞争的必然结局是多方的利益遭受损失，企业盈利水平下降，资金积累和技术研发水平降低，进而危及企业的生存；政府税收受到影响；企业降低质量标准，消费者安全受到威胁。中国软件行业协会发布的《有关开放源代码软件与商业软件知识产权的研究报告》显示，中国软件业也出现了类似中国家电产业中的恶性价格竞争的现象。在一些信息系统建设项目中，由于恶性竞争，软件费用被压得很低，开发商不但无利可图，甚至起码的开发和服务成本也难以为继。中标的企业被迫使用盗版或者“偷工减料”，不按要求开发软件和提供服务，导致出现经济学上的“劣币”驱逐“良币”的结果，即优秀的软件企业被报价最低的劣质企业逐出信息化市场，用户花了表面上的“低廉”费用，最终得到的却是达不到要求甚至无法应用的低劣产品和服务。

价格竞争本无可厚非，它是市场经济条件下的一种必要竞争方式，但一旦超出理性的界限，将给相关企业正常的经营带来灾难性的后果。控制这种现象的蔓延，要靠政府干预、行业协调，更要靠相关企业的自律。只有形成以承担社会责任为基础的道德约束，才是根本的出路。即使一些企业认识到超理性范畴的降价是一种自杀行为，但如果没有相互信任的道德基础，最终还是会违背协议。

（3）不守承诺的公关活动。捐款、赞助等公共关系活动是企业提高公众形象的一个有效方式，然而一些企业，甚至是一些知名企业，只是利用公共关系活动进行企业及产品的宣传，事后却不履约。例如，在我国的慈善排行榜中，捐款数据经常有被夸大的现象，常见的做法是把承诺捐款数目当成实际捐款数目公布，如企业承诺捐款 1 000 万元，但每年只拿出承诺捐款的利息 50 万元。

（4）企业联手欺诈消费者。消费者在一次消费行为中可能会接触多个商家，这些商家有时会联合起来设置一个骗局，诱使消费者进入圈套，最后瓜分从消费者那里骗到的钱款。中央电视台《经济半小时》的记者曾跟随某低价旅行团亲身体验了一次香港之行，结果触目惊心：在低价旅游费的背后，是旅行社与香港某商家精心布好的骗局，逼迫消费者以高价买回赝品，致使大量游客上当受骗。

（5）增加社会成本。企业在推出一些产品满足消费者个人需要的同时，往往会带来较大的社会成本，如果企业对此没有承担相应的社会责任，就会增加社会的负担。例如，汽车的普及加重了道路的负担，交通堵塞及车祸随之增多。又如，香烟在满足吸烟者需要的同时，损害了吸烟者的健康，侵害了不吸烟者的权利，导致因吸烟和被动吸烟罹患疾病的人及其死亡率的上升。

总之，企业营销中的种种不道德行为给企业、社会和消费者带来了不利的冲击：严重影响了企业的收益，加大了营销成本；影响了企业形象，阻碍了企业的长期发展；影响了政府的税收；损害了消费者的权益，造成市场整体的失序，在这种失序的市场环境中，最终遭受损失的还是企业自身，因此，企业应该对营销道德加以重视。

三、营销道德问题的表现形式

市场营销道德问题贯穿于企业营销活动的始终，纵观企业营销策略实施的每个环节，都有可能出现道德问题，而且表现形式多种多样。以下从企业营销基本组合的角度出发逐一加以分析。

1. 产品中的营销道德问题

产品中的营销道德问题主要体现在以下几个方面：

（1）产品缺乏应有的质量，产品实际上提供的利益较少。

（2）企业有时出于自身利益的考虑，不愿披露与产品有关的危险。例如，对儿童玩具中所含有的有害化学物质以及家用电器可能由于使用不当而发生爆炸等危险未加以披露。

（3）产品包装不能提供真实的商品信息，或包装过度造成社会资源的浪费及环境的污染。

（4）某些行业故意使其产品很快过时，鼓励消费者在尚可使用时就丢弃不用。

（5）制造厂家故意保留已开发成功且极具吸引力的产品特性，采用细水长流的方式推出，以促使消费者一再更新产品，造成社会资源的严重浪费。

一些企业在利益的驱使下，使用劣质或工业用原料加工食品，严重危害了消费者的安全及健康。还有一些企业产品的生产造成环境污染，产品的包装及标签未能提供真实的商品信息，在产品说明书中成分标示不明或未提及产品的副作用，严重侵害了消费者的知情权。比如，2006年质监局查出少数添加剂生产企业以苏丹红化工染料冒充食用添加剂辣椒红色素，销售给辣味制品生产企业，有30家企业生产的88种食品含有苏丹红。企业生产合格产品，不仅是基本的道德要求，也是企业生存的根本途径，更是企业的一种社会责任。

2. 价格中的营销道德问题

掠夺性价格、歧视价格、垄断价格及未披露全部价格信息等都是价格行为中违背道德的典型表现。具体表现为利用消费者对价格的无知漫天要价，攫取超额利润；以不实的厂价、批发价和成本价大做广告，先提高价格再做促销等。一般来说，差异价格不一定都是违法的，但从道德角度看，差异价格易于引起怀疑，而且，如果价格差异是用来削弱或损害竞争对手的，就会产生道德问题。价格中的营销道德问题还包括营销系统通过巧妙的安排，使价格比合理的水平高出许多。很多消费者指责现代商品的价格中所包含的广告及促销费用过高。某些垄断性行业对产品实行超额加成也构成营销道德问题。

由于市场信息的不对称，消费者对产品的成本、价格无法做出准确的判断，一些企业便把产品的销售价格定得远远高于生产成本，利用消费者求名买贵的心理牟取暴利。产品价格中含有过高的广告、推销费用。有些同类产品的生产商或销售商为了阻止产品价格下跌而实行价格共谋，采取价格垄断等。这些做法都严重地损害了消费者的利益，扰乱了正常的市场经济秩序。

3. 分销中的营销道德问题

分销中的营销道德问题主要源于企业与分销商之间的关系。制造商和中间商之间本应该是分工与协作的关系，但两者之间存在的利益上的矛盾常常导致协作中断，最终形成渠道陷阱：

（1）中间商恶意拖欠厂家货款，致使货款不能及时回笼。

（2）中间商见利忘义，跨区窜货，短期行为严重。

（3）中间商为了避免积压，扩大销量以获得厂家高额返利，恶意竞争，人为制造市场上的价格混乱。

（4）中间商凭借其渠道优势，改变和控制制造商的销售政策。

（5）中间商跳槽现象严重。

（6）制造商铺货成本高昂。

（7）中间商利用手中的货架资源，随意更换制造商产品的摆放位置。

制造商不仅要与其他企业、消费者建立良好的关系，还要与分销商建立长期的合作关系。分销商与制造商的合作关系不仅需要分销协议予以保证，也需要诚信来维持。

4. 促销中的营销道德问题

在信息沟通中经常会产生道德问题，诸如虚假和误导性广告，操纵或欺骗性促销，欺骗性战术或过度宣传等。以广告中的不道德问题为例，它主要表现为：

（1）欺骗性广告。过度夸大产品的功效，诱使消费者购买，这种广告在保健品上表现得尤为明显。

（2）误导性广告。在广告宣传中含糊其辞，故意利用易引起误解的广告语，使消费者做出错误的购买决策。

（3）广告污染。广告中过多地向人们灌输“物质主义”、“性”、“权势”以及“地位”等观念，对社会造成严重的文化污染。

（4）对竞争者的攻击性广告。通过含沙射影诋毁同业来抬高自己企业和产品的地位。

纵观企业市场营销活动的整个过程，在每个环节上都可能出现道德问题。这些道德问题，无论是对消费者的利益、企业自身的利益，还是对社会整体的利益均会造成严重的损害。对消费者而言，营销中的不道德行为轻则造成经济损失，重则影响身心健康甚至威胁生命安全；对企业而言，不道德行为一旦被揭穿，势必使企业名声扫地、一蹶不振；对整个经济而言，市场营销中的不道德行为的泛滥必定导致社会资源的严重浪费和整个经济的不健康发展。要使我国市场经济良性发展，构建市场营销道德非常必要。

四、企业营销道德的构建

营销道德的建设刻不容缓，但因其涉及人们的思想观念、是非观念，所以，企业营销道德的建设将是一个长期而艰难的过程，需要参与社会经济生活的各方面共同努力，从社会和企业两个角度去重点考虑，以在达到利益和谐的基础上，尽可能地实现社会整体利益和个体利益的最大化。

1. 从社会的角度来看

（1）加大执法力度。改革开放 30 多年来，我国为了市场经济的健康发展颁布了一系列法律法规，如《中华人民共和国消费者权益保护法》、《中华人民共和国商标法》、《中华人民共和国反不正当竞争法》、《中华人民共和国食品安全法》等，但远不能满足经济发展的要求，许多现实问题无法可依，种种不道德的营销行为得不到制裁，造成道德水准下滑。因此，执法力度必须加强，一定要使丑恶的现象受到应有的惩罚，加大不道德行为的成本，充分发挥法律的预防与震慑作用，才能有助于企业营销道德水平的提高。

（2）发挥行业协会的作用。行业协会是行业的群众性组织，由于是内行，容易辨别企业的行为，从而监督企业。营销道德问题普遍存在于企业活动之中，尽管从法律的角度看并不违法，但可能存在道德方面的问题。单个企业在行业中如同一个人处于一个群体中，有一种“从众心理”，由于大家都遵守成文或不成文的规则，因此迫于压力也必须服从。行业协会应制定统一的行业职业道德标准、违规处罚办法等，对企业营销活动加以规范和监督。

（3）增强全体公民参与营销道德建设的责任感和自觉性。营销道德的建设与社会道德环境的建设密不可分。应加强公民道德意识：自觉提高道德修养，信守“勿以恶小而为之，勿以善小而不为”，以德为本。以传统道德观念为基础提高全社会道德水平，使不道德的营销行为失去存在的社会基础。我国传统文化重视“君子爱财，取之有道”、“货真价实，童叟无欺”等，法律的地位和尊严并没有得到足够的重视，致使这种建立在良心基础之上的道德观念在市场经济大潮中受到了一定的挑战。因此，应加强法制教育，使全体公民学法、守法，用法律武器保护自己的合法权利，并形成一种社会力量，自觉抵制不道德的营销行为；同时通过对媒体的监督控制切断虚假广告的传播源头，对有悖营销道德的广告不予刊登及播出。

（4）加强企业文化建设。企业文化就是在一定的社会文化背景下，企业长期的生产经营过程中形成的具有明显特性的价值观、道德观、经营理念、战略思想的总和。它制约着企业营销决策的动机，规范着企业营销行为。企业文化是影响营销道德的重要内部因素，优秀的企业文化能形成巨大的感召力和凝聚力，能塑造员工共同的人生观、价值观，对提高营销道德水平起着重要作用。

（5）认真解决信息不对称问题。不道德的营销行为能够得逞，消费者利益受损，往往是由于营销者掌握的信息较多，而消费者了解的情况较少，在交易中处于不利地位。要加强对消费者的宣传教育，增强其自我保护意识，积极地与违法和不道德的营销行为作斗争。应通过报刊和各种广告为消费者提供更多的商品知识，培养理性的消费者。

2. 从企业的角度来看

（1）树立社会营销观念，增强企业的社会责任感。企业不仅要以实现盈利和满足消费者需求为经营目标，同时还要以社会营销观念为指导去承担社会责任。企业的社会责任，是指企业为了所处社会的福利必须承担的道义上的责任。它是市场营销道德在社会层面上的体现。企业的社会责任是企业营销的社会文化环境、政治法律环境和自然环境的具体要求。企业应把承担社会责任作为营销活动的有机组成部分，既要重视企业的经济产出，又要重视企业的社会产出，力求两者均衡扩大，使企业成为社会进步的工具。

这就要求企业以“社会”的观点而非“产品”的观点来确定自己的使命，把社会的目标作为企业努力的方向。

1）承担社会责任。企业不但要提供传统的经济服务，而且要对人们所关心的社会事物提供令人满意的服务，为社会的发展作贡献。例如，为社会提供就业机会，为职工提供培训、福利，资助文化艺术事业，捐助各种社会公益活动，协助政府提供社会服务，等等。

2）提供具有社会价值的产品。企业营销的目标不能仅限于满足消费者的需求，而应着眼于全社会生活质量的提高。企业提供的产品和服务应在时间和空间上尽力全面达成社会的价值，不应给社会带来危害或不经济。这就要求企业尽力降低并自觉承担产品的社会成本；尽量开发绿色产品、可回收产品，以减少环境污染，节约有限资源；采用正当的竞争手段，维护良好的社会风气；尽量避免过度需求，正确引导消费者形成健康的消费观念。

3）重视社会的利益。企业的营销行为不仅要符合企业自身利益，而且要符合社会利益，这是企业与社会相互适应、共同发展的必要条件。企业应致力于维护社会及公众的当前利益和长远利益，制定履行社会责任、达成社会效益的营销行为规范并灌输给企业员工，以帮助他们解决营销活动中的道德问题，培养和造就一批具有高尚营销道德观念的营销人员。

4）接受社会的监督。社会及公众对企业营销道德水平的评价能够影响消费者是否购买企业的产品，而且这种影响越来越大。如果社会对一个企业的营销道德水平评价很差，消费者就会对该企业及其产品持反感、戒备、疏远的态度。因此，企业应该自觉地接受社会监督，及时了解消费者及公众对企业的评价和意见，把提高社会对企业营销道德水平的评价作为营销战略目标之一。

（2）树立道德信念，确立营销工作的基本规范。道德信念是指企业及其员工对某种营销道德规范、原则和理想的正确性深信不疑，并且具有履行这种道德义务的强烈责任感。它是一种主观的道德评价，主要通过良心来发挥作用。培育良好的道德信念，能够促使员工产生强烈的道德自立、自律意识，为企业营销道德的内化提供精神动力。

营销道德的基本规范应是公平、自愿、诚实和信用。公平，是指买卖双方在交易中要等价交换、互惠互利；自愿，是指买卖双方应该完全按照自己的意愿进行交易活动，不强买强卖；诚实，是指买卖双方应互通真实信息，实事求是，不弄虚作假；信用，是指买卖双方应信守诺言，遵从合约。

企业及其营销人员必须遵循这些基本规范，在满足消费者需求、保证消费者利益的基础上，通过正当的营销活动谋求企业利润，坚决杜绝以不正当手段损害消费者利益来谋求企业自身利益的行为。

□ 小 结

市场营销就是在市场上的经营与销售。由于市场环境的差异，不同历史时期经营与销售的方式不一样。历史上的经营与销售方式经历了从生产主导、产品主导到销售主导的演进过程。虽然从表面上看，这三种经营与销售方式存在明显差异，但是就本质而言，这三种经营与销售方式都是由内向外的经营观念的反映，都是以企业为主的经营观念的反映。

随着市场竞争日趋激烈、生产技术水平日益提高、市场饱和度上升，企业不能再采取以自我为主的经营方式，必须采取以市场为主导的经营方式，这就是现代市场营销经营观念的本质。现代市场营销强调基于市场需求及竞争特征来决定生产什么、如何生产、销售什么及如何销售。

未来的市场营销方式会因为环境的变化而变化，但是变化的规律不变，即未来的市场营销方式依然会依据未来需求、竞争的变化趋势而改变，所以，把握未来市场营销方式的变化，关键在于把握未来需求及竞争特征的演变规律。

市场营销应该遵循内在的固有逻辑展开，这种逻辑包括四个方面的内容：第一，理解市场；第二，设计与执行营销方案；第三，建立营销合作体系；第四，建立营销资产。

在未来，在线营销将更为普及，营销组织的反应将更为快速，市场营销人员的素质也将得到极大提升，产品多样化与生命周期的缩短将相伴而行，市场营销的国际化将加剧，全球性品牌将更多涌现，数字化分销渠道也将受到企业越来越多的重视，同时，高科技产业与市场营销的结合将更加紧密。

营销道德是指调整企业与中间商、竞争者、消费者等相关人群的利益关系，以及企业与自然、社会的利害关系的行为规范的总和。它被用来判断企业的营销行为是否正确，企业营销活动是否符合消费者及社会的利益，能否为消费者带来最大利益。它需要回答以下几个问题：(1) 对于营销活动，社会上最常有的批评是什么？(2) 对于营销中出现的道德问题，社会大众采取什么行动来阻止或纠正？(3) 对于营销中出现的道德问题，立法机关或政府机关采取哪些步骤来阻止和纠正？(4) 优秀的企业采取哪些措施来实施对社会负责的营销活动？

□ 重点概念

1. 以生产为主导的经营观念——生产是企业经营的重心，所有经营活动都应该围绕提高生产效率、降低生产成本展开。

2. 以产品为主导的经营观念——经营与销售的重心是产品本身，企业应该通过研发来提高产品质量、完善产品品种、增加产品功能。

3. 市场营销（AMA 1985 年的定义）——计划和执行关于产品、服务和创意的观念、定价、促销和分销的过程，目的是完成交换并实现个人及组织的目标。

4. 市场营销（AMA 2004 年的定义）——既是一种组织职能，也是为了组织自身及利益相关者的利益而创造、传播、传递客户价值，管理客户关系的一系列过程。

5. 顾客价值——顾客购买、消费产品和服务过程中所获得的利益总和，包括商品价值、服务价值、人员价值和形象价值。

6. 顾客让渡价值——顾客价值减去顾客为获得这些价值所付出的货币成本、时间成本、体力成本和精力成本。

7. 营销道德——调整企业与中间商、竞争者、消费者等相关人群的利益关系，以及企业与自然、社会的利害关系的行为规范的总和。

□ 思考题

1. 经营观念为什么会经历从生产主导、产品主导、销售主导到市场主导的演变过程？
2. 谈谈你对市场营销的认识。
3. 如果你是一家运动服装生产商，应该如何与你的顾客建立良好的关系？
4. 在构建营销道德的过程中，政府和企业分别起到的作用是什么？

案例分析

华为 E5 曲线营销

华为 E5 是华为公司在 2009 年开发的一种便携式 3G 无线猫。鉴于当时国内互联网，特别是无线网络还无法做到随处可以登录，E5 定位于解决用户旅途上网不便等问题。用户只要拥有 3G 手机卡，就能在绝大多数地方上网，而 E5 的作用就是将个人上网转换为群体上网，这比单独使用无线上网卡要方便得多，是名副其实的“口袋 WiFi”。华为公司原本对 E5 寄予了很高的期望，然而，由于 3G 网络刚开始在中国流行，国内运营商关注的焦点仍在手机无线上网带来的流量上，忽视了终端路由设备。因此，尽管华为在运营商沟通和跟进上不遗余力，但国内运营商仍然对 E5 的兴趣不大。华为需要在整合营销上有创新的解决方案。

依托微博制造名人效应

怎样才能吸引运营商的注意力呢？如果只做传播，运营商仍不会关注。冥思苦想之后，华为决定改变策略。运营商不感兴趣，那就走“用户的用户路线”。华为的第一大客户是运营商，如果让运营商的用户对 E5 感兴趣，反过来就可以推动运营商感兴趣。华为的策略是：首先定位产品的消费群体，再寻找用户的用户。

华为找到了 20 多位主编级别的微博名人，分别来自财经、商业、IT 等行业，让他们试用 E5，体验新技术带来的好处。这些人拥有较高的话语权，同时有很高的社会关注度，其粉丝素质较高。更为关键的是，他们对网络的需求非常强烈，其微博上真实的感受、负责任的内容会影响很多潜在的用户。

例如，《新周刊》执行总编辑封新城的粉丝有 128 965 人，体验之后，他将华为 E5 比喻为“是 iPad 伴侣，也是围脖伴侣”，引起粉丝的极大关注，第一天就有 29 位粉丝转发，有 20 位网友参与评论，扩大了 E5 在市场上的影响力。

在此期间，华为也有了意外的收获。比如名博主王志东偶然使用了 E5，发表了使用心得《如何让 iPhone 更好地连接 3G 网络》。该帖受到 iPhone 粉丝的热烈追捧，引发网络大量转载，搜狐IT还专门撰写了一篇题为“志东微博透露全球通享受iPhone 3G网络窍门”的文章。原汁原味的宣传，自然而又充分地展现了E5的优点。

捆绑iPad，借力海外市场

事实上，华为在依托微博为E5制造名人效应的同时，还借助了另一个市场热点iPad。由于2010年初苹果的平板电脑iPad水货进入中国时很火暴，于是华为决定借助iPad推广E5。E5后来受到用户广泛追捧，与iPad有着非常紧密的联系，正是通过iPad，更多的人了解了E5的功能。

iPad最初只有WiFi版，离开WiFi环境，它就无法上网，而华为E5正好可以弥补iPad的短板。E5可以不剪卡，就把WiFi转化成3G，避免因剪卡对iPad设备造成一定程度的损坏。现在iPad已经有了WiFi版和WiFi/3G版，相同容量的iPad后者较前者贵上千元，那么用户怎样才能省下上千元的费用呢？

针对这一情况，网上开始流行一个帖子——《如何实现3G网络随处上网》：华为提供解决方案，购买WiFi版iPad，使用E5就可以随时随地在WiFi世界里畅游。这个帖子得到众多苹果iPad粉丝的追捧。把E5打造成iPad的最佳伴侣，借力iPad，E5一炮走红。

据悉，作为上海大众新车发布会上送给经销商和媒体记者的礼物，E5是一个很时尚的礼品。在很短的时间内，当很多人还没有反应过来时，E5已经火起来了。

日前，在日本举行的移动信息论坛上，华为E5荣获了“2010年度最佳移动设备奖”，日本EMOBILE和华为终端（日本）联合项目组荣获移动项目团队奖。在高度发达的日本通信市场上，华为E5赢得了行业和市场的双重认同。与此同时，华为E5在日本市场的销售连创新高。根据第三方统计的零售数据，自上市以来，华为E5已连续50多周在日本3G数据卡销售排行榜上名列第一。

E5在日本市场的销售势如破竹，也间接提高了它在中国市场上的认可度，从一个侧面证明了华为在移动宽带终端市场上的强劲实力和领先地位。作为业界最早进入移动宽带终端市场的厂商之一，华为通过持续不断的科技创新，通过聚焦运营商的市场战略，在全球市场实现了跨越式增长。目前，华为的产品应用于全球130多个国家和地区的470多家运营商。2010年5月，华为的累计出货量突破了1亿。据知名咨询机构ABIResearch发布的报告，华为的移动宽带终端市场份额已经连续3年位居业界首位。

为什么同样一款产品上市，在中国和日本会有天壤之别？日本3G的发展已经成熟，运营商很容易知道E5所带来的好处。日本运营商售卖的是流量，与设备制造商华为合作可以为它们增加用户流量。在运营商的大力推动下，E5在日本的销量不断攀升。

经过一番努力，华为E5在国内上市3个月的销量是其预期销量的670%，因此2010年下半年，华为对E5的供货量作了大幅调整。中国联通、中国移动、中国电信三大运营商的渠道范围很广，深入到三四级市场，它们的大力推广肯定会拉高E5的销量。

华为在没有任何广告投入的情况下，只投入了很少的宣传费用，就成功地将E5推向市场。华为终端公司公关部部长张小云说：“这是华为终端在营销上的一次成功尝试和实践，不仅实现了四两拨千斤的投入产出比，也让我们进一步发现了新媒体的商业价值。更重要的是，此次通过新媒体与消费者沟通，让很多人感受到了不一样的华为。”

资料来源：宇文：《华为 E5 曲线营销》，载《新营销》，2010（9）。

讨论题

1. 在你看来，华为 E5 产品是否存在较好的市场空间？为什么？

2. 华为 E5 产品一开始销售业绩欠佳的主要原因是什么？

3. 华为 E5 产品的销售业绩后来是如何打翻身仗的？这里面，市场营销起了哪些作用？请详细阐述你的观点。

第2章

分析营销环境，寻找市场机会

2012年4月28日，三星公司正式超越诺基亚公司，成为手机销售市场的领头羊，结束了诺基亚长达14年的世界最大手机厂商的历史。标准普尔评级公司（Standard & Poor）很快又带给诺基亚另一个噩耗：诺基亚的信用评级已经降为“垃圾级”。在手机市场领域，诺基亚公司能保持14年的冠军宝座的确令人惊叹，然而，诺基亚公司对营销环境不够敏感，一再延误时机，铸成大错。其实，诺基亚很长一段时间一直是智能手机市场的先锋军，如2002年，该公司发布了运行Symbian系统的智能手机。接下来的五年时间内，运行Symbian系统的智能手机轻松占据了智能手机领域的领军位置。然而到了2007年，苹果公司发布了iPhone手机。凭借全触屏界面以及基于应用的操作系统，iPhone改写了智能手机的定义。此后，三星公司又依托Android系统连续推出了一系列的智能手机。随着iOS和Android的不断发展，Symbian系统越来越无法跟上时代的步伐。与此同时，智能手机市场也日益成熟——越来越多的手机用户想要追求更好的智能手机体验，厌倦了无聊的WAP浏览器。而诺基亚公司此时依然陶醉于世界第一手机品牌的称号，忽视了用户随之改变的消费需求，从而被苹果和三星反超，并与二者的差距越来越远。诺基亚公司的实践说明：忽视环境变化的营销活动注定要失败，只有随时保持与环境相协调的企业才能生存并发展。

第1节　营销环境中蕴涵机会与风险

任何一个企业都是在不断变化着的社会经济环境中运行，在与其他企业、目标顾客和社会公众相互协作、影响、竞争和监督中开展市场营销活动的。营销环境是指对企业的市场营销活动产生影响和冲击的各种角色和力量。

根据营销环境中各种力量对企业市场营销的影响，可把市场营销环境分为微观环境和宏观环境两大类：微观环境是指环境中直接影响企业营销活动的各种行动者，如顾客、供应商、竞争者和社会公众；宏观环境是指环境中间接影响企业营销活动的不可控制的较大的社会力量，如政治、法律、经济、人口、技术和文化等。在某些情况下，它也能对企业营销活动产生直接影响。

大量的营销实践表明：即使在经济衰退时期，企业也常常可以捕捉到一些新的市场机会，其中还有相当一部分企业通过自己出色的营销活动，创造了不寻常的业绩。在经济繁荣时期，市场环境也可能给企业带来新的威胁，一些企业难逃倒闭的厄运。也就是说，不断变化的市场环境，既可能给企业的市场营销活动提供机会，也可能带来威胁。同一环境中的变化，对某些企业是机会，对另一些企业则可能是威胁。营销环境对企业有两方面的影响：提供机会；产生威胁和风险。

营销机会是指给企业带来盈利可能的环境变化的特征或趋势。企业可能有多个营销机会。营销机会矩阵（见图2—1）是按机会的成功概率以及机会的吸引力对不同的营销机会进行分类的方法。企业的最佳环境机会是吸引力大、成功概率高的第1类机会，营销管理者应调动企业最佳的资源来追逐这类机会。第4类机会的吸引力太小，成功概率又低，所以可以不予考虑。第2类和第3类机会经过努力可能向第1类机会转变，企业要密切关注。需要注意的是，企业必须慎重地评价自己所面临的市场机会。美国著名市场营销学家西奥多·莱维特曾经说过：

> 这里可能是一种需要，但是没有市场；或者这里可能是一个市场，但是没有顾客；或者这里可能是一位顾客，但目前实在不是一个市场。

吸引力 \ 成功的概率	高	低
大	1	2
小	3	4

图2—1 营销机会矩阵

环境威胁是环境中不利于企业发展的现实或潜在的特征和变化。企业可能面临多个营销威胁。营销威胁矩阵（见图2—2）是按出现威胁的概率以及严重性对不同的营销威胁进行分类的方法。企业的最大威胁是出现威胁概率高、严重性大的第1类威胁，营销管理者必须采取措施应对这类威胁。第4类威胁的影响很小，可以不予考虑。第 2 类和第 3 类威胁随着环境的变化可能向第 1 类威胁转变，企业要密切关注。营销人员要密切注意环境威胁的先兆，建立风险预警系统，同时合理安排规避和降低风险的手段和措施。

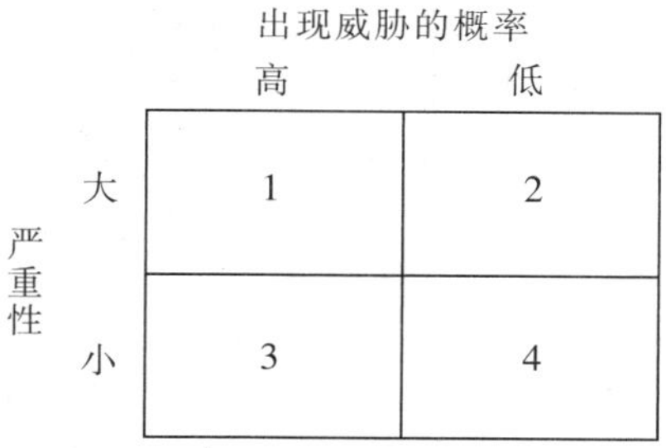

图 2—2　营销威胁矩阵

企业对面临的主要威胁有三种可能选择的对策：

（1）减轻。通过调整营销策略改善企业对环境的适应性，以减轻环境威胁，降低风险。如烟草公司大力宣传在公共场所开辟单独的吸烟区。

（2）转移。将企业资源转移到风险相对较低的市场领域。如烟草公司在面临反对吸烟的环境特征时进入食品和饮料市场，同时减少香烟业务。

（3）反抗。企业通过自身努力扭转环境的不利因素。如中国造纸企业在面临外国造纸公司以超低价格抢占市场的环境威胁下，联合向政府有关部门提出反倾销诉讼，扭转了经营的不利局面。

对营销环境的适应是企业成功的必备条件，提高适应能力是每一个企业的营销人员孜孜以求的目标。营销管理者的任务就在于了解、把握营销环境的变化趋势，适应环境的变化，提高应变能力，趋利避害地开展市场营销活动，使企业更好地生存和发展。

企业分析市场营销环境的目的就是：

- 把握市场环境变化发展的趋势。
- 发掘新的市场机会，捕捉市场机遇。
- 及时发现环境威胁，为企业采取积极措施规避或减少风险赢得时间。

案例

微软收购诺基亚

美国时间 2013 年 9 月 2 日晚间，微软公司宣布以 37.9 亿欧元（约合 50 亿美元）的价格收购诺基亚旗下的大部分手机业务，另外再用 16.5 亿欧元（约合 21.8 亿美元）的价格购买诺基亚的专利许可证，该项交易的总价格大约为 54.4 亿欧元（约合 71.7 亿美元）。与此同时，微软下一任首席执行官（CEO）的热门人选——诺基亚现任 CEO 艾洛普也加入微软。

2014 年 4 月，微软公司走完了收购诺基亚硬件设备部门的所有程序，自此，来自芬兰的著名手机巨头诺基亚统治市场的时代正式宣告结束。如同当年柯达黯然收场一样，诺基亚也变卖了自己的主业。它们的历程说明，一些企业由于未能适应不断变化的市场环境——尤其是技术进步引起的变化——而付出了沉重的代价。

以技术为中心是典型的自我放大，以客户为中心的技术才是有效产出。客户提前，自我退后，这是客户思维，否则就是浪费。诺基亚公司的衰落正是源于对市场环境变化的不敏感，对目标客户真实需求的忽视，在智能手机操作系统的选择上犯下错误，从而失去了原有的顾客群体。

第 2 节　宏观环境引导营销活动的大方向

营销理论强调企业经营采用从外向内的观念，不断从变化的外部环境中发现机会和威胁，在此基础上运用各种可控手段，利用和把握机会，同时规避和降低风险。宏观环境是造成市场机会和环境威胁的主要力量，它引导企业营销活动的大方向。企业营销环境分析首先应分析宏观环境。

影响企业营销活动的宏观环境因素主要有：人口环境、经济环境、自然环境、技术环境、政治法律环境、社会文化环境。

一、人口环境

人口是营销人员最感兴趣的环境因素之一。市场是由人组成的，市场是产品现实或潜在购买者的集合，只有有人才能有顾客，只要有人就可能发展成为顾客。有这样一个经典的营销故事：英国的一家鞋厂派一名销售员到非洲的一个小岛去考察市场，一周后，销售员发回电报："岛上居民从不穿鞋，皮鞋没有销路。"鞋厂又派了一名营销人员去考察，一周后，他也发回电报："好极了！岛上居民从不穿鞋，只要教会他们穿鞋，这就是一个巨大的市场!"这个故事形象地说明了人口对营销活动的重要性。

下列人口特征将影响企业的营销活动。

1. 不同国家、地区和城市的人口规模和增长率

人口规模影响市场的容量，增长率影响未来市场的增长情况。从全世界来看，人口正呈现爆炸式的增长，且地区发展不平衡现象突出，人口增长最快的地方恰恰是经济欠发达地区。《2010 年世界人口状况报告》显示，2010 年底，世界人口总数为 69.09 亿，其中只有 12.37 亿人生活在较发达地区。预计到 2050 年世界人口将增至 91.5 亿，比目前增加 22.41 亿。其中非洲地区人口将从现在的 10.33 亿增至 19.85 亿，增幅最大；亚洲地区的人口也将有较大幅度的增长，从目前的 41.67 亿增至 52.32 亿；而欧洲人口将从目前的 7.33 亿减至 6.91 亿，是唯一人口减少的大洲。

中国是一个人口大国，目前人口规模已过 13 亿，预计 2040 年将达到 16 亿。作为世界上人口最多的国家，我国的市场尤其是消费品市场发展潜力巨大。但是人口多，人均资源占有率低，不利于企业发展。

2. 人口年龄结构

人口年龄结构决定市场需求的结构。不同年龄阶段的人对产品的需求有很大的差别：儿童需要玩具、学习用具和营养食品；青少年需要图书、CD 唱片和时装；老年人需要保健品和怀旧商品。分析一定时期内的人口年龄结构，能使企业发现市场机会。例如，20 世纪 50 年代，百事可乐公司发现美国 13～19 岁的人口在总人口中的比重很大，决定将青少年市场作为主要市场，提出了"新一代的可乐"的宣传口号，这种市场策略赢得了青少年的青睐，获得了极大的成功。截至 2009 年底，我国 60 岁以上的老年人已经达到 1.67 亿，占全国总人口的 12.5%，并且呈现出加快增长的趋势，老年人成为一个潜力巨大的市场。

3. 人口地理分布及流动

不同人口密度地区的市场需求量存在差异，同时，受地理环境、气候特点的影响，不同地区居民的购买习惯和购买行为也存在差异。比如，在天气炎热的南方，人们对空调设备的需求量大；而在寒冷的北方，则需要暖气设备和御寒服装。此外，不同地区的经济发展程度不同，居民的消费偏好也有很大差异。研究人口地理分布特点对企业找准产品销售市场意义重大。人口的地理分布随时间推移会发生一定变化，这就是人口流动。目前世界上许多国家的人口流动都具有两个趋势：(1) 从农村流向城市；(2) 从城市中心流向郊区。这两个趋势对企业的营销活动产生了重要的影响：城市人口增加使城市市场尤其是大城市市场成为企业营销战的必争之地；城市人口向郊区流动使得企业销售网络布局向郊区发展。

4. 家庭规模

家庭规模大小将影响家庭购物和消费模式。一般说来，大家庭需要大体积的用具、大包装的食品，小家庭则需要小型家用设备和小包装的食品。现代家庭结构变化的主要特征是小型化趋势。三口或两口之家成为家庭规模的主要形式，同时单身户的比例正在迅速上升。企业的营销活动应更多地考虑小规模家庭的需要。

二、经济环境

形成市场不仅需要人口，而且需要购买力，一个对企业经营活动有意义的市场包括人口及购买力两方面因素，缺一不可。考察市场的经济环境主要是分析影响人们购买力的各个因素。

1. 消费者收入

经济学理论表明，消费支出在很大程度上受消费者收入的约束，收入增加则支出增加、收入减少则支出减少是普遍规律。所以，考察市场的购买力首先要考察该市场的消费者收入情况。以下几个指标可以反映一定时期消费者收入的总体状况。

（1）人均国民收入。人均国民收入是一定时期内一个国家物质生产部门的劳动者人均所创造的价值，它大体上反映了一个国家的经济发展水平。

（2）人均个人收入。人均个人收入等于全社会个人收入总和除以总人口。全社会个人收入的主要来源为社会总的消费基金，即用国民收入减去用于扩大再生产的支出，再减去用于行政管理、国防、文教、其他公用事业以及各种社会保险的支出的余额。人均个人收入大体上反映了市场的购买力水平。

（3）个人可自由支配收入。指在个人收入中扣除税款、非税性负担以及维持生活的必需品（如房租、水电费等）支出后的余额，它是影响消费结构的重要因素。

2. 消费者的支出结构

支出结构是一定时期消费者消费支出中各项商品的比例关系。比如，1996年我国居民消费支出中食品支出占48.60%，2006年降至43%；1996年服装支出占13.47%，2006年降至5%；1996年耐用消费品支出占4.10%，2006年升至4.5%；1996年娱乐、教育、文化支出占9.57%，2006年升至10.8%。在1996年支出比例还微乎其微的交通通信，2006年占了居民消费支出的10.2%。了解这些数据的变化有助于企业推算行业的市场总容量。

数据表明，改革开放30多年来，随着家庭收入的增加，我国消费者的支出结构发生了很大变化。改革开放以后，我国城乡居民家庭的恩格尔系数呈现不断降低的趋势，其中，城镇、农村居民家庭的恩格尔系数分别从1978年的57.5%，67.7%，下降为2008年的37.9%，43.7%，降幅分别达19.6个百分点和24个百分点。与此同时，居民消费结构由满足温饱需求的吃、穿、用阶段向满足小康需求的住、行阶段升级；由百元级的小型耐用消费品（如手表、自行车、缝纫机）向千元级的中型耐用消费品（如彩电、电冰箱、洗衣机等家用电器）升级，之后又向万元级甚至是数十万元级的大型耐用消费品（如轿车、住房）升级。

3. 储蓄和信贷

消费除受收入及支出结构影响外，还受储蓄状况和信贷条件的影响。收入的主要流向是消费和储蓄。一定时期内，在收入一定的条件下，储蓄数额增加意味着消费支出的减少；反之，储蓄减少，则消费支出增加。一定比例的储蓄是保证未来购买力的有效手段，但如果储蓄比例过高，说明市场缺乏购买热点，需求不足。

消费信贷是消费者凭借个人信用提前取得商品使用权，然后按期归还贷款的消费方式。通常所说的赊销、分期付款都是它的具体形式。消费信贷是在有需求、缺乏购买力的条件下实现产品销售的有效手段。汽车、住房等耐用高价值商品本身具有一次购买、长期消费的特点，采取信贷方式购买可以减轻支出压力，很受消费者欢迎。在西方国家，人们已经很普遍、很自如地应用消费信贷了。我国近几年消费信贷发展也较快，特别是个人住房贷款，1997 年末，全国商业银行自营性个人住房贷款仅为 190 亿元；截至 2010 年底，全国商业性住房贷款余额达到 6.2 万亿元，其中个人住房贷款余额约 3.7 万亿元（不含公积金贷款），是 1997 年末的约 195 倍。显然，这在一定程度上提高了居民的当前购买力。

三、自然环境

任何企业的生产经营活动都与自然环境息息相关，无论制造什么产品都需要原材料、能源和水等自然资源供给。同时，企业的经营活动也影响自然环境的发展和再生过程。21 世纪，自然环境恶化是人类社会面临的一个主要问题，企业必须寻找与环境协调发展的途径和方法。一些对环境造成危害的企业承受着来自政府和环境保护主义者的巨大压力，而绿色产业却显露出勃勃生机。随着人类生存环境的恶化，最终每一个人都将变成环境保护主义者，只有与环境和谐发展的企业才能生存。企业的营销活动要更有效、更合理地使用自然资源，尽量减少生产经营对环境的破坏和影响。

四、技术环境

今天，技术已经成为决定人类命运和社会进步的关键因素。它是一种带有破坏性的创造力量，也就是说，一项新技术在给一些行业和企业带来增长机会的同时，可能严重威胁另一些行业和企业的生存。比如，晶体管的发明带动了应用晶体管的产业，却严重影响了电子管行业；电视技术的突破性进展带动了电视机产业的发展，同时也拉走了相当数量的电影观众，使电影业受到沉重打击。飞速发展的技术带给企业的可能是新的、前景广阔的市场机会，也可能是严重的、毁灭性的环境威胁。营销人员应随时监控技术环境的发展变化，调整企业行为以适应变化。技术因素中对企业行为影响最大的是网络技术。互联网已经进入人们的日常生活。企业通过互联网能快速、便捷、低成本地同客户、供应商、分销商交流信息。借助互联网的电子商务活动方兴未艾，它的出现可能从根本上改变交易活动的方式。此外，网络强大的信息功能也为规模化的“一对一”定制生产提供了可能。未来，即使是一般的消费品也能根据消费者的个人意愿生产，营销活动“使销售成为不必要”的设想将成为现实。

五、政治法律环境

企业营销活动受政治和法律环境的强制影响。政治法律环境是由与企业活动相关的法律、政府管理机构以及社会中对企业起制约作用的压力集团构成的。

我国目前与企业活动相关的立法主要有：《中华人民共和国经济合同法》、《中华人民共和国公司法》、《中华人民共和国商标法》、《中华人民共和国专利法》、《中华人民共和国食品卫生法》、《中华人民共和国产品质量法》、《中华人民共和国广告法》、《中华人民共和国反不正当竞争法》、《中华人民共和国消费者权益保护法》、《中华人民共和国企业所得税法》、《中华人民共和国劳动法》等。

对企业有监督、制约作用的压力集团主要是保护消费者利益的群众团体和保护环境的群众团体。这些团体对企业行为虽然没有强制作用，但是能影响社会舆论，给企业施加压力。与压力集团保持良好关系是树立企业形象的必备条件。

我们在下一章中再来分析社会文化环境的影响。

第 3 节　微观环境影响营销活动的方式和效果

一个企业能否成功地开展营销活动，不仅取决于其对宏观环境的适应性，也取决于其能否适应和影响微观环境。微观环境直接影响营销活动的方式和效果。

影响企业营销活动的微观环境因素有：企业内部的环境力量、供应商、营销中介单位、顾客、竞争者。

一、企业内部的环境力量

企业内部各个管理层次、各个部门、员工之间分工是否明确，协作是否有效，能否目标一致相互配合，直接关系到营销活动的效率和实施效果。首先，要考虑业务部门，如生产部门、采购部门、研发部门的情况，营销部门要与之密切合作共同制定营销计划。其次，要考虑企业高层管理者的意图，以最高管理层制定的企业任务、目标、战略为出发点制定营销活动计划。

二、供应商

供应商是向企业供应各种资源的工商企业和个人。供应商供应的原材料的价格高低，交货是否及时，数量是否充足等，都会影响产品的成本、售价、利润和交货期。因此，营销人员必须对供应商的情况有比较全面的了解和透彻的分析。一般说来，按照与供应商的对抗程度，可以把供应商分为两类：

（1）作为竞争对手的供应商（寄生关系）。

（2）作为合作伙伴的供应商（共生关系）。

分析供应商情况的目的就是确定在哪些条件下哪些原料可以通过自行生产来解决，哪些原料需要通过外购来解决。

三、营销中介单位

营销中介单位是协助企业推广、销售和分配产品给最终消费者的企业和个人，包括中间商、物流公司、营销服务机构和金融机构。

中间商在企业的营销活动中起着十分重要的作用，它帮助企业寻找顾客并直接与顾客进行交易，从而完成产品从生产者向顾客的价值转移。中间商分为批发商和零售商。批发商是经营批发业务的中间商；零售商是经营零售业务的中间商。

物流公司主要包括将货物运往下一个目的地前专门储存和保管商品的仓储公司，及负责把货物从一地运往另一地的运输公司，它帮助企业实现商品实体形态的转移。在我国，很多中间商与物流公司是合而为一的，中间商除分配产品外，同时负责储存和运输。但随着社会分工的深化，出现了独立的物流公司，它们显示出很强大的生命力。

营销服务机构包括调研公司、营销咨询公司、广告公司以及各种广告媒体，这些机构协助企业选择目标市场，推销产品。目前我国专门从事市场调研和营销咨询的公司数量有限，规模很小，还没有发展成熟。大多数情况下，企业都是自己进行调研或者与大学或管理咨询公司合作开展这方面的工作。关于广告的作用和设计将在后面的章节中予以介绍。

金融机构包括银行、信贷公司、保险公司等，它们负责为企业和顾客之间的交易融通资金，并对企业的营销活动产生显著的影响。因此，企业应该与金融机构建立良好的合作关系。

四、顾客

顾客是企业产品或服务的购买者，也是企业服务的对象。顾客可以是个人、家庭，也可以是组织机构（包括其他企业和转售商）和政府部门。它们与企业可能同在一个国家，也可能在不同的国家和地区。

对于一个企业来说，赢得顾客是生存与发展的关键。无数企业的实践表明：市场的优胜者是那些重视顾客、最大限度地满足顾客需求的企业；缺乏营销远见、忽视顾客需求的企业注定会失败。顾客分析的目的在于了解顾客为什么选择企业的产品或服务，是因为低廉的价格、高质量的产品、可靠的服务、有趣的广告，还是因为干练的推销人员。如果企业不能精确地知道是哪些东西吸引了顾客以及顾客将来可能如何变化，终将失去在市场上的优势地位。

五、竞争者

一般说来，为某一顾客群体服务的企业不止一个，市场中可能有多个企业生产、销售相同或相近的产品。企业在一群竞争对手的包围和制约下从事自己的营销活动。这些竞争对手不仅来自本国市场，也来自其他国家和地区；竞争不仅发生在行业内，行业外的企业也可能通过替代品的生产而参与竞争。所以，对竞争者进行分析是成功开展营销活动的一个重要方面。

竞争者分析的内容相当广泛，对以下问题的了解将有助于认识竞争对手并制定相应的变通战略。

（1）产品研究与开发分析。了解竞争者的产品研发策略、费用投入情况以及技术特点。

（2）产品制造过程。可以根据成本、质量、灵活性和可靠性等要素来评价竞争对手所设计的制造过程的有效性。

（3）采购。如果企业处于外购货物在总成本中占有很大比例的行业，或者供应商实力非常强大，那么分析竞争者的采购方式是非常重要的。如对于原材料，关键问题是竞争者是否利用长期合同、数量折扣和战略合作关系等手段降低成本；竞争者如何开发利用人力资源，采用哪些有效的激励手段以获得熟练的技术性和非技术性劳动力。除此之外，还应了解竞争者在哪里购买了何种产品以及购买条件（合同、价格）是什么。

（4）市场。企业营销人员应该分析和评价竞争者是如何选择目标市场和满足顾客需要的。同时要了解它们在目标市场的销售量、产品组合、广告费用和促销项目等，尤其需要明确竞争者市场计划中的要素是什么，以及要素之间是否互相适应。最后还要了解竞争者为了保持竞争优势，为目前和潜在的消费者做了些什么。

（5）销售渠道。在技术比较稳定和适用性较好的成熟行业，销售渠道往往成为企业能否成功营销的关键。在这些行业中，企业必须细致地评价竞争者的销售渠道的成本、规模和质量。在一些特殊行业，不仅要评价竞争者销售渠道对顾客需要的敏感度，而且要评价其经销商、代理商及销售人员的专业知识水平。

(6) 服务。营销人员必须细心地评价竞争对手在维修能力、产品应用培训、零配件供应等方面为顾客提供优质服务的能力和意向，内容包括服务网络的分布、服务人员的数量和背景、服务项目的数量和质量、服务人员和销售人员之间的关系以及服务在竞争战略中的地位和作用。

(7) 财务管理。对某些竞争者来说，良好的财务系统是其执行总体战略的关键，因此，营销人员应该分析竞争对手的现有资产、债权、债务和红利的管理方式，并与本企业进行比较。

(8) 企业文化。在竞争性领域，普遍强调收集和分析有关竞争对手在财务、制造、市场方面的定量数据，尽管这些信息对揭示竞争对手的能力是重要的，但它们通常并不能说明竞争对手将如何利用这些能力。因此，企业营销人员应该重视对竞争对手的个性的分析。这不仅有助于了解竞争对手的思维方式，而且有助于更好地预测其将来的动向。

通过对竞争对手目标的分析，可以了解其个性和可能坚持的战略。例如，一个承诺不解雇员工的企业在需求下降的市场上将难以实现低成本战略；一个追求高增长目标的企业在价格上很可能比强调利润的企业更富有进攻性。分析竞争对手的投资历史可以帮助企业了解其投资行为的基本原则和习惯。通过对竞争对手在其他行业的战略的研究，可以估计它进入新行业的战略，例如，它一贯倾向于高价还是低价；它经常以怎样的方式扩张；在研发上，它是领先者还是追随者。此外，通过对竞争对手以往实践的分析，可以在很大程度上揭示其行为方式是强硬的还是懦弱的。

对竞争者文化的分析还包括对其组织结构和管理人员的分析，如它的所有权关系、董事会组成和主要管理者的个人情况等。一般来说，个人所有的竞争者利润目标通常较低，这使其他企业很难与它们竞争；以内部董事（在企业中有管理职位）为主的董事会倾向于注意生产，而外部董事则可能更多地强调财务收益。

企业主要管理者个人的经历对企业行为也有重要的影响，他们往往倾向于采用自己在其他企业和业务活动中曾经采用过的成功的战略和方法。

□ 小　结

任何一个企业都生活在特定的社会经济环境中，都是在与其他企业、目标顾客和社会公众相互协作、影响、竞争和监督的过程中开展市场营销活动的。营销环境中充满机会和威胁，它们是影响企业营销活动最重要的因素。根据各种环境力量对企业活动的影响，可以把市场营销环境分为微观环境和宏观环境两大类。宏观环境是环境中间接影响企业营销活动的不可控制的较大的社会力量，包括人口环境、经济环境、自然环境、技术环境、政治法律环境和社会文化环境。微观环境是环境中直接影响企业营销活动的各种行动者，包括企业内部的环境力量、供应商、营销中介单位、顾客、竞争者。分析营销环境的目的在于把握环境变化的趋势，及时发现市场机会和威胁，为企业调整营销策略，利用市场机会，规避市场风险提供依据，以提高企业的应变能力，适应不可控的环境因素的变化。

□ 重点概念

1. 营销环境——对企业的市场营销活动产生影响和冲击的各种角色和力量。
2. 微观环境——环境中直接影响企业营销活动的各种行动者。
3. 宏观环境——环境中间接影响企业营销活动的不可控制的较大的社会力量。
4. 环境威胁——环境中不利于企业发展的现实的或潜在的特征和变化。

□ 思考题

1. 由于美国人不断减少油炸食品的消耗量，肯德基在美国的市场份额自 20 世纪 90 年代以来一路下滑，但它已成功地将业务拓展到亚洲国家，在中国、韩国、马来西亚、泰国和印度尼西亚成为快餐业的佼佼者。你认为在未来的国际市场上肯德基有哪些机会、哪些威胁？
2. 具体分析技术环境对一个你熟悉的产业的影响。
3. 假设你是国内一家新兴个人电脑公司的营销经理，分析一下你的竞争对手。
4. 重点分析一下近年来人口环境因素变化对我国旅游业发展的影响。

案例分析

奥迪品牌“去官化”与联想品牌“国际化”

互联网时代改变了组织和社会的结构与形态，也令商业社会进入了前所未有的动荡期，很多在人们心中永远不会倒下的品牌巨头，如柯达、诺基亚、索尼……在面对新技术时反应迟缓，错失时机而轰然倒塌。曾在传统行业风光无限的品牌如何在互联网时代应对自如？传统行业品牌如何在互联网时代重获新生？或许需要的不仅是策略的调整，还有思维方式的变革。

奥迪：讨好年轻用户　带动品牌减龄

作为最早进入中国市场的高端车之一的奥迪，最早的营销策略是“有计划”地进入领导人乘坐的专供车市场。据统计，奥迪 A6 在高端公务用车领域一度占比超过八成，久而久之便在人们心中形成了“官车”的品牌形象。

当汽车进入平民化的消费市场，其受众不再是讲究官派的企业和个人消费者。即便有能力购买此类车的高级白领，通常也不会考虑购买奥迪。奥迪在政府采购公务用车方面的胜利带来的是个体消费市场的裹足不前。

虽然就市场销量来看，奥迪仍牢牢占据中国豪华车市场的霸主地位，但随着政府对公务用车的限令出台，公务车采购逐渐向自主品牌倾斜，面对市场不断分化稀释，竞争对手步步紧逼，奥迪感受到了前所未有的威胁。随着汽车消费群体的日益年轻化，以“80 后”

为代表的消费人群逐渐成长为车市中不可忽视的力量，如何愉悦并赢得新用户成为奥迪最为重视的品牌议题。

从奥迪的种种动作来看，奥迪高层对这一问题已经做出思考与行动。从线下产品的设计与研发到品牌传播的策略与执行，核心受众已从成熟稳重的商务精英转化为追求时尚的新贵一族，“愉悦用户”成为未来品牌用户形象锐化的战略出发点。以往的奥迪广告中多半是为消费者描绘出“高大上”的生活形态，强调“突破科技启迪未来”的核心价值主张。而现在奥迪在事件营销和互联网媒体平台上投入更多。奥迪斥巨资打造了专属于奥迪用户的“世界好声音”演唱会，汇集五国好声音舞台上的明星导师及人气学员进行全球首次跨国同台演唱，并在互联网媒体上传播推广，将尊贵与时尚需求完美结合，极大地愉悦了奥迪的年轻用户。奥迪通过满足年轻群体的情感需求，进而完成目标受众的顺利转化，全方位地锐化了年轻时尚的品牌形象，借此改变市场上对“官车”缺乏个性时尚、固执、保守的传统认知。

如果目标受众与产品主流消费人群相偏离，造成目标受众和品牌价值背道而驰，很可能给品牌形象和市场销量造成沉重打击。提前预测和把握未来数年后中国主流汽车消费人群的变化，才是保持品牌经久不衰的奥秘所在。目前在中国，个人顾客占奥迪顾客总人数的比例已经达到 80%以上，从政府公务车占比八成到个人顾客占比八成，奥迪无疑走出了一条成功的品牌重生之路。

联想：四两拨千斤，与大象共舞的秘密

2013 年的最后一天，联想爆出了以 29 亿美元从谷歌手中收购摩托罗拉智能手机的重大新闻，收购内容涵盖 3 500 名员工、2 000 项专利以及全球 50 多家运营商的合作关系，当然也包括摩托罗拉移动品牌和商标组合。这一举动顿时激起千层浪，不少人认为，此举令联想最为受益的并非摩托罗拉的技术，而是品牌。

虽然无法与巅峰时期相比，但摩托罗拉移动依然是美国第三大 Android 智能手机厂商和拉丁美洲第三大智能手机厂商，在高端手机市场上占有一席之地。虽然在这次并购中联想没有拿到核心专利，但是享誉世界的摩托罗拉移动的品牌，以及 Moto X，Moto G 和 DROIDTM 超级系列产品的商标组合资产，却能有效协助联想大幅提升在高端智能手机市场的占有率，更为其打入北美和欧洲的高端产品市场，实现全球化发展奠定了良好的品牌基础。可以说，这次并购案中摩托罗拉智能手机的两块最大价值被瓜分，谷歌留下了专利，而联想获得了品牌。

正如 2004 年联想并购 IBM Thinkpad 引发的轰动一样，不少人开始预测联想将如何玩转 Moto 移动品牌。从品牌运营上讲，并购后的品牌运行模式主要有小品牌淡化模式、大品牌背书模式、双品牌联合模式和新品牌模式。并购 IBM 的 Thinkpad 后，联想采用了品牌联合的模式，希望借助 Thinkpad 的品牌资产建立 Lenovo 品牌在国际市场上的声誉，但过度相信 Thinkpad 易主后的品牌影响力而强攻美国市场，导致销量大幅下滑。这就好像一辆还没有经过磨合期的新车就被司机一脚把油门踩到底。最终复出的董事会主席柳传志决定悬崖勒马，将重心重新转移回中国市场，稳扎稳打做实市场。十年后联想终于站上全球PC销量第一的位置，成功地度过了品牌融合期。

实现两个不同品牌的融合是一个漫长而具有挑战性的过程。在IBM的历史上，Think不仅代表着一个产品系列（ThinkPad，ThinkCentre），更代表着一种独特的价值观，包括用户至上、极富创新、充满竞争、生气勃勃等，将这些鲜明的个性融入到联想的文化之中，并且做到毫无违和感，是一件难度不小的事情。但是联想最终实现了Think和Lenovo的融合，就像“ThinkPad之父”内藤在正所说的一样：“我觉得联想的加入使ThinkPad更像ThinkPad。”这次联想与Moto的联手如何操作不得而知。但不能忽略的是，相比个人电脑，智能手机市场变化更为迅速，对产品迭代率、专利技术储备等的要求更加苛刻，无法再给联想一个十年进行品牌的融合与过渡。如何处理两个品牌之间的关系，让联想在赢得海外市场份额的同时也在高端移动产品领域树立领军地位，恐怕是联想要面临的下一个挑战。

资料来源：王鲁生：《奥迪品牌“去官化”与联想品牌“国际化”》，载《商学院》，2014（4）。

讨论题

1. 奥迪对中国市场的营销环境分析是否存在遗漏？请详细阐述。
2. 竞争对手对奥迪品牌“去官化”会做出何种反应？请结合营销调研结果回答。
3. 联想公司收购摩托罗拉智能手机业务的原因是什么？
4. 为了更好地适应营销环境，联想公司未来应如何调整其营销工作？

第 3 章

消费者市场及购买行为分析

据国家统计局统计，1990 年全国民用汽车保有量仅为 554 万辆，其中私车保有量为 82 万辆，占 14.8%。这 82 万辆私人汽车中，58 万辆是载货车，只有 24 万辆是载客汽车。私人客车中，相当数量是微型面包车，真正的私人轿车寥寥无几。那个时候，我国轿车厂商的销售对象似乎都是机关、企事业单位，销售工作更多在产业市场展开。自加入世界贸易组织以来，中国汽车市场对外开放，带动了国内汽车产业的迅速发展。国家出台了一系列鼓励轿车进入家庭的政策。长期以公车消费为主的轿车市场转变为以私人消费为主，销售工作的重心转移到了消费者市场。据中汽协统计，2013 年中国汽车产量为 2 211.68 万辆，同比增长 14.76%；汽车全年累计销售 2 198.41 万辆，同比增长 13.87%，再创全球产销纪录。这一生产规模意味着，中国已经连续 5 年成为全球最大的汽车市场。同时，相对于 2013 年整个车市的发展，乘用车市场增速更加明显。2013 年乘用车共销售 1 792.89 万辆，同比增长 15.71%，增幅高于整体。消费者市场的日益繁荣，促使各汽车企业比以前更加关注消费者层面的购买行为。

第 1 节　消费者市场及购买行为模式

一、消费者市场概述

现代营销观念认为，企业和消费者之间是双赢的关系，企业利润最大化建立在充分满足消费者需求的基础上，企业的一切营销活动都必须围绕着消费者展开。也就是说，市场是整个营销活动的出发点和归宿，市场营销的核心就是研究如何更好地满足消费者的需求。那么消费者究竟有什么样的需求，在购买商品的决策过程中究竟会受到哪些因素的影响，整个购买经历了一个怎样的过程，就组成了营销中非常关键的问题。

1. 消费者市场的概念及特点

消费者市场（consumer market）是指为了满足生活消费而购买商品和服务的个人或家庭所构成的市场。其购买特点可以归纳为以下几个方面：

（1）广泛性。消费者市场人数众多，消费行为广泛存在。

（2）分散性。一方面，消费者市场的购买单位是消费者个人或者家庭，购买者数量众多；另一方面，市场商品供应充足、方便，消费者可以随时随地购买，没有必要大量储存，所以呈现购买频繁、数量零星的特点。

（3）差异性。消费者的购买行为受到个体、环境等各种因素的综合影响，每个消费者的需求不尽相同。

（4）易变性。随着新产品不断涌现，消费者的需求呈现出“求新、求变”的态势；另一方面，生活节奏的加快和压力的增大促使越来越多的消费者寻求新鲜和刺激的购物体验。

（5）非理性。消费者有时对所购买的产品不能从理性的角度加以评判，产品带给人的感受、包装、商店的购物氛围、广告等都会对人的购买行为产生影响，从而使消费者的购买行为呈现非理性的特点。

（6）替代性。随着竞争日益激烈，产品品种日益丰富，能用来满足人们同样需求的产品往往不止一种，消费者可以在不同品种或不同品牌之间进行变换。

2. 消费者市场的购买对象

消费者市场的产品种类十分广泛。面对不同的需求，消费者的购买行为会呈现不同的特点。可以按照下面两种方法对消费者市场的购买对象进行分类。

首先按照消费者自身的购买习惯，可以将消费者市场的购买对象分为日用品、选购品、特殊品和非渴求品。

（1）日用品。指消费者日常生活中频繁购买、使用很多、非常熟悉、价格低廉的商品。这类商品在日常生活中购买最为普遍，消费者购前一般不会作计划和比较；购买中不会花太多的精力，一般就近购买；购后不会作出太多的评价，很少后悔。如饮料、牙膏、香皂、报刊等。销售这类商品的关键是要接近消费者，及时、方便满足消费者的需求。

（2）选购品。指消费者要花费一定的时间、精力挑选和比较后再作出购买决策的商品。如服装、家电等。营销这类产品的关键是将销售网点集中起来，给消费者提供更多比较和选择的余地。

（3）特殊品。指具有特殊用途、消费者对其具有特殊偏好的商品。这类商品的消费者最在乎的是其带给自己的特殊利益，而对价格和购买地点并不十分敏感。这类商品的生产者一定要树立好品牌形象，提升企业的知名度，加强商品的宣传，赢得消费者的青睐。

（4）非渴求品。指消费者不了解或即使了解也不一定会购买的产品。如各种保险、百科全书、墓碑、墓地等。非渴求品营销面对的主要问题是如何激发人们的认知，这需要较高的营销技巧。

其次，按照商品的耐用程度，可以将消费者市场的购买对象分为耐用品和非耐用品。

（1）耐用品。指能使用多次、购买频率不高、售价较高的产品。如家用电器、家具、电脑等。

（2）非耐用品。指使用次数较少、购买频率很高、售价较低的产品。如日用品、食品等。

二、消费者购买行为模式

西方对消费者购买行为的研究有三种理论范式：第一种是决策导向研究法，这种方法将消费者视为主动、积极、理性的试图解决问题的消费者；第二种是经验导向研究法，这种方法将消费者的购买视为为获得情感体验的非理性购买；第三种是行为导向研究法，这种方法认为，消费者在购买中既没有经历一个理性的决策过程，也不是出于某种情感上的需要，可能只是受到环境或压力的影响。

当然，消费者的购买行为应该是上面三种思路的综合，每一种购买行为既有理性的成分，又有冲动的成分，更有可能受到促销的刺激，这几种思路不应该相互排斥，而应该综合运用到我们对消费者购买行为的研究中去。

在此，我们介绍一种西方营销学者提出的用来研究消费者购买行为的模式。这是一个刺激—反应模式，可以用来说明外界刺激与消费者反应之间的关系（如图 3—1 所示）。

从图中可见，消费者的每种购买行为都可能受到来自外界的两种刺激——营销刺激和环境刺激，这些刺激进入购买者“黑箱”（consumer black box），经过某种转换和作用，产生购买者的一系列决策，即选择何种产品、选择哪个品牌、何处购买、何时购买、购买多少等。购买者的黑箱由两部分构成：一部分是购买者特征，即消费者所处环境的文化背景、社会群体、个人特征和心理因素；另一部分是购买者的决策过程。也就是说，同样的外界刺激，作用于具有不同特征的消费者，加上购买决策过程中所遇到的不同情况，消费者将会作出不同的决策。

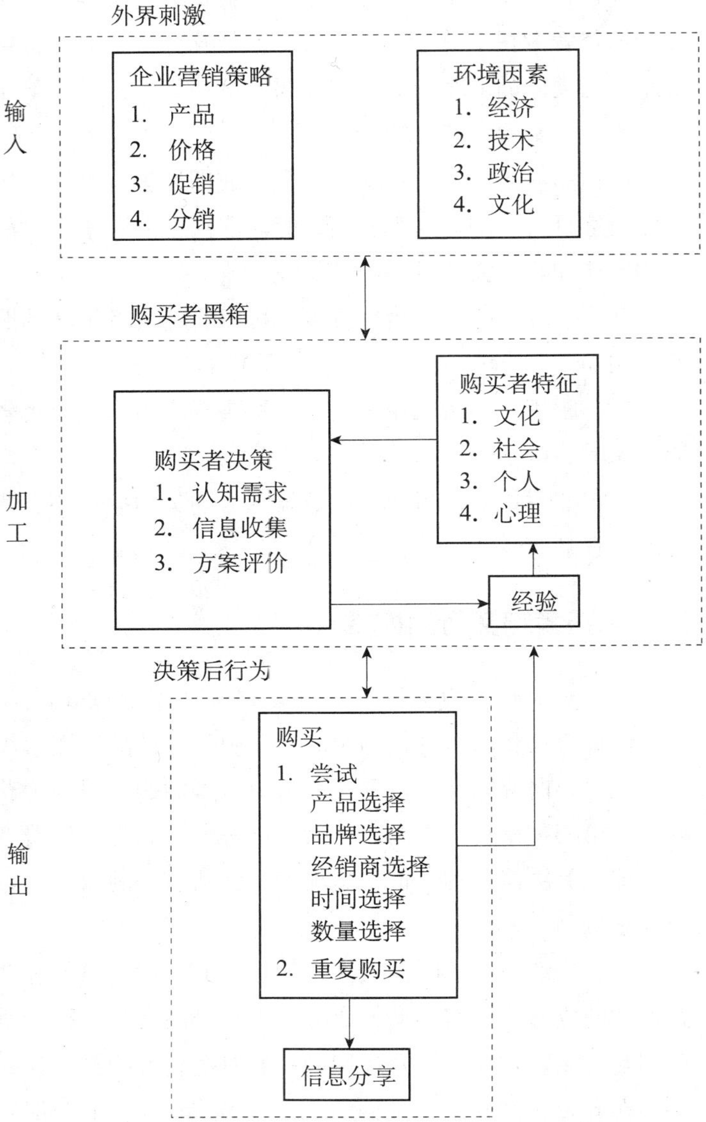

图 3—1 消费者购买行为模式图

第 2 节 影响消费者购买的主要因素

经济学家曾把消费者看作“经济人”，认为人们在购买过程中总能进行理智的判断，做出最经济的选择，但“经济人”理论很难解释现实中人们的购买选择为什么会千差万别。显然，除了经济因素以外，还有其他因素；除了理性的思考以外，还有其他非理性的因素影响人们的购买决策（见图 3—2）。

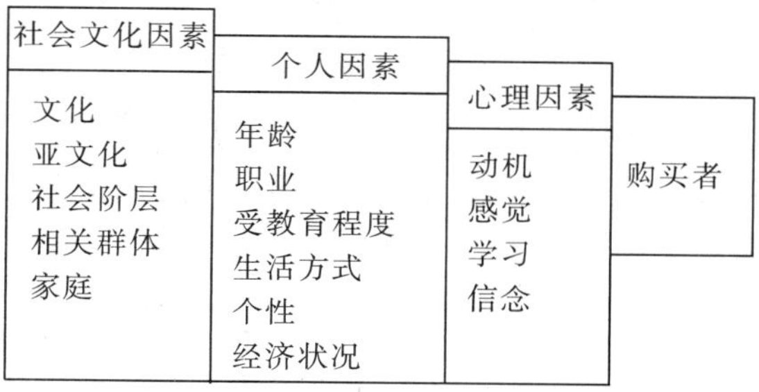

图 3—2　影响消费者购买的因素

一、社会文化因素

1. 文化

文化看上去很抽象，但每个人都生活在一定的文化氛围中，并深受这一文化所蕴涵的价值观念、行为准则和风俗习惯的影响，这一影响也延伸到了他们的购买行为中。如在中国的传统文化里，老年人受到尊重，逢年过节适合老年人的保健品大量被年轻人买去馈赠长辈。如果仅考察老年人的收入水平，这些保健品的市场恐怕不会有这么大。

2. 亚文化

每一文化群中，还存在若干更具文化同一性的群体，称为亚文化群。例如，由于地理位置、气候、经济发展水平、风俗习惯的差异，我国可明显地分出南方、北方，或东部沿海、中部、西部内陆等亚文化群。不同地区人们的生活习惯有差异，消费自然有别。例如在中国传统上最重大的节日——春节，北方人习惯吃饺子，南方人却一定要吃元宵和糯米年糕。年轻人形成了他们独特的亚文化群，追求不同于年长者的音乐、服饰、图书和娱乐方式。

3. 社会阶层

每个社会客观上都存在社会阶层的差异，即某些人在社会中的地位较高，受到更多的尊敬，成为人们学习的榜样；另一些人在社会中的地位则较低。社会阶层是一个社会中按层次排列的具有同质性和相对稳定性的社会群体。在现代社会，一般认为在所从事职业中的威望、受教育程度、收入与财产状况综合决定一个人所处的社会阶层。显然，位于不同社会阶层的人，因收入水平、价值观取向、生活背景和受教育程度不同，其生活习惯、消费内容，对传播媒体、商品品牌，甚至商店的选择都可能存在差别。不过，现代社会另一种倾向也日趋明显，即平等的趋势——消除不同阶层的差异的趋势。

4. 相关群体

它指对个人的态度、偏好和行为有直接或间接影响的人群。每个人周围都有许多亲戚、朋友、同学、同事、邻居，这些人都可能对他的购买活动产生这样那样的影响，他们就是他的相关群体。人们往往有意无意地按照或追随周围人的意向决定自己的购买。近年来，由于受电视等传媒几乎无处不在的影响，利用名人推介某些品牌的商品，形成某种消费时尚的做法已司空见惯。年轻人尤其容易受相关群体的影响。

5. 家庭

一个人一出生就生活在家庭中，家庭在个人消费习惯方面给人以全面的影响。而且，家庭还是一个消费和购买决策单位，家庭各成员的态度和参与决策的方式，尤其会影响以家庭为消费单位的家用商品的购买。

二、个人因素

1. 年龄、职业及受教育程度

不同年龄层消费者的购物兴趣、选购商品的品种和式样不同，其需求和购物兴趣也受职业、受教育程度的影响。

2. 经济状况

经济状况主要取决于一个人的收入水平，也要考虑其是否有其他资产来源、借贷的可能及储蓄倾向。

消费者收入是指消费者个人在一定时期内（比如一年）从各种不同来源获得的货币收入，如劳动收入、租金收入、利息收入、福利性收入及其他收入。消费者收入是直接或间接影响社会购买力，进而影响市场需求的主要因素之一。

不过，消费者并不是将自己的全部收入都用来购买商品，形成购买力的只是其收入的一部分。分析消费者的收入水平，一般采用两个指标：个人可支配收入和个人可任意支配收入。

个人可支配收入是指扣除消费者个人缴纳的各种税款和交给政府的非商业性开支后，可用于个人消费和储蓄的那部分个人收入。它是影响消费者购买力和消费者支出的决定性因素。

个人可任意支配收入是指个人可支配收入减去维持生活所必需的支出（如食品、衣物、住房）和其他固定支出（如分期付款、学费）所剩下的那部分个人收入。它是影响消费需求结构最活跃的经济因素。这部分收入越多，人们的消费水平就越高，企业营销的机会也就越多。

分析消费者收入还要区分货币收入和实际收入。在消费者的货币收入不变时，如果物价下跌，则表明其实际收入上升；反之，则表明其实际收入下降。即使消费者的货币收入随着物价上涨而增长，但是，如果通货膨胀率超过了货币收入增长率，消费者的实际收入也会减少。

显然，消费者一般要在可支配收入的范围内考虑其开支。尤其在中国，虽然年轻人的观念有所改变，但绝大多数居民仍不接受借贷消费，消费者自然对商品价格更敏感，不可能频繁更换款式更新或功能更强大的产品，也不可能超出自己的支付能力购买高档汽车和住房。另外，近年来我国居民的收入差距明显拉大，城市和农村、东南沿海与内地、不同行业和个人之间都存在这一现象，个人消费出现层次差异的倾向已十分明显，这为企业提供了更多样化的市场机会。

由于经济发展存在阶段性变化，而且同一时期的不同地区、不同阶层，消费者收入均存在差异，因而除进行上述分析外，企业还要研究不同时期、不同地区、不同阶层消费者收入水平的变化。这对企业制定购买决策具有重要意义。

3. 生活方式

生活方式是人们根据自己的价值观念安排生活的模式。有些人虽然处于同一社会阶层，有相同的职业和相近的收入，但由于生活方式不同，其日常活动内容、兴趣、见解大相径庭，因此，消费内容和消费方式也相去甚远。

4. 个性

个性是一个人的性格特征，如内向或外向、活泼或沉稳、固执或随和等。显然，自信或急躁的人，购物时很快就能拿定主意；缺乏自信或慢性子的人其购买决策过程较长，要反复比较权衡。外向型的人容易受周围人的意见影响，也容易影响他人；内向型的人则相反。

三、心理因素

1. 动机

心理学家认为，人的行为是由动机引起的，购买行为也不例外。关于动机对人们消费需求的影响，用得最多的是马斯洛需要层次理论。该理论认为：人的需要从低到高分为生存的需要、安全的需要、社会的需要、尊重的需要和自我实现的需要几个层次，只有未满足的需要才会形成动机。一般来说，只有低一级的需要得到相对满足，高一级的需要才会起主导作用，成为支配人们行为的动机。不同的消费动机与商品或服务之间具有一定的对应关系，企业营销者应学会判断何种商品和服务能最好地满足处于不同层次的顾客的需要。

2. 感觉

感觉是人们通过各种感官对外界刺激形成的反应。现代社会，人们每天面对大量的刺激，但同样的刺激对不同的人却可能引起不同的反应或感觉，原因在于感觉是一个有选择性的心理过程。它表现在三个方面：第一，选择性注意，即并不是所有的外界刺激都会引起同等的注意，人们往往只注意那些与其当时需要有关、与众不同或反复出现的外界刺激；第二，选择性理解，即人们受到了外部刺激，但并不一定会得出同样的解释，而是根据自己以往的经验或成见对信息进行理解；第三，选择性记忆，即收到的信息大部分很快就被遗忘，只有少数令人感兴趣的信息被记住。显然，感觉的这种差异性也是造成消费者购买行为差异的原因之一。

3. 学习

人们的有些行为是与生俱来的，但多数行为，包括购买行为是通过后天的学习形成的。学习是指由于经验引起个人行为改变的过程。正如一句俗话所说：要想知道梨子的滋味，就得亲口尝一尝。尝过之后，用过之后，对产品有了亲身体验，就会形成某种观念或态度，学习过程即告结束，下次购买也将变得简单。

4. 信念

通过行为和学习，人们形成了自己的信念和态度。信念是人们对某种事物的比较固定的观点或看法，如相信某品牌的电视机图像更清晰，它影响着人们未来的购买行为。态度是人们长期保持的关于某种事物或观念的认识上的评价、情感上的好恶和行动倾向。信念和态度一旦形成就很难改变，它们能帮助简化消费者的购买决策过程，引导消费者习惯性地购买某些商品。

第 3 节　消费者购买行为类型与决策过程

一、消费者购买行为类型

消费者购买行为类型有多种划分方法，其中最有典型意义的有两种：一种是根据消费者的介入程度和品牌的差异程度加以划分；另一种是根据消费者的性格进行划分。

1. 根据消费者的介入程度和品牌的差异程度划分

根据消费者的介入程度和品牌的差异程度所划分的购买行为类型如图 3—3 所示。

购买介入程度 / 品牌差异程度	高	低
大	复杂型	多变型
小	和谐型	习惯型

图 3—3　消费者购买行为类型

（1）复杂型购买（complex buying behavior）。复杂型购买行为是消费者购买差异性很大、价格昂贵且不经常购买的消费品的行为。这种购买行为不仅有较高的介入程度，而且不同品牌间有较大的差异，因此消费者购买时十分谨慎，要经历一个较长时间的思考过程。比如消费者买房、买车、买大型家电等。

（2）和谐型购买（harmonious buying behavior）。也称为减少失调感的购买行为。当消费者购买差异性不大的商品并伴有较高的介入程度时所产生的往往是和谐型购买行为。由于各个品牌之间差异不大，消费者一般不会花费更多时间去收集并评估不同品牌的信息，关注的重点在于价格优惠程度、购买时间、地点方便程度等。但是购买后在使用时如果发现产品有缺陷或者听说其他产品更好，就会感到后悔或者遗憾。消费者购买服装、家具和小家电等商品的行为大多属于和谐型购买。

（3）习惯型购买（habitual buying behavior）。习惯型购买行为是指品牌差异程度较小，同时消费者介入程度也不高的购买行为。购买者对所选品牌和产品比较了解，主要根据过去的知识和经验习惯性地作出决定。要么随便选择某一个熟悉的或首先遇到的品牌，要么表现出对某个品牌的忠诚。比如消费者购买香烟、家庭日用品等。

（4）多变型购买（diverse buying behavior）。多变型购买行为发生在品牌差异程度较大，但消费者的购买介入程度较低时。尽管产品存在明显差异，但消费者不经收集信息和评估比较就会决定购买某一品牌的产品，购买的随意性较大，下次购买可能又会换成其他品牌。转换品牌不一定是对原来的产品不满，可能只是为了尝尝鲜，寻求产品的多样性。

2. 根据消费者的性格划分

（1）习惯型购买。消费者已习惯购买某一个或者某几个品牌的产品，成为忠实顾客，消费习惯和偏好相对固定，购买时心中有数，目标明确。

（2）理智型购买。作出购买决策前对不同品牌加以反复比较和考虑，相信自己的判断，不容易被他人打动，也不轻易作出决定，决定后不轻易后悔。

（3）经济型购买。对价格非常敏感，喜欢经济合算的产品，对产品是否物美价廉特别看重。

（4）冲动型购买。缺乏主见，容易受产品外观、广告宣传或相关群体的影响，很快作出决定，但购买后容易动摇和后悔。

（5）想象型购买。对产品的象征意义特别看重，联想力丰富，感情色彩浓，容易对产品品牌、产品包装产生丰富的联想，从而影响其购买行为。

（6）不确定型购买。此类消费者往往十分年轻，独立购物的经历不多，消费习惯和消费心理尚不稳定，没有固定的偏好，容易接受新的东西。

二、消费者怎样做购买决策

1. 消费者购买行为的特点

中国有世界上人口最多的消费者市场，而且，自改革开放以来，还是世界上成长速度最快的市场之一，中国的消费者市场吸引了越来越多的来自世界各国的企业。

消费者市场最显著的特点是购买分散，批量小，具有多样性，变化快，易受舆论和广告宣传的影响，多是感情型、冲动性的购买。

不过，消费者在购买不同商品时，显然并不遵循同一种购买模式，如购买一台电脑和购买一张 1 元钱的报纸就有相当大的差异。根据消费者购买行为的差异，他们所购的商品（包括服务）可以分为三类：便利品、选购品和特殊品。

（1）便利品。多为消耗快、需频繁购买、价格低廉、不同品种或品牌之间差别甚微的商品。消费者购买这类商品一般不需做太多的选择，而以方便买到为要旨，如纸巾、洗发水、软饮料等小商品。

（2）选购品。为单价较高，一次购买后使用时间较长，不同品种、规格、款式、品牌之间差异较大的商品。消费者往往会花较多时间进行比较后才做出购买决策，如服装、家具、手表及多数耐用家电产品。

（3）特殊品。为单价昂贵、能满足消费者某方面特殊偏好的商品，如高级相机、钢琴、汽车、高档名牌服装等。消费者在购买这类商品时，往往不计代价，以获取为要。

对经营不同商品的企业来说，了解消费者购买行为的上述区别十分重要。它提醒企业：针对消费者购买行为的不同，需采取不同的营销战略并有所侧重。如经营便利品，最重要的是分销渠道要宽，货源要充足，以保证消费者能随时随地方便地买到；经营选购品，最重要的是花色品种要多，让消费者有充分的选择余地，并为他们了解各种商品的质量、性能和特色提供方便，促使他们放心地做出购买决策。

但是，还有另一种现象，即不同消费者在购买同类商品时的需求有所不同。例如，同是购买手表，一些人只要计时基本准确、价格便宜就行了；另一些人却恰恰相反，一定要价格昂贵的名表。

2. 消费者购买决策过程

消费者购买决策远在其实际购买之前即已开始，如图 3—4 所示。

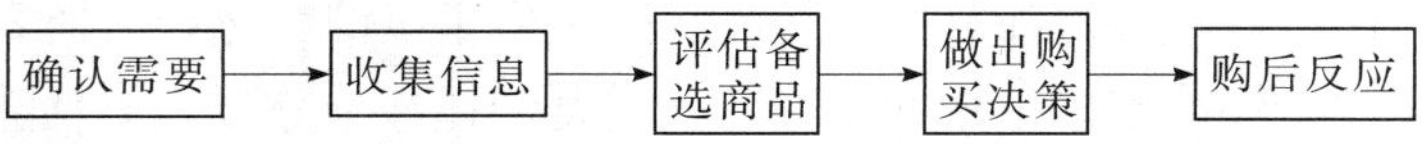

图 3—4 消费者购买决策过程

第一阶段，确认需要。这可能由消费者内在的生理、心理活动引起，如感到饥饿、寒冷，产生购买食品、冬衣的需要；也可能由外界刺激物引起，例如年轻的女孩子看到别人穿了一条漂亮的裙子，自己也想买一条；或是内外两方面因素相互作用的结果，如随着互联网时代的到来，外界宣传的影响和内心追赶时代潮流的冲动，使许多年轻人都对上网和玩电子游戏兴趣浓厚。

第二阶段，收集信息。动机一旦形成，消费者如果不了解什么商品能满足自己的需要，或仅知道商品名称，但不熟悉该类商品各方面的情况，就得收集有关信息，开始注意有关这类商品的广告、别人的评价，或直接去商店询问、索取产品说明书等。

消费者主要从四个来源获取信息：（1）商业来源，包括广告、商品陈列、商品包装和说明材料，以及推销人员的现场介绍；（2）个人来源，包括从亲朋好友、邻居、同事等处得到信息；（3）大众传媒来源，如广告，电视、报刊的评论；（4）个人经验来源，即消费者自身通过触摸或试用获得信息。

第三阶段，评估备选商品。经过收集信息阶段，消费者逐渐在头脑中形成了一个备选品牌的“单子”，接着就是对这些备选品牌进行选择评比，为最终的购买决策奠定基础。一般来说，消费者首先考虑每种商品有哪些属性，特别是有哪些令他感兴趣的属性；其次，确定自己关心的每种属性的重要程度，如果用定量化的语言，就是给每种属性一个权重；再次，对每种品牌在每一属性上的表现给予评价；最后，对每种商品做出综合评价。

第四阶段，做出购买决策。完成了对各种品牌的评价后，消费者便形成了对某种品牌商品的偏好和购买意向，这时如不发生意外，做出购买决策就是自然而然的了。除品牌外，购买决策还包括购买时间、地点、数量、支付方式等方面的决策。

第五阶段，购后反应。消费者购买和使用商品后，可能感到满意，也可能感到不那么满意。如果消费者感到满意，他会再次购买同一品牌的商品，并且会对周围亲朋好友的购买选择或多或少地产生影响，而留住一个老顾客比开发一位新顾客，从时间和成本上看对企业更有利。因此，了解消费者的购后反应，提高消费者购买后的满意度，应成为企业营销人员的重要工作。

不过，消费者并非在购买任何商品时都经过上述复杂的决策过程，如购买牙膏和购买住房的决策过程就大不相同。人们在购买住房时十分谨慎，会认真比较不同地段、户型、朝向、楼层、价格、物业管理等方面的差异，然后再做购买决策。显然，这属于复杂型购买，一般发生在消费者初次购买单价高、品牌差别大的商品时。而对牙膏、肥皂、早点、晚报等经常购买且价格不高的商品和服务，人们大多有反复购买的经验，因此是典型的习惯型购买。购买过程不需要收集信息、综合评价，即便遇到新品牌，也会不假思索地先买下，到消费时再加以评价。还有两种情况，一是当消费者购买不经常买、价格比较贵，而且品牌之间又没有显著差别的商品，如家具、家用电器时，他的购买行为也比较简单。他不会过多收集信息，也不精心挑选品牌，购买过程很迅速。但购买以后如果发现产品有缺陷或别的产品更好，就会产生失调感，这时他才开始关注更多的信息，以减轻失调感，这是一种协调型购买。另一种是当消费者购买单价便宜但品牌差别大的商品，如洗发水时，他的购买行为很随意，并不深入收集信息和进行品牌评价，只在消费时才加以评价，但下一次购买的时候可能又转换到其他品牌，这是一种多变型购买。

□ 小　结

市场营销的目的是满足顾客的需要，因此需要分析购买行为的差异，以此为依据制定不同的营销策略。

市场营销学根据消费者自身的购买习惯，将消费者市场的购买对象分为日用品、选购品、特殊品和非渴求品。一个完整的消费者购买决策过程包括：（1）确认需要；（2）收集信息；（3）评估备选商品；（4）做出购买决策；（5）购后反应。影响消费者购买行为的主要因素有：社会文化因素、个人因素和心理因素。

□ 重点概念

1. 消费者市场——为了满足生活消费而购买商品和服务的个人或家庭所构成的市场。

2. 马斯洛需要层次理论——人的需要从低到高分为生存的需要、安全的需要、社会的需要、尊重的需要和自我实现的需要几个层次，只有未满足的需要才会形成动机。

3. 消费者购买决策过程——由确认需要、收集信息、评估备选商品、做出购买决策和购后反应这五个阶段构成。

□ 思考题

1. 同样是购买计算机，产业市场和消费者市场在需求和购买行为上有哪些区别？

2. 影响一对年轻夫妇购买汽车的因素有哪些？

3. 消费者购买寿险服务和购买软饮料的决策过程有区别吗？为什么？

案例分析

我国“90后”消费行为分析

市场化、信息化和全球化的时代大背景使得“90后”一代有着与上几代不同的生活方式，相对平稳的成长历程，同时受到消费主义和娱乐主义的影响，这使得他们的消费观念、消费行为以及消费欲望与上几代人明显不同。

一、消费心理特点分析

“90后”有着独特的思考方式和价值观念，有自己的见解和取舍，崇尚个性彰显，敢于标榜自我，对新产品的接受能力强，乐于追求自己喜欢的东西，喜欢购买具有独特风格和符合自己个性的产品，而且不断需要新锐的事物装扮自己以凸显与众不同，表现出前卫、个性、新潮的消费行为。

二、消费行为特征分析

1. 消费选择前卫时尚

“90后”喜欢有未来感的事物，对于消费注重其时尚特性，注重个人精神上的愉悦和满足。这种消费偏好要求商品在包装、色彩、名称、宣传方式等方面有新的变化，无须太多成本，只要满足“90后”对个性、创意的需求即可。

2. 群体认同的消费意识

“90后”在追求自我的同时，又有很强的群体意识。他们按照自己的偏好和社交习惯归属不同的小圈子，这些圈子影响着他们的消费观念、消费方式、消费动机，导致消费心理趋同。在这些圈子里，他们乐于分享自己的体验，也乐于接受别人的经验总结，将其作为自己消费行为的依据。他们是感性的群体，易受他人影响，爱模仿，习惯把与自己的价值取向相同的人、同龄的成功者、敬仰的知名人士作为主要参照对象。

3. 追求娱乐新奇

“90后”崇尚多元化的消费方式，乐意通过多种途径接受产品传播和品牌塑造。他们喜欢尝试新鲜事物，会为买到新产品而欣喜不已；他们喜欢刺激，一切新奇的、好玩的东西都会吸引他们的注意力。

4. 快捷高效的消费偏好

“90后”是吃肯德基、麦当劳、必胜客长大的一代，快餐文化率先在他们身上普及。他们在消费产品的同时，也在享受生活的方便和快捷，这就不难理解为什么他们热衷于网购。

5. 崇尚张扬个性

伴随着网络普及和教育程度的提高，传统的教育方式和学习模式发生了变化，“90后”获取信息更加快捷，知识更加丰富，对自己的人生表现出的信心远远超过他们的前辈。“90后”独立自信，自我意识越来越强。他们不愿被束缚，希望张扬个性，向往独立自由的生活方式。

三、影响“90后”消费行为的主要因素

1. 社会因素的影响

“90后”是改革开放的完全受益者和信息时代的完全体验者，也是伴随着市场经济体制成长起来的一代。他们成长于改革开放的大好时机，商品经济蓬勃发展，互联网和高科技产品大行其道，港台和西方文化遍地开花。他们喜欢听流行音乐，吃快餐，玩手机、数码相机，优越的经济大环境以及所处的物资充裕的商品时代大大刺激了他们的需求。

2. 家庭因素的影响

“90后”出生在中国飞速发展的时代，他们的父母作为社会的中坚、经济发展的执行者工作繁忙，因此以独生子女居多的“90后”普遍有一种孤独感。对于每个家庭来说，

作为一个特殊的消费群体，“90 后”虽属无收入者，但其背后有家长的经济支持。相关调查显示，随着经济的发展、社会的进步及科学文化水平的提高，每个家庭在子女身上的投资有不断提高的趋势。这种衣食无忧的物质条件为他们自主消费的行为特点奠定了经济基础。

3. 群体因素的影响

在“90 后”的群体意识下，小圈子的意见会左右他们的消费观念。他们通过论坛、社区甚至博客来相互影响对产品的消费。他们每个人都有很多圈子，有很多类型的伙伴，能够从中获得不同的信息。他们在保持多元化的同时，也希望保持自己在圈子里的差异化。权威和专家的言论他们并不放在心上，他们崇尚公论，如果有公认的好产品，信息会迅速在圈子中蔓延开来。“选择自由，喜作亮点，而不是另类”是他们圈子消费文化的基本思想。

4. 信息时代的影响

由于信息技术发展迅速、经济日益全球化，中国与世界全面融合，各种各样的思潮随之而来，网络和手机等新兴媒体的蓬勃发展使“90 后”获取信息更加快捷，知识更加丰富。信息的极大丰富和创造力的提高，使得“90 后”渴望成熟独立，其在审美观和价值观方面更加多元化，在消费行为方面崇尚自我独立、追求与众不同。他们从一开始就成为消费社会、技术时代的宠儿。他们对新媒体的熟悉程度远远超过上几代人。

资料来源：刘林林：《我国 90 后消费行为分析》，泰山学院，2010。

讨论题

1. 该案例描述的是消费者市场还是产业市场？

2. 消费者行为研究应从哪里入手？

3. 请你根据“90 后”的消费行为特征，为手机行业设计一个针对这部分消费者的营销策划方案。

第 4 章

组织市场及购买行为分析

企业不仅把商品和服务出售给最终消费者，而且把大量的原材料、零部件、机器设备、办公用品以及相应的服务提供给诸如企业、社会团体、政府机关等用户。由于这些用户购买商品或服务的目的与最终消费者不同，因而由它们所构成的组织市场及其购买行为与消费者市场及其购买行为存在明显的差异。只有充分认识这些不同，才有可能制定有针对性的营销策略。

第 1 节　组织市场和组织购买对象

一、组织市场及其分类

营销的目的是满足顾客的需要，因此首先要了解和分析顾客的需要，这就需要对市场做进一步的分类，然后针对不同市场在需求和购买行为上的差异制定不同的营销策略。

市场营销学根据购买者的不同，将市场分为两大类：消费者市场和组织市场。这两类市场由不同的购买者组成，需求及购买行为也相去甚远。这一点对企业的营销管理至关重要，因为它是企业制定各种营销战略及相应策略的重要依据。

一般来说，人们习惯于根据购买的产品对市场进行分类，如服装市场、电视机市场、计算机市场等。但营销学以谁在市场上购买为依据对市场进行分类，例如一台打印机，可能被个人消费者买去，也可能被一家企业买去。虽然二者都购买同一种商品，但其购买目的、需求和购买行为却有很大的不同。

依据这种方法，市场营销学将市场分为两大基本类型：组织市场和消费者市场。其中，消费者市场由那些为满足自身及家庭成员的生活消费而购买的顾客组成；组织市场则由那些为维持经营活动，对产品进行再加工、转售，或向社会提供服务的工商企业、政府机构及各种社会团体组成。如一位购买毛线为孩子织毛衣的母亲是消费者市场上的一员，而购买毛线生产毛衣的针织厂则是组织市场上的一员。

组织市场（organizational market）是指工商企业为从事生产经营活动以及政府部门和非营利机构为履行职责而购买产品和服务所构成的市场。换言之，组织市场是以某种正规组织为购买者所构成的市场。

组织市场包括以下三种类型：

（1）产业市场（business market），也称为企业市场。菲利普·科特勒将其定义为所有购买产品和服务，并将它们用于生产其他产品和服务，以供销售、出租或供应的组织所构成的市场。组成产业市场的主要行业包括农业、林业、制造业、渔业、运输业、公用事业、通信业、金融和保险业、分销业以及服务业等。

（2）非营利组织市场（institutional market）。泛指所有不以营利为目的、从事非营利活动的组织所构成的市场，包括学校、博物馆、医院、福利院等机构。在我国，人们习惯以"机关团体事业单位"称谓各种非营利组织。

（3）政府市场（government market）。指为履行政府职能而购买或租用产品或服务的各级政府及下属各部门所构成的市场，从严格意义上讲，政府市场是非营利组织市场的一个特殊组成部分。由于政府采购的商品和服务门类广泛，对于任何一个企业而言，都是一个不可忽视的大市场，又鉴于政府采购与一般民间采购有较大的不同，因此，对政府市场将做专门的研究。

二、组织购买对象的分类

组织的购买对象即组织购买品可以分为七大类，包括初级原材料、二级原材料、辅助材料、零部件、设施、系统以及顾客服务。组织购买品的特点以及购买者采购产品及服务的用途，对买卖双方会产生不同的影响。

（1）初级原材料（raw materials）。是指处于自然状态下未经加工而被出售的产品，如煤、石油、天然气、矿石等。这些产品往往用于生产其他产业产品，很小一部分会被最终用户直接使用。例如，煤是生产塑料产品、化工产品、涂料和钢铁的原料。根据自然禀赋的不同，初级原材料的生产大多相对集中于某个区域。作为战略物资的某些原料或重要的矿产资源，例如石油、钻石、黄金等，往往是垄断经营的。同时，厂商为保证能够及时获得原材料，控制生产成本，降低经营风险，往往通过各种方式直接掌控重要的原材料。比如，一些化工公司拥有自己的石油和天然气公司。

（2）二级原材料（manufactured materials）。是指在构成最终产品前被部分加工过的产品，例如玻璃、钢铁、皮革等。初级原材料经过加工后价值会增加。另外，二级原材料具有同质性的特点，即不同竞争对手的产品的区别微乎其微。二级原材料还有一个显著特征，就是当加工过的产品被进一步加工成其他产品时，它的品牌便很难在制成品中被识别出来。

在后续产品加工中，二级原材料的同质性和品牌的易失性会影响买卖双方的关系。通常，买方倾向于集中一两家供应商，以便获得大量采购的数量折扣；卖方则采用生产特制品，或者提供更具竞争力的生产线，或者利用业内影响者和采购方产品设计者对产品的认可等方法来增加产品的差异性，从而提高自身的竞争力。

（3）辅助材料（supplies）。是指在生产过程中损耗的产品或者日常工作中消耗的产品。辅助材料常指易耗品或维护（maintenance）、修理（repair）、使用（operation）产品时的辅助产品（MRO），例如复印纸、研磨剂、润滑油、橡皮、焊条等。这些产品往往为各类组织所需要，并且成本较低，消耗快，需要经常购买。以上这些特点决定了买方更关心价格、折扣、产品使用的方便性及供应商提供的无库存购买服务。而卖方则希望签订长期供货协议，提供数量累积折扣，鼓励采购方长期购买。

（4）零部件（components and parts）。是指直接组装进入产品或略作加工进入成品的部件，比如计算机芯片、集成电路、显像管等。零部件具有易损耗的特点，有些零部件比较复杂，具有较高的技术含量。这些特点使零部件受到制造商和使用者的重视。比如，在计算机行业，如果厂商能够不断领先推出新型芯片，就意味着芯片制造商及其购买者可能会获得高额垄断利润。零部件的采购者包括渠道中间商、产品制造商和需要更换零部件的用户。三类用户的购买目的各不相同，关注的侧重点也有所不同。渠道中间商从买进卖出的价格差中获取利益，因此比较关心供应商的品牌形象、交易折扣、交货能力以及供应商提供的市场支持如广告等。产品制造商为组装自己的产品而购买零部件，因此，零部件的质量、价格、设计及运送的及时性、可靠性是它们关注的重点。用户采购零部件是为了更换原有的已经损耗的零部件，以维持机器设备正常运转，他们更关心供应商的售后服务。由此可见，零部件的营销应针对不同用户的购买目的及特点采取相应的策略，以期取得良好的营销效果。

（5）设施（installations）。是指那些构成生产制造基础的长期投资项目，包括土地使用权、建筑物和设备等，也称为资本商品。设施往往决定了一个企业的生产经营规模，其中重要的组成部分是设备。设备可以分为重型设备和轻型设备。轻型设备如电动工具、扫描仪、小型空气压缩机、打印机等；重型设备如大型计算机系统、大型矿山机械、大型粉碎及研磨机械等。轻型设备往往是标准设备，价格相对较低，影响购买的主要因素是价格、运送和售后服务。制造商一般会利用中间商来销售产品。重型设备大多是按照购买方要求设计的，其成本高，技术复杂，多采用直接销售方式，技术工艺、售前咨询和售后服务等成为用户采购的关键因素。

（6）系统（system）。是指复杂的、多功能的资产性商品，如生产制造系统、物资贮运和处理系统等。这些产品往往涉及电子和机械等相关知识，因此设计实力至关重要。

系统可以为购买者带来很多好处，如提高厂商生产率，增进生产的灵活性以及改进产品质量。由于系统往往成本较高，技术复杂，并且用户经常有特殊要求，因此定制的情形比较多。这导致采购过程比较复杂和漫长。系统的购买多是通过集体谈判方式来进行的。买卖双方的人员接触是多层次的，既有卖方的营销人员与买方的工程技术人员之间的沟通，又有卖方的设计人员与买方的工程技术人员之间的接触。买卖双方往往需要在安装费用、产品保证和服务要求等方面进行长时间的反复谈判才能达成交易。

（7）顾客服务（business services）。一方面是指为销售商品而进行的附加活动，其目的是使顾客在购买中得到更多的利益及满足。例如建筑设计、设备维护和相关的技术支持等。顾客服务作为一种无形产品，其作用越来越大，因为它可以增加产品的差异性，树立企业和品牌形象，同时也是企业留住顾客和获取持续利润的重要保障。另一方面，服务类组织面向买方所提供的服务也属于组织市场的顾客服务范畴。服务类组织的产品就是服务。随着竞争压力的增加，一些厂商不得不削减管理人员，把经营重点集中于企业核心业务上，并把某些服务功能转移到外部组织中去，从而为那些专门提供设备维护、计算机支持、物流服务等的服务性组织创造了迅速发展的机会。在组织市场上，提供管理咨询、计算机培训、劳务和设备租赁的组织数量正在迅速增加。比如，近几年市场对计算机软件和服务的需求量比对传统的计算机硬件的需求量高出两倍以上，这使得那些在信息处理及管理领域内有专长的服务性企业大受欢迎。

第 2 节　产业市场及其购买行为

一、产业市场

比较产业市场和消费者市场，它们在以下几方面有显著的区别。

（1）从社会再生产看，企业位于再生产的中间环节，它们的消费是一种生产性消费；个人消费者位于再生产循环的终点，他们的消费属于最终消费。在商品经济的现实生活中，二者的购买目的显然不同，前者为经营性活动所需，有明确的盈利目标；后者仅为生活消费，与盈利无关。因此，前者通常是理性的购买，后者更多是感性的、冲动型的购买。

（2）参与购买的人不同。前者是由专业人员参与、有组织地制定购买决策；后者是由显然不那么专业的个人或家庭成员做出决策。前者的购买决策相对复杂，后者的购买决策相对简单。前者不那么容易受广告宣传影响，后者则受广告宣传影响较大。

（3）产业市场的购买者数量通常比消费者市场的少得多，但购买的数量和金额却远较消费者市场大得多。而且，随着单个企业规模的扩大和社会分工的发展，产业市场的规模必将变得更为庞大。

（4）产业市场在地理位置上更集中，这是由自然条件和生产布局决定的。如一国的石油、橡胶、钢铁、汽车、航空航天等工业和许多农产品的生产地都非常集中。相比之下，消费者的人口分布虽有疏密之分，但差别小得多。

（5）一般来说，消费者对商品价格更为敏感，而企业的需求受价格变动的影响小，特别是在短期内。形成这一特点的原因有三：一是由产业用户需求的派生性引起的；二是生产者不可能像消费者改变需求偏好那样很快改变他们的制造工艺，用别的原料或零配件来代替涨了价的东西；三是在购买条款中，企业用户更注重产品性能、规格符合需要，供货及时，服务可靠等，价格的重要性相对较低。

上述这些差别的存在，使企业在面对产业市场和消费者市场时需要研究和采取不同的营销策略。与消费者市场相比，产业市场在以下几方面具有自己的特点。

1. 市场结构和需求

（1）地理位置相对集中。同一产业的购买者往往集中在某些区域。比如，美国制造业用户的一半以上都集中在加利福尼亚、纽约、宾夕法尼亚等几个州。橡胶、钢铁、石油、汽车等行业的集中现象更加明显。计算机制造商和其他生产复杂电子产品的企业则分布在高科技和研究机构集中的地区，如环绕波士顿的 128 号公路和旧金山的硅谷。我国的产业客户主要集中在东北地区、华北地区、中南地区及沿海一带。

（2）购买者数量少，购买规模大。产业市场购买者数量远远少于消费者市场购买者数量。例如，美国固特异轮胎公司在消费者市场拥有超过 1.71 亿个消费者，而在产业市场上主要的顾客就是几家大型汽车制造商。产业市场的购买力相对集中，少数几家大企业的采购量就可能占到该产品总销售量的绝大部分。

（3）需求具有衍生性。产业市场的需求取决于最终消费者市场的需求。例如，汽车企业采购钢材是因为消费者需要汽车。如果消费者市场对汽车的需求量下降，那么，汽车企业对钢材和其他用于制造汽车的产品如轮胎、玻璃、仪表等的需求也会下降。

（4）需求缺乏弹性。产业市场的需求受价格变动的影响比较小，特别是在短时期内。例如，在鞋类需求总量不变的情况下，皮革价格下降，而鞋厂未必就会增加皮革的购买量；当皮革价格上涨时，鞋厂也不会减少皮革的购买量。

（5）需求有较明显的波动性。产业市场的需求是一种派生的需求，所以消费者市场需求的小幅波动会导致产业市场需求的巨大波动。例如，有时消费者市场需求只有10%的升降，却可能使产业市场的需求升降200%。这种现象是由经济加速原理引起的，因此供应商不仅要监测直接用户的需求，而且要了解对它们的产出有间接影响的最终消费者的需求。例如，韩国的浦项制铁公司曾举办过易拉罐的宣传推广活动。这是因为它是易拉罐生产企业的原材料供应商，该公司深知只有获得人们对易拉罐的普遍认同，自己生产的产品才会有广阔的市场。

2. 购买者及购买方式

（1）专业人员采购。产业市场的采购大多由经过专业训练、具有丰富的采购经验和专业知识的人员来执行。他们会对供应商的技术实力、供货速度、付款条件等多方面进行权衡后再做决定，因此其购买更趋于理性。这就要求在产业市场上必须由同样受过良好训练的销售人员与买方的专业采购人员洽谈生意。

（2）买方和卖方的关系密切且相对长期化。在产业市场上，买卖双方往往会建立长期的业务关系，相互依托。在购买者决策过程的各个阶段，从帮助客户确定需求，寻找能满足这些需求的产品和服务，直到售后服务，卖方要始终参与并同客户进行密切的合作，甚至还要按照客户要求的规格、品种定期提供产品和服务。从长期来看，产业市场上的营销者要通过为客户提供可靠的服务以及预测它们现在和未来的需求，来与客户建立持久的关系，从而提高客户忠诚度，保持自己产品的市场占有率。

（3）直接采购。产业市场的买方通常直接向供应商购买，而不经过中间商，特别是那些价格高昂、技术复杂的产品，或者需要按特定规格制造的产品。

（4）互惠采购。购买者和供应商会互相购买对方的产品，并互相给予优惠。由于产业用品的购买方本身也是某种产品的出售方，因此企业在采购其他企业的产品时就会考虑为自己的产品销售创造有利条件，于是产业市场的购买方往往这样选择供应商："你买我的产品，我就买你的产品。"

（5）租赁。当企业无力购买或者需要融资购买某种产品时，可以通过租赁形式取得某些产品的使用权。这样既可以满足生产经营的需要，又能节约企业成本。这种方式一般适用于价值较高的交通工具、机器设备等。

（6）系统采购。有些产业购买者倾向于从一个供应商处购买所需的多种产品、服务或者完整的生产线，而不是把有关需求分散给不同的供应商。这种“一站式购买”的情形对供应商提出了更高的要求，同时也带来了商机。例如，美国太阳微系统公司（Sun Microsystems）设立的 Sun Microsystems Finance 设计了一种“100%财务规划解决方案”，将所有 Sun 的软件、硬件、专业服务和其他合作伙伴的技术整合成一个单一付款的规划方案，用以满足产业用户的需求。

3. 决策行为

（1）决策过程长。产业市场购买者的决策通常比消费者的决策更加复杂，涉及更大数额的款项、更加复杂的技术和经济问题，因此，往往需要花费更多的时间进行反复论证。比如，购买一套大型计算机系统可能需用数月甚至一年时间来选择比较才能做出最后的采购决定。

（2）群体决策。影响采购的人员多，购买决策的透明度很高。大多数组织设有专门的采购中心，重要决策由专家和管理人员共同作出，其他人直接或间接参与决策。

（3）决策行为更加规范。大规模的购买通常要求有详细的产品规格、写成文字的购买清单，对供应商进行认真审查，以及通过正式的审批程序等。

二、产业市场的购买行为

1. 谁是产业市场的采购决策者

企业要加工产品和提供服务，首先需要大量采购原料和设备，如经营钢材、机床、卡车、电站设备、计算机、办公用品、制服的企业，必须关注产业市场的购买活动。

由于产业市场上的采购是企业经营活动的一部分，事关重大，因此决策过程远比消费者市场更为复杂和正规。企业采购人员大多受过专门训练，富有经验，采购就是他们的工作。参与购买决策的人员也较多，客观上形成一个正式的或非正式的购买决策中心，集体做出决策，并分担决策的风险。一般来说，所购物品价值越高，对企业经营成败越重要；性能、结构越复杂，参与购买决策的人越多；决策程序越正规，决策越理性。其中最复杂的决策，可能上至总经理、高级主管、各方面的技术专家、财务主管，下至采购员、生产一线的实际使用者，都要参与。

根据扮演角色的不同，购买决策中心的成员可分为：

（1）使用者。指组织中实际使用产品或服务的人。在许多场合，使用者首先提出购买建议，并协助确定产品规格。

（2）影响者。指直接或间接对采购决策有影响的人。他们参加拟定采购计划，协助确定采购商品的技术要求、规格等。企业中的技术人员、工程师等常常是购买决策的重要影响者。

（3）决策者。即企业中有权决定采购项目和供应者的人。一般情况下，采购者就是决策者，但在交易大且复杂的情况下，企业的关键决策者是有权签订高额订单或协议的人，即主管、采购经理、生产主管等。

（4）采购者。即被企业正式授权具体执行采购任务的人。他们要求熟悉采购业务的程序、合同条款等内容。在比较重要的采购任务中，通常有企业的高层管理人员参与。

（5）控制者。即能阻止卖方推销人员与企业采购中心成员接触，或控制采购有关部门的信息流入的人。如采购代理人、接待员、电话员和秘书等。

当然，对于那些不那么重要的采购，或很小的企业的采购，参与购买决策的人数较少，过程也较简单。例如，小企业的决策者有时可能只有老板一个人。

有些时候，营销人员可能没有时间和条件与其中的每个人接触，因此，他们必须做出判断：谁是主要的决策参与者？其影响决策的程度如何？他们以何种方式影响决策过程？决策参与者采用的评价标准是什么？明确了以上问题，营销人员才可能有针对性地开展推销活动。

2. 产业市场上购买者的购买决策特点

（1）产业市场上购买者的需求和购买决策过程因所购产品类别的不同而存在很大差异。

第一类是生产装备，包括企业的主要生产设备、厂房建筑和那些价值昂贵的装备，如大型计算机、成套设备等。生产装备大多价格昂贵，性能要求高，对买方企业未来生产效率及产品质量至关重要，因此是企业的一项重大决策。购买决策有许多人参与，过程最为复杂、正式。

第二类是原材料、加工过的材料及零部件。原木、矿石、原油、谷物等属于原料；钢材、玻璃、胶合板、皮革、焦炭等属于加工过的原料；零部件是已完工的产品，但还将被组装到用户的产品中，如小型电机、汽车轮胎、紧固件、仪器、仪表等。这类产品企业一般需大批量、定时、定点地重复购买。此外，这类商品多有规定的标准、等级或规格，同一标准、等级的产品质量没有太大差别，供货方的供货能力，能否准时供货，价格、数量折扣及运输距离通常成为购买者决策时的主要考虑因素。不过，当有些产品的品牌对其质量和信誉构成重要的保证时，品牌在购买决策中可能比价格优惠更具吸引力。

第三类是附属设备和消耗品。前者主要是一些价值较低，在生产过程中不起关键作用的设备，如工具、运输车辆、办公家具等。这类产品的购买一般有一定的规格或标准要求，采购员即可做出决策。消耗品则类似于消费者市场上的便利品，特点是单价低、消耗快、要经常购买，如办公文具、清洁用品、润滑油等。这类产品的购买决策过程简单，一般属常规购买，完全可以采用计算机自动订货。

(2) 交易方式具有自身的特点。消费者市场上的交易方式基本是一手交钱，一手交货。产业市场上的交易方式则较为多样，如公开投标、长期合同、集中采购、自动订货、互惠购买和租赁等。

例如，许多产业用户愿与所信任的供应商签订长期合同，一些供应商还与主要客户、大客户建立起电子订购系统，即供应商在客户的办公室装上与自己的电脑联网的订货终端，客户在订货时只需将产品清单输入电脑即可。

租赁形式近年发展较快，特别适用于价值高、技术更新快、结构复杂的大型设备，如飞机、船舶、大型计算机等。这种方式的最大好处是降低了用户方的风险，并可减少初期投资。对卖方来说，则扩大了市场有效需求。

许多大企业为降低成本，把原来各部门分散进行的采购集中起来统一进行。对供应方来说，这意味着将面对人数较少而职位较高的采购者，比原来的分散采购肯定要复杂，物流配送的难度更大，但收益也大得多。

(3) 零库存生产系统的出现极大地影响了生产企业的采购决策，要求及时供货而几乎不再需要库存。

3. 产业市场上购买者的购买过程

产业市场上购买者的购买过程远比消费者市场上的购买过程复杂和正规。产业市场完整的购买过程大致分为八个阶段：

(1) 提出要求。企业在经营中可能会出现各种问题，如消费者对产品规模有了新的要求，开发新产品需要新设备和原料，设备发生故障需要更新，寻找更好的供应商等。当企业内部人员认识到这些问题并提出对某种商品或服务的需要时，采购过程就开始了。另外，采购人员在参观展览会、浏览广告或与推销人员接触时，也会产生一些新想法。因此，供应商需加强日常推销工作，经常开展各种宣传活动，以发掘新的潜在需求。

(2) 确定总体需要。一旦产生了某种需要，采购者便着手确定所需产品的种类和数量。对于完全重复以往的采购来说，这一阶段并不复杂，一般由采购人员直接决定即可。但对于修正采购和重新采购而言，专业采购人员需与技术人员和工程师等其他部门的人员共同研究才能做出决定。

(3) 拟定产品规格。总体需要确定以后，还要对所需产品的规格、型号等技术指标作出详细的说明。企业通常委派专业人员运用产品价值分析法来完成这一工作。产品价值分析法是一种降低成本的方法，通过价值分析，对各部件仔细研究，确定能否对它进行重新设计或实行标准化，从而以更低的成本来生产。专业人员将确定最佳产品的特征并拟定详细的说明书，以便采购人员购买符合标准的产品。

(4) 查询可选的供应商。采购人员通常利用工商企业名录或其他资料查询供应商，有时也通过其他企业介绍。然后对这些供应商的生产、供货、人员配备及信誉等进行调查，从中选出理想的供应商作为备选者。

（5）征询供应信息。即产业用户向合格的供应商发函，请它们提供产品说明书和价目表等有关资料，如果是复杂、贵重产品的订购，则需更详尽的资料。卖方为得到订单，在这一阶段要特别注意提供详尽的书面材料，除对产品进行具体介绍以外，还须强调本企业的生产能力、资源条件和各种服务等内容。

（6）选择供应商。产业用户的采购中心人员将对各供应商提供的有关资料进行具体分析和评价，最后作出选择。他们考虑的因素主要有：企业交货能力，产品质量和规格，产品价格，企业信誉及历来表现，维修服务能力，技术和生产能力，财务状况，对顾客的态度及地理位置等。采购人员在不同的情况下，对上述条件的重视程度会有所不同，而且，多数产业用户不愿依靠单一的供应商，它们通常会确定一个主要供应商，把另外较少的供应量给予其他供应商，以防陷入被动。

（7）发出正式订单。选定供应商之后，产业用户会向它们发出采购订单，列出所需产品的技术规格、订购数量、交货时间、退货办法、产品保证条款和措施等内容。双方签订合同，把有关事项确定下来，以保证生产企业所提供的产品符合用户的要求。

（8）评估履约情况。用户购进产品之后，采购部门会主动与使用部门联系，了解它们的使用情况和满意程度，并考察各供应商的履约情况，以决定今后对各供应商的态度。

不过，在所有的采购活动中，只有第一次购买需经过这八个阶段。直接重复购买最为简单，只需经过拟定产品规格和评估履约情况两个阶段；修正采购也只需要其中的某些阶段。

第3节 非营利组织与政府市场

一、非营利组织

非营利组织是指不以营利为目的的组织，它的目标通常是支持或处理个人关心或者公众关注的议题或事件。非营利组织涉及的领域非常广，包括艺术、慈善、教育、学术、环保等。它的运作并不是为了产生利益，这一点通常被视为这类组织的主要特性，它还具有民间性、自治性、志愿性、非政治性等重要特征。比如各种宗教组织、业余团体、行业协会、学校、红十字会、医院、卫生保健组织、图书馆、福利和慈善机构等。

1. 购买行为的特点

非营利组织的购买呈现如下特点：

（1）限定总额。非营利组织的设立不以营利为目的，其正常运转的活动经费主要来自社会捐助或政府经费，其经费的预算与支出受到严格的控制。因此，非营利组织的采购必须量入为出，不能随意突破。

（2）保证质量和价格低廉。由于受到经费预算的限制，大多数非营利组织在采购时往往会选择报价低的供应商，同时为了维持组织运行和履行组织职能，又对产品或者服务的质量有较高的要求。

（3）受到控制。为了充分发挥资金的效用，非营利组织的采购人员受到较多条件的制约，只能按照规定的条件进行购买，缺乏采购自主性。

（4）团体采购。是指几家甚至几十家机构组成一个联合采购单位或委托专门的采购组织进行采购。借助团体采购，组织可以获得低价、质优的各类产品和服务。同时，团体采购还具有削减各成员的管理费用、使采购更加规范化且更富有竞争力等优点。营销人员必须充分认识到团体采购的规范性、专业性、规模大等特点，只有提供富有竞争力的产品并制定富有效率的营销策略才可能在众多的供应商中脱颖而出。

2. 购买方式

（1）公开招标。非营利机构通过传媒发布广告或发出信函，公布拟采购商品的具体要求，要求供应商在规定的时间期限内进行投标。通过开标，非营利组织选择报价最低且又符合要求的供应商来供货。采用公开招标采购方式，非营利组织无须与卖方进行反复磋商，并且处于比较主动的地位，但供应商之间必然会产生激烈的竞争。在竞争中供应商必须考虑如下几个问题：第一，自己的产品是否达到招标单位的要求。对于一些非标准化的产品，其规格的不统一往往会成为竞标的障碍。第二，是否满足招标单位的特殊需求。对于一些机械设备，其维护费用也要由供应商负担，免费维修时间长的供应商可能会夺标。第三，报价的高低。通常情况下，非营利机构会把订单交给标价最低的供应商。因此供应商要提高中标率，必须事前了解有关招投标业务，认真研究客户需求和可能的竞争对手，从而有针对性地提供投标产品或服务，知己知彼，合理报价。

（2）议价合约。非营利机构同时和初选出来的若干供应商就某一采购项目的价格和交易条件进行谈判，从中选出符合要求的供应商签订合同。这种采购方式主要发生在与复杂项目有关的交易中，经常涉及风险较高且研发费用巨大，或缺乏有效竞争的采购项目。

（3）例行采购。例行采购即为了维持日常办公和组织正常运行而进行的采购。这类采购所需资金少，购买者对商品比较熟悉，通常以现金形式进行。

二、政府采购行为

政府市场是指由那些履行国家职能、服务于国家和社会，以实现社会整体利益为目标的有关组织所形成的市场，比如各级政府部门、警察、军队、消防部门等。政府购买的目的是满足社会公共需要及维持自身正常运转，所以其采购范围十分广泛。为了有效地行使职能，通常会以较为庞大的开支作为后盾，从而形成一个独特的、非常诱人的集团消费大市场。以中国政府采购市场为例，国家财政部国库司的统计数据表明，2012 年全国政府采购金额为 13 977.7 亿元，十年间增长了 10 倍。2012 年比 2011 年增加 2 645.2 亿元，增长了 23.3%。在货物、工程、服务三大采购对象中，服务类采购增速迅猛，同比增长 36.6%。

1. 政府采购的特点

鉴于政府采购者的特殊身份，其购买行为既有组织购买的某些共性，又在如下五个方面呈现出不同特点：

（1）资金来源的公共性。政府采购的资金来源为财政拨款和需要由财政偿还的公共借款，这些资金最终来源于纳税人的税收和公共服务收费，因此政府的购买行为会受到社会公众的监督。尽管每个国家的政治经济制度不同，但政府机构的采购工作都要受到监督。因此，政府机构的采购业务必须慎之又慎，需要不厌其烦地填写各种表格，经多人签署，层层核转，同时其发订单速度比较慢。供应商对此要有所认识，以应付这些烦琐的程序。

（2）非营利性。政府采购为非商业性采购，不以营利为目标，也不是为销售而购买，而是通过采购为政府部门提供消费品或向社会提供公共利益。

（3）采购对象的广泛性和复杂性。政府采购的对象既有标准产品也有非标准产品，既有价值低的产品也有价值高的产品，既有有形产品也有无形产品，既有军用产品也有民用产品，从一般的办公用品到武器、航天飞机等，包罗万象。

（4）政策性。采购实体在采购时不能体现个人偏好，必须遵循国家政策的相关要求，包括最大限度地节约财政资金、保护中小企业发展、优先购买本国产品、保护环境等。因此政府采购具有目标多重性的特点，即政府在购买时不只考虑经济性目标，还要考虑军事性、政治性以及社会性目标。

（5）规范性。政府采购不是简单的钱货两清交易，而是按有关政府采购的法规，根据不同的采购对象、采购规模及采购时间要求等，采用不同的采购方式和采购程序进行采购，使每项采购活动规范运作，体现公平竞争等原则。如世界贸易组织从各个角度推进政府采购的透明化：一是不遗余力地推动《政府采购协议》在其成员内部的实施；二是建立政府采购透明化工作组，形成和完善《政府采购透明化协议》的条款。另外，政府采购一般是按照年度预算进行的，年度预算具有法律效应，不会轻易变动。政府的有关部门要求有意进入政府采购市场的供应商提供规定的资料，用以说明其能够提供的产品类别、产品规格、资信、企业的实力等情况。只有经审定被列入政府采购准供应商名单中的企业才有可能参加有关政府采购的竞标活动。

2. 采购方式

一般的政府采购方式与非营利机构的采购方式是一样的，包括公开招标、议价合约和例行采购三种。在我国 2002 年通过的《中华人民共和国政府采购法》（以下简称《政府采购法》）中明确指出，政府采购主要通过公开招标、邀请招标、竞争性谈判、单一来源采购和询价等方式来选择合适的供应商。《政府采购法》对每种方式的适用情况都做出了相应的规定。

公开招标的含义前面已经介绍，《政府采购法》中将其确定为主要的采购方式。邀请招标，也称为选择性招标，是指采购人根据供应商或承包商的业绩和资信，选择若干合格供应商（不得少于三家）向其发出招标邀请书，由被邀请的供应商投标竞争，从中选定中标者。竞争性谈判，是指谈判小组（由采购人的代表和有关专家共三人以上的单数组成，其中专家人数不得少于成员总数的 2/3）从符合相应资格条件的供应商名单中确定不少于三家供应商参加谈判。单一来源采购，也称直接采购，是指采购人向特定的一个供应商采购的一种政府采购方式。询价也就是我们通常所说的货比三家，是指询价小组（由采购人的代表和有关专家共三人以上的单数组成，其中专家人数不得少于成员总数的 2/3）根据采购需求，从符合相应资格条件的供应商名单中确定不少于三家供应商，向其发出询价单让其报价。由供应商一次报出不得更改的报价，然后询价小组在报价的基础上进行比较，并确定最优供应商。这是一种相对简单而又快速的采购方式。

以 2004 年我国政府采购为例，采用公开招标的采购规模为 1 271.8 亿元，占采购总规模的 59.5%，采用竞争性谈判、邀请招标、询价和单一来源采购的采购规模分别为 225.6 亿元、234.3 亿元、281.2 亿元和 122.8 亿元，分别占采购总规模的 10.6%，11%，13.2%和 5.7%。

供应商为了在政府采购这个巨大的市场上分一杯羹，需要密切关注政府采购的需求动向、发展趋势以及相关的法律规定，建立强大的信息网络，甚至在企业内部成立专门的机构负责与政府部门进行沟通，并适时地显示公司的实力，以争取更多的政府客户。

□ 小　结

组织市场包括产业市场、非营利组织市场和政府市场三类。这几类市场由不同的购买者组成，其需求及购买行为相去甚远，企业要重视这种差异。

产业市场上的采购是企业经营活动的一部分，事关重大，因此决策过程远比消费者市场更为复杂和正规。参与购买决策的人员也较多，客观上形成一个正式的或非正式的购买决策中心。产业市场上的需求和购买决策过程因所购产品类别的不同而存在很大差异。产业市场完整的采购过程大致分为八个阶段：（1）提出要求；（2）确定总体需要；（3）拟定产品规格；（4）查询可选的供应商；（5）征询供应信息；（6）选择供应商；（7）发出正式订单；(8) 评估履约情况。

非营利组织是指不以营利为目的的组织，它的目标通常是支持或处理个人关心或者公众关注的议题或事件。非营利组织的购买行为具有四个方面的特征：(1) 限定总额；(2) 保证质量和价格低廉；(3) 受到控制；(4) 团体采购。

政府采购具有以下五个方面的特征：(1) 资金来源的公共性；(2) 非营利性；(3) 采购对象的广泛性和复杂性；(4) 政策性；(5) 规范性。

□ 重点概念

1. 组织市场——工商企业为从事生产经营活动以及政府部门和非营利机构为履行职责而购买产品和服务所构成的市场。

2. 产业市场——所有购买产品和服务，并将它们用于生产其他产品和服务，以供销售、出租或供应的组织所构成的市场。

3. 购买决策中心——由企业中参与购买决策的人组成。他们集体做出购买决策，并分担决策的风险。一般来说，所购物品价值越高，对企业经营成败越重要；性能、结构越复杂，参与购买决策的人越多；决策程序越正规，决策越理性。其中最复杂的决策，可能上至总经理、高级主管、各方面的技术专家、财务主管，下至采购员、生产一线的实际使用者，都要参与。

4. 交易方式——消费者市场上的交易方式基本是一手交钱，一手交货。产业市场上的交易方式则较为多样，如公开投标、长期合同、集中采购、自动订货、互惠购买和租赁等。

5. 非营利组织——不以营利为目的的组织，它的目标通常是支持或处理个人关心或者公众关注的议题或事件。

□ 思考题

1. 谁参与产业市场的购买决策？作为销售人员，怎样识别购买决策中心每位成员在决策过程中各自发挥的作用？他们的态度各有什么倾向性？

2. 简述产业市场购买者做出购买决策的过程。

3. 如何对消费者市场和产业市场上的购买对象进行分类？顾客对于不同购买对象的需求有何不同？

案例分析

北京市政府采购办公室电梯

一、概述

采购项目：电梯。

采购机关：××部门。

采购数量：197 部。采购方式：公开招标。

招标机构：××招标中心。

开标日期：1999 年 9 月 1 日。

投标人数量：13 家。中标人数量：4 家。

合同签订方式：由各用户在规定时间内与中标人签订合同。

二、采购程序

（一）成立协调小组

本次电梯更新改造政府采购项目中，协调小组的具体职责是：审核、认定专家小组确定的电梯更新改造方案；成立采购专家小组；确定招标机构；监督招标采购过程；确定对医院电梯采购的资金补助办法。

（二）成立专家小组

该专家小组是由主管部门推荐人选，并经协调小组同意成立的。在本次采购中，专家小组负责完成调查、论证并提交电梯更新改造的具体方案，此外，还将组织电梯更新工程的验收并参与电梯更新项目的管理工作。

（三）委托招标机构

在电梯更新改造政府采购项目中，由协调小组负责组织。招标人与招标机构签订委托招标协议，协议明确双方的工作职责、工作中应遵循的原则等。

目前在委托招标机构的过程中，有些单位不按招投标法律的有关规定，选择没有招标资格的机构代理招标，或者自行招标。这样做不但违反规定，还有可能由于没有经验使业主遭受不必要的损失。本次政府采购项目中选择的招标机构是有着多年经验的有招标资格的机构。从实际运行情况来看，本次招标在该机构的协调组织下，投标厂商竞争充分，使有关部门采购到了满意的电梯。

（四）编制招标文件

本次电梯更新改造项目由招标机构负责编制招标文件。招标机构与协调小组密切合作，编制了明确电梯性能指标和商务要求的招标文件。

(1) 招标机构与协调小组密切配合，凭借招标机构的经验，结合当时的具体情况，编制出相应的招标文件。

(2) 本次编制的招标文件按照招标文件的一般格式编写，条理清晰，体现了采购的商务和技术性能要求。

(3) 在此次编制招标文件的过程中，招标中心与协调小组共同研究协商，最后确定采用将电梯分包的方式，分包的标准以医院为单位。招标文件规定，投标厂商可以根据自身情况决定对其中的一个或几个包进行投标，这样不但可以促使每个厂商认真准备自己的标书，而且可以吸引一些规模不大的厂家参加投标，对于引起充分竞争很有好处。这次投标厂商的数量可以说明这一点，在 18 家购买标书的厂家中，共有 13 家厂商参加了投标。

（五）招标项目

本次政府采购招标项目在《中国财经报》和《中国招标》上刊登了有关电梯采购的标

讯，基本上国内生产电梯的厂商都得到了标讯。

（六）开标、评标

本次政府采购采取公开开标的形式，不但使参加投标的厂商可以充分了解自己在竞争中所处的位置，而且使政府采购的透明度有所提高。在本次评标过程中，首先在专家小组会议中通过了评标管理办法和评标细则，明确了评委的职责和应尽的义务。本次评标采用打分的形式，对投标厂商的价格、信誉、技术等进行综合的评价。

(1) 本次开标采取公开开标的形式，聘请了公证人员，保证开标在公正、公开、公平的原则下进行。

(2) 本次政府采购招标项目采用打分的办法，避免了评委带有倾向性的选择，使得对每一个包的评价都是客观公正的。厂家只有凭借自己的实力才有可能中标。在这种情况下，选择综合评价前三名的厂家作为预中标厂商，将统计的评分结果送协调小组审定，并将结果通知到每一个评委。随后评委们对每一包的预中标厂商进行认真、详细的评定，得出评标报告。从实际的结果来看，被选中的厂商或价格低廉，或价格稍高但性能优良，达到了令人满意的效果。

(3) 这次评标是在协调小组的监督下进行的，由于协调小组主要起的是监督作用，所以在评标过程中只是讲了上级部门的要求和评标的有关原则，而未对其他方面进行评论，这使评标工作得以在公平、公正的原则下展开。

（七）定标、签合同、履约和验收

经过前面的准备工作，由招标中心和协调小组共同主持召开定标大会，参会者主要是各个医院的负责人和相应的技术人员。在定标大会上，协调小组向各家医院通报了这次招标的情况和评标过程，并将每包的预中标厂商名单及其标书提供给相应的医院，由医院自己决定中标厂商。随后，医院与所选的厂商碰头，安排厂商到现场实地考察并商议具体的合同事宜。经过谈判，所有的医院都与选中的投标商签订了合同。至此，本次电梯采购的过程基本结束。

资料来源：《北京市政府采购办公室电梯采购案例分析》，中国国际招标网，2004。

讨论题

1. 该案例描述的是消费者市场还是产业市场？

2. 产业市场研究从哪里入手？

3. 北京市政府采购办公室电梯与房地产开发商采购办公室电梯的行为是否存在差异？如何描述这种差异？

第 5 章

信息是企业营销的基础

中国互联网络信息中心发布的《第 33 次中国互联网络发展状况统计报告》显示，截至 2014 年 6 月，中国网民规模达到 63 200 人，互联网普及率为 46.9%，较 2013 年底提升了 1.1 个百分点。其中，手机网民规模达到 5.27 亿人，较 2013 年底增加 2 699 万人。手机上网的网民比例为 83.4%，相比 2013 年底上升 2.4 个百分点，首次超越 80.9%的传统 PC 上网比例，手机作为第一大上网终端设备的地位更加巩固。手机网民较传统互联网网民增幅更大，构成拉动中国总体网民规模攀升的主要动力。

近年来，互联网娱乐概念日渐深入人心，越来越多的居民感受到互联网娱乐功能的强大，网络音乐和即时通信成为网民使用率排名前两位的网络应用，许多人被互联网的娱乐休闲功能所吸引而涌入互联网。这对互联网内容提供商、网络游戏开发商、网上商店开业者，以及试图投放网络广告和开展网络调研的企业来说无疑是十分令人振奋的消息，因为这里有着太多的商机……今天，在以信息为基础的社会环境中，数据和信息是企业营销活动的基础和出发点。

第 1 节　企业营销决策需要哪些数据信息

企业在经营活动中不断接受信息，同时也产生新的信息。信息有的来自外部环境，有的来自企业内部。企业经营活动中涉及的信息量是巨大的，不是每一个信息都很重要，收集尽可能多的信息既不现实也不必要。大量无关紧要的信息往往会分散决策者的注意力，甚至迷惑他们，影响决策的准确性和及时性。所以，对营销信息的收集使用工作来说，重要的不是积累大量的数据，而是从纷繁芜杂的数据中提炼出营销决策需要的有用信息。

企业营销决策需要哪些信息呢？

针对不同的营销问题，决策所需要的信息也有所不同。比如，产品开发决策需要了解顾客的需求、市场现有产品的特点、企业的技术能力和原材料供应条件等信息，而销售渠道选择决策需要了解产品的物理特性、销售网点的布局、不同销售渠道的成本费用、竞争对手的渠道选择等信息。所以，收集信息首先要明确营销决策内容。根据营销决策内容来选择信息可以最大限度地降低信息成本，筛除不必要的信息，提高信息利用效率，满足决策需要。

另一方面，数据在企业经营活动过程中不断产生，如果平时不注意及时收集，数据就会消失，无法满足决策活动的需要。所以在日常经营活动中，注意主动及时地收集保存数据，再根据营销决策需要整理信息，是企业信息管理的重要步骤。一般来说，以下数据对营销决策影响较大，在日常经营中要特别留意。

一、宏观市场环境发展状况

企业需要跟踪最新的政治、经济、社会、文化发展动态，如人口增长率、消费支出数量、收入增长情况等数据。

二、市场需求

某种产品的市场需求是指在特定的地理区域、特定的时间、特定的营销环境中，特定的顾客愿意购买的总量。市场需求是企业营销人员最关心的信息。因为需求是营销管理的核心，企业只有在确定和捕捉到顾客需求之后，才有可能采取适当的营销组合，满足需求，最终实现企业目标。与市场需求有关的数据主要包括：市场需求总量，企业的市场占有率及其增长率，企业销售额，市场需求增长率。

三、竞争状况

了解竞争对手的状况有助于企业制定竞争战略，在市场竞争中争取主动，做到“知己知彼，百战不殆”。表明市场中各个企业的竞争状况的数据主要有：竞争企业的数量，竞争企业产品的市场占有率，竞争企业的产品价格，竞争企业的生产效率、成本费用，竞争企业的渠道和促销。

四、企业内部营销信息

企业内部生产、销售、财务等部门会产生大量的有关企业营销活动状况的信息，即内部营销信息。它对于营销活动的计划、管理和控制具有重要意义。它的作用相当于传感器，时刻反映企业的情况。与内部营销信息有关的数据主要有：订单数量，销售量，存货水平，生产成本，生产进度，现金流量，应收和应付账款。

第 2 节　建立企业营销信息系统

营销信息系统是由人、机器和程序组成的，为营销决策者收集、挑选、分析、评估及时准确的有价值信息的系统。营销人员为了分析、计划、执行和控制营销工作，需要各种有价值的信息，而提供信息的任务由营销信息系统完成。

如图 5—1 所示，市场营销信息系统由内部报告系统、营销情报系统、营销调研系统和营销决策支持分析系统四个子系统组成。它处于营销环境和营销管理人员（也就是信息使用者）之间，各种营销数据由环境流向企业营销信息系统，经过加工、处理和转换成为有用的营销信息，通过市场营销信息流程传递给营销管理人员，作为制定营销方案的依据，营销方案中产生的各种数据信息又经过营销沟通流程回到营销环境中。

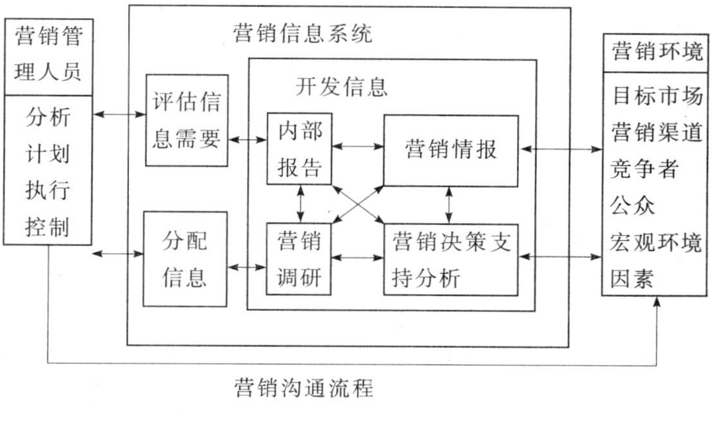

图 5—1　市场营销信息系统

一、内部报告系统

企业内部报告系统是使用最频繁的信息系统。该系统的主要作用是向管理人员提供有关销售、成本、存货、应收账款等各种反映企业经营状况的信息。通过分析这些信息，管理人员能正确认识营销活动的现状，发现重要的机会和问题。

二、营销情报系统

内部报告系统为管理人员提供历史数据，而营销情报系统则提供正在发生的数据。营销情报系统包括反映营销环境发展状况的各种信息来源和程序。管理人员获取情报信息的途径有：公开出版物中提供的信息，销售部门和人员提供的信息，批发商、零售商提供的信息，专门的信息咨询公司提供的信息。

三、营销调研系统

营销调研系统是设计、收集、分析和提供与特定的营销问题相关的数据资料的信息系统。它的主要任务是收集、评估、加工、传递信息，供管理人员制定决策使用。市场需求调查、销售研究、广告评估等活动都属于营销调研系统的范畴。

四、营销决策支持分析系统

越来越多的企业为帮助营销管理人员正确决策，设立了营销决策支持分析系统。所谓的营销决策支持分析系统是帮助管理者决策的一系列系统模型。假定一位营销经理需分析一个问题并采取相应的行动。他把问题及影响问题解决方案的各种信息输入该系统模型，模型就能给出有利于问题解决的标准化数据。然后，营销经理应用新生成的数据制定最合适的行动计划。决策支持分析系统使用大量的程序和统计预测方法，以保证信息的科学性。

□ 小　结

数据和信息是企业营销活动的基础和出发点。企业经营活动中涉及的信息量是巨大的，不是每一个信息都很重要，企业信息管理活动的关键是从纷繁芜杂的数据中提炼出营销决策需要的有用信息。企业营销决策需要的信息主要有：宏观市场环境发展状况、市场需求、竞争状况、企业内部营销信息。

企业中提供信息的任务由营销信息系统完成。营销信息系统是由人、机器和程序组成的，为营销决策者收集、挑选、分析、评估及时准确的有价值信息的系统，包括四个子系统：内部报告系统、营销情报系统、营销调研系统和营销决策支持分析系统。

□ 重点概念

1. 营销信息系统——由人、机器和程序组成的，为营销决策者收集、挑选、分析、评估及时准确的有价值信息的系统。

2. 营销情报系统——包括反映营销环境发展状况的各种信息来源和程序。

3. 营销调研系统——设计、收集、分析和提供与特定的营销问题相关的数据资料的信息系统。

4. 营销决策支持分析系统——帮助管理者决策的一系列系统模型。

□ 思考题

1. 企业希望调研“什么人会光顾设在生活小区里的卖食品、饮料的小杂货铺”，你认为本次调研需要获取的信息应该包含哪些？

2. 如何理解市场信息研究对企业营销活动的作用？

3. 建立企业营销信息系统最关键的步骤是什么？为什么？

案例分析

安徽特酒集团在线营销市场调研

（一）明确调研方向

安徽特酒集团（以下简称安特集团）是我国特级酒精行业的龙头企业，全套设备及技术全部从法国引进。主要产品是伏特加酒及无水乙醇。其中无水乙醇的销量占全国的50%以上。伏特加酒通过边境贸易，向俄罗斯等前苏联国家出口达 1 万吨，总销售额超过 1 亿元。伏特加酒作为高附加值的主打产品，是安特集团利润的主要来源。但是，随着俄罗斯等前苏联国家的经济日趋恶化，出口量逐年减少，形势不容乐观。安特集团审时度势，决定从 1998 年下半年开始通过互联网进行在线营销调研，以开辟广阔的欧美市场。集团确定了营销调研的三个方向：第一，价格信息，包括生产商报价、批发商报价、零售商报价、进口商报价；第二，关税、贸易政策及国际贸易数据，包括关税、进口配额、许可证等相关政策，进出口贸易数据，市场容量数据；第三，贸易对象，即潜在客户的详细信息，包括贸易对象的历史、规模、实力、经营范围和品种、联系方法等。价格信息的收集途径主要有两个：一是生产商报价，包括厂方站点、生产商协会站点、讨论组和 Trade-Leads（有两种方式：按国家分别检索、常用站点每周例行检索）；二是销售商报价，包括销售商站点、各国酒类专卖机构站点等。关税、贸易政策及国际贸易数据的收集途径主要包括检索大型数据库、向建立联系的各国进口商发 E-mail、查询相关政府机构站点和新闻机构站点。贸易对象详细信息的收集途径包括目录型、数量型、地域型搜索引擎，黄页，专业的管理机构及行业协会站点和各国酒类专卖机构。

（二）集团在线营销调研的步骤

1. 价格信息的收集

价格信息的收集至关重要，是制定价格策略和营销策略的关键。通过对价格信息的分析，可以确定世界上各种伏特加酒的质量与价格之间的比例关系，摸清世界上各国伏特加酒的总体消费水平，确定国际伏特加酒的贸易价格，其中最主要的作用还是为安特牌伏特加酒的出口定位。

价格信息的收集可以从以下几个方面入手：（1）生产商的报价；（2）销售商的报价。从生产商、销售商及商务谈判中得到的价格信息，应该再加以整理、分析，才能确定它们之间的相互关系，最后得出完整的价格体系。

2. 关税及相关政策信息的收集

关税及相关政策信息在全球营销活动中占有举足轻重的地位。进口关税的高低影响着最终的消费价格，决定了进口产品的竞争力；有关进口配额和许可证的相关政策关系到向这个国家出口的难易程度；海关提供的进口贸易数据能够说明这个国家每年的进口量，即进口市场空间的大小；人均消费量及其他相关数据则说明了某个国家总的市场容量。要从世界上 160 多个国家中选择重点销售地区、确定重点突破的目标，就必须依靠这些信息。这类信息的收集有以下几种方案：（1）通过大型数据库检索；（2）向建立联系的各国进口商询问；（3）通过各国相关政府机构的站点查询；（4）通过新闻机构的站点查询。

3. 各国进口商的详细信息的收集

收集进口商的信息是在线营销的一个重要环节，其目的是建立一个潜在客户的数据库，从中选出真正的合作伙伴和代理商。需要收集的具体内容包括：进口商的历史、规模、实力、经营的范围和品种、联系方式（电话、传真、电子邮件）。对于建立了网站的进口商，只要知道其网址就可以掌握以上信息；对于没有建立网站的进口商，可以先得到其联系方式，建立起联系后再询问。具体方法有以下几种：（1）利用雅虎等目录型搜索引擎。（2）利用数量型搜索引擎。（3）利用地域型搜索引擎。（4）通过黄页等商业工具。（5）利用专业的管理机构及行业协会，这是一种高效快捷的查询手段，不但命中率高，信息的利用价值也相当高。安特集团在收集美国的生产商及进口商的信息时，这种方法就收到了奇效。在美国的酒类管理体系中，酒被分成啤酒、葡萄酒和烈酒三类，每种酒的进口或批发都需要专门的许可证或执照。这就带来了很大的麻烦，因为无法确定某一家公司到底是经营葡萄酒还是伏特加酒，到底是进口商还是批发商，在黄页中查询到的最小分类是酒（liquor），而没有更细的分类。当找到美国加州酒类管理中心的网站（www. abc. ca. gov）时，这些问题都迎刃而解了。这里不仅按酒的类别、字母的顺序、不同的地域对每个公司进行了分类，而且每个公司的信息都有详尽的记录，包括公司名称、申请人姓名、地址、许可证的种类、许可证的使用期限、经营历史、电话号码等。（6）通过最大的进口商——各国的酒类专卖机构。在酒类控制严格的国家，往往酒类专卖机构是唯一的进口商，它们也是世界上最大的购买集团。例如，瑞典酒类专卖机构每年都要向全世界招标进口某一种类的酒，其进口量也很大，最低为每年 150 个集装箱。所以应该特别注意定期访问其站点，以获得最新的招标信息。此外，有的酒类专卖机构并不直接进口酒，而是通过一批中介公司进口。它们是由酒类管理机构签发许可证的专业公司，其积极性比酒类专卖机构高得多。一般来说，它们会很愿意向你介绍该国、该州的有关贸易情报。这也是信息的一个重要来源。

资料来源：《安徽特酒集团信息搜集策略》，豆丁网，http：//www. docin. com/p-9659296. html。

讨论题

1. 试评价安徽特酒集团的市场调研能否获得足够的信息，为什么？
2. 哪种信息收集渠道对安徽特酒集团而言是信息量最多的？
3. 哪种信息收集渠道对安徽特酒集团而言是最经济划算的？

第 6 章

通过营销调研实现对信息的利用

第 1 节 营销调研程序、分类与方法

一、营销调研程序

市场营销调研是针对特定的营销问题进行的信息收集、记录、分析、评价活动，其目的是为管理决策提供依据和参考。市场营销调研是营销活动的重要内容，营销人员必须掌握科学合理的市场调研方法。

市场营销调研可分为探索性调研、描述性调研和因果性调研。企业在情况不明了，需要找出问题的症结，明确下一步调研的内容和重点时，应该进行探索性调研。在明确调研的内容和重点之后，对所需资料进行的收集、记录和分析就是描述性调研。对市场变量之间因果关系的研究，如降价幅度对销量上升的影响程度，就属因果性调研。

有效的营销调研包括以下四个步骤。

1. 确定研究的问题和目标

营销调研的第一步是确定具体研究的问题。问题的选择应该符合有用性和合理性原则。有用性是指问题对企业营销活动有重要影响，解决此类问题能获得较高的经济效益。营销调研是需要耗费企业资源的活动，所以不可能对每一个营销问题都开展调研。有用性原则就是要筛选出对企业经营最有意义的问题，优先考虑。合理性原则是指在现有条件下调研目标实现的可能性较大。营销调研受企业资源、技术条件的限制，不是每一个有用的问题都能调研，都能

马上解决，应选择目标实现可能性大、调研效果好的问题优先研究。

（1）明确调研问题。营销调研的主要目的是通过收集、分析资料，研究解决企业在市场营销中存在的问题，寻求正确可行的改进措施。因此，营销调研首先要确定问题及调研范围。例如，某企业近几个月来销售量大幅度下降，究竟是顾客对产品质量不满意，还是售后服务不好？是广告支出减少的影响，还是市场不景气造成的？企业应进行初步情况分析或非正式调研，初步判断影响调研目标的重要因素。明确调研问题、界定调研范围可以集中调研中的人力、物力、财力，以最小的代价获得满意的调研结果。

（2）初步情况分析。调研人员收集企业内外部有关情报资料，进行初步分析，发现各影响因素之间的相互关系，探索问题之所在。初步情况分析的资料收集不必过于详细，只需重点收集对所要研究分析的问题有参考价值的资料即可。

（3）非正式调研。非正式调研也称探索性调研。假设调研人员根据初步情况分析，推测近几个月来销售量下降的原因是价格太贵，售后服务不好。但这种认识是否正确？调研人员可以进行非正式调研，找到本企业内部有关人员（如销售经理、推销员）、精通该问题的专家和人员（批发商、主要零售商等）以及个别有代表性的用户，主动征求意见，了解他们对这个问题的看法。

经过初步情况分析和非正式调研，使调研的问题进一步明朗，缩小调研范围，便于调研人员确定调研的主题。

经过预备阶段，如果可以找出问题和产生问题的原因，提出改进方案，就可以省略后面的几个步骤，进而节省时间和费用。但是大部分问题不可能通过预备调研就得到解决，尚需进一步深入调研。

2. 制定调研方案

（1）选择资料收集方法。资料收集有两种基本方法：一手资料法和二手资料法。解决调研问题所需的信息，也许目前已经存在，也许尚不存在，需要专门收集和整理。

那些过去为其他目的收集、整理的业已成型的信息，称为二手资料。通过二手资料收集调研所需信息的方法，称为二手资料法。这种方法简便、快捷，节省时间，调研成本低。缺点是资料适用性不强，与调研目的有一定差距，不能很好地说明问题。因此，必须对资料内容作进一步分析。另外，研究人员还必须认真评估二手资料的真实性和可靠性。有些营销调研人员在发现与研究问题有关的二手资料时，往往十分兴奋，对资料不进行严格的审查、评估就直接引用，这种做法是相当危险的。因为二手资料是其他机构、部门和人员为其他目的收集的资料，资料的准确性有待进一步的审查和评估；二手资料有错误的可能，而错误的市场信息会导致错误的市场战略，给企业经营带来不可挽回的损失。所以，营销调研人员在引用二手资料前，必须对资料进行严格的审查和评估，审查评估的标准有三个：公正性、有效性和可靠性。

那么，从什么地方收集二手资料可靠性更好、效果更佳呢？一般来说，从以下渠道获得二手资料较为可靠：

- 企业内部资料。包括公司的利润表、资产负债表、销售报表、存货报告、销售人员工作汇报表等。
- 政府权威机构的定期出版物。政府部门的各种统计年鉴、统计报告、调研报告等。
- 各个行业协会的报告和定期出版物。
- 专业的市场咨询公司的研究报告。

当现有的二手资料不能解决调研问题时，企业必须针对调研问题收集专门的资料。企业针对调研问题首次收集的信息就是一手资料。通过一手资料收集调研所需信息的方法，称为一手资料法。

一手资料法的优点是针对性强，能提供直接满足企业经营所需的信息，是达到调研目的的重要手段。如果调研方法运用得当，一手资料能发现和揭示市场机会及威胁，为企业经营指明方向，对开展营销活动有重大意义。缺点是时间长，成本费用高，对调研人员的能力要求高。一些企业将收集一手资料的工作委托给专业调研咨询公司，收到了很好的效果。

企业进行调研活动时往往把二手资料法与一手资料法结合起来，尽量使用二手资料，以节约时间和成本，只对调研的重点问题采用一手资料法。

（2）选择调研方法。营销调研的方法主要有观察法、小组深度访问法、询问法和实验法。

1）观察法。即通过调研人员直接观察有关的对象和事物获取所需信息的方法。比如，商店想了解一周客流的变化情况，就可以安排调研人员在商店的入口处和停车场观察不同时间顾客人数的变化情况；想了解顾客进入商店后的行进方向，可以在店内天花板上安装摄像机，记录顾客行进路线。观察法的主要优点是客观实在，能如实反映问题；缺点是调研结果是一些可直接观测的现象，无法说明引发行为的内在原因。

2）小组深度访问法。即有经验的调研人员对 6～10 名被访问者就某一方面的问题进行深入调研的方法。调研往往采取小组讨论的方式。调研人员按照事先拟定的提纲，逐步将讨论引向深入，调研过程强调被访问者的积极参与，通过轻松、自由、相互启发的讨论，最终得出有用的调研结果。小组深度访问法是设计大规模营销调研前的试探性的调研活动，对确定大规模调研的问题很有帮助。但是，小组深度访问法的参与人数有限，结论不一定有普遍意义。

3）询问法。即调研人员用提问方式向被调研者了解情况、收集信息的方法。抽样调查技术使企业能够通过对样本的调研获得足够科学、可信的信息。询问法是营销调研最常用的方法，具体来说又分为：

①邮寄调研问卷。即调研人员把事先设计好的调查问卷或表格邮寄给被调研者，请他们按要求填好后再寄回的方法。这种调研方法的成本低，样本量大，但是调研问卷回收率低，一般只能收回15%～20%的问卷。

②电话访问。即调研人员通过电话联络方式访问被调研者的方法。这种调研方法速度快、成本低、省时间，但受通话时间限制，调研问题少，无法收集深层信息。

③面谈访问。即调研人员按事先准备的调研问卷或提纲当面询问被调研者以获取信息的方法。这种方法的调研结果回收率高，收集资料全面，资料真实性强，是最常见的调研法。但是面谈访问的费用高，调研计划组织工作量大，调研结果容易受调研人员个人的影响。

互联网的发展催生了网上调研方式。与邮寄问卷相比，这种调研方式成本低，速度快。

4）实验法。即从影响调研问题的许多因素中选出一两个因素，将它们置于一定条件下进行小规模的实验，通过实验获得信息的方法。实验法在营销调研中应用范围很广，比如在改变产品品种、包装、设计、价格、广告、陈列方法等因素时，都可运用这种方法。

①产品包装实验。例如某公司对某产品是否需要增加包装进行了实验。方法是第一、第二星期把增加包装的产品给甲、乙两商店销售，把无包装的产品给丙、丁两商店销售，第三、第四星期互相调换，甲、乙商店销售无包装产品，丙、丁商店销售有包装产品。其实验结果是有包装产品的销售量比无包装产品的销售量增加了40%，因此公司决定对该产品增加包装，以增加销售量。

②新产品销售实验。某机床厂为推销一种新型机床做了如下实验：将试产的10台新型机床请有关单位试用，条件是无偿试用半年，到期机床收回，但试用单位必须提出机床的优缺点。经过实验，该机床厂收集了很多有价值的资料，为进一步改进质量和进行销售预测提供了可靠的依据。

其他如试销、展销、试点也都是实验法的具体运用形式。实验法的优点是：方法科学，可获得较正确的原始资料作为预测销售额的重要依据。缺点是：不易选择出具有代表性的实验市场，市场干扰因素多，影响实验结果；实验时间较长，成本较高。

（3）制定调研方案。选择调研方法后，下一步是制定具体的调研方案。调研方案是确定调研抽样方法及设计调研问卷。

1）抽样方法。企业为解决调研问题需要向调研对象了解情况，收集信息。那么，是不是需要调研每一位调研对象呢？不需要，也没有必要。比如，企业要了解新产品的销售情况，没有必要向每一个可能的购买者调研，但是也不能仅凭几个消费者的反馈就轻易下结论。为了节省调研成本，要在保证调研的科学性和可靠性的条件下，尽量减少调研对象的数目。这就涉及抽样方法。抽样是从全体调研对象中选择有代表性的部分做样本，对抽出的样本进行调研，然后根据样本调研结果推测调研对象总体情况的方法。抽样调研的准确度取决于两个因素：样本量大小和抽样方法的科学性。样本量越大，准确度越高；抽样方法越科学，准确度越高。

2）问卷设计。问卷是收集一手资料的工具，它由一系列的问题组成，目的是通过征求被调研者的回答获得所需信息。设计问卷时，调研人员必须精心挑选问题，精心组织问题的形式和顺序。好的问卷应做到：能正确反映调研目的，问题具体，重点突出；能激发被调研者的兴趣；能正确记录和反映被调研者回答的事实，提供准确的情报；便于事后的统计和整理。

问卷设计是营销调研的重要一环，问卷设计的好坏对调研结果影响很大。要设计好一份问卷，调研人员不能闭门造车，应事先做一些访问，拟定一个初稿，经过调研试验，再修改成正式问卷。设计问卷时应注意以下事项：

● 问卷上所列的问题应该都是必要的，可要可不要的问题不要列入。

● 问题是被调研者有能力回答的，力求避免被调研者不了解或难以答复的问题。注意问题的数量，回答全部问题所用的时间最好不超过半小时。

● 问卷上所拟答案要有穷尽性，避免重复和相互交叉。问卷上拟定的答案要编号。

● 注意问题的措辞和语气，问题要提得清楚、明确、具体。例如，“您单位对解放牌汽车是否满意?”这样的问题就不够具体明确，也不易达到所要调研的目的。若所需的调研资料涉及质量或售后服务，则可分别询问：“您单位对解放牌汽车的质量是否满意？为什么?”“您单位对解放牌汽车的售后服务是否满意？为什么?”

● 要明确问题的界限与范围，问句的字义（词义）要清楚，避免文字理解上的误差影响调研结果。例如：“您的月收入是多少?”这个问题的界限不清楚，“收入”指的是基本工资收入，还是包括一切其他收入，应加以注明。

● 避免使用引导性的问题或暗示性的问题。例如：“您喜欢××牌电视机吗?”这样的问句容易将答案引向喜欢，造成偏差，应改为“您家里的电视机是什么牌子的?”

● 注意问题排列顺序。首先在问卷上应有引导语，说明调研人员代表的单位，调研目的或意图，问卷的填写、回收方法，以及感谢合作等内容。主要调研的问题可安排在问卷中间部分，这是调研的核心。被调研者的收入、年龄、职业、单位等背景材料，一般可安排在最后。

（4）制定调研预算。调研预算是调研活动的资金安排。为保证调研的顺利实施，做好合理的预算安排是必要的。调研预算按可能支出的项目逐一列表估算，主要项目有：

1）二手资料收集费用。

2）一手资料调研费用，包括材料制作费用、宣传费用、雇用调研人员的费用，等等。

3）资料加工整理费用。

4）其他费用。

为防止意外情况发生，预算应留有一定的余地。

（5）部署调研人员，安排调研进度。将调研工作明细化，明确各调研人员的工作职责，明确人员间的协调配合方法。如有必要，应组织调研人员的培训，帮助他们达到调研所需的能力水平。此外，还应制定详细的进度时间表。

3. 实施调研

这是营销调研实质性的工作阶段。主要有两方面的内容：

（1）收集二手资料。通过各种渠道收集内部和外部的二手资料，对资料进行整理、评估、处理和加工。

（2）收集一手资料。调研人员按调研计划中确定的调研对象、调研方法进行实地调研，收集一手资料。现场实地调研工作的好坏，直接影响调研结果的准确性。调研人员应有一定的市场研究知识和工作经验，了解企业的基本情况，最好具备市场营销学、统计学和企业生产技术方面的专门知识；性格外向，乐观开朗，善于与陌生人相处；工作认真，有克服困难的信心和勇气。

4. 处理调研结果

（1）整理分析资料。这一步骤是将调研收集到的零散的、杂乱的资料和数据进行编辑整理，剔除因抽样设计误差、问卷内容不合理、被调研者的回答前后矛盾等因素造成的错误，保证资料系统、完整和真实可靠。将整理后的资料分类编号，以便归档查找和利用。如果采用计算机处理，分类编号尤为重要。对调研的资料进行统计计算，绘制统计图表，并加以系统分析，在此基础上找出原因，得出调研结论，提出改进建议或措施供领导决策时参考。

（2）形成调研报告。编写调研报告时，应注意报告内容要紧扣调研主题，突出重点，力求客观扼要；文字简练，观点明确，分析透彻，尽可能使用图表说明，以便企业决策者在最短时间内能对整个报告有一个概括的了解。

调研报告的一般格式是：

第一部分，介绍调研项目的基本情况，主要是对调研目的和意义的简单说明。

第二部分，是调研报告的主体，包括概括性地说明调研的问题、调研采用的方法、调研结果以及调研结果对企业经营活动影响的分析。

第三部分，是附件部分，提供与调研结果有关的资料供参考，如资料汇总统计表、原始资料来源等。

调研报告要简洁明确，有针对性和说服力，重点突出信息的分析结果，避免罗列事实、空洞无力。

（3）跟踪调研效果。形成报告后，调研人员还应追踪了解调研报告是否被采纳、采纳的程度和实际效果如何，以便总结调研工作的经验教训，进一步提高营销调研的水平。

二、营销调研分类

按照调研方式、调研的性质、分析方法和资料来源，我们可以将营销调研做如下分类。

1. 按照调研方式或者调查的范围分类

（1）全面调研。是对调查总体中所有单位普遍进行的调查，也称为市场普查。全面调研方式可以获得比较完整的资料，能全面反映客观事物的状况，但是所需的人员多、时间长、费用多。一般企业并不具备全面调研的实力，因此这种调研方式只适用于调研范围较小、调研对象总体规模不大的调研项目。

（2）局部调研。是对市场的某一部分或局部所进行的调研。这种调研的规模要小于全面调研，能获得某一局部比较详细的资料，但仍需耗费较多的人、财、物。

（3）典型调研。是从市场中选取若干具有典型意义的单位进行深入调研，由典型到一般，以了解整个市场的方法。这种调研具有一定的主观性，对调查者自身的素质有很高的要求。

（4）抽样调研。是应用统计学的或然率原则抽取出适当样本进行调研的方法。

2. 按照调研的性质分类

（1）试探性调研（exploratory research）。当具体原因不明时，通过这种调研可以明确该如何发现问题，是进一步调研的铺垫。这种调研没有采用正式的调研计划和程序，是一种非正规的调研方式，因而比较灵活多样，灵活性和创造性在其中起着非常重要的作用。调研人员可以凭借主观经验作出问题假设，为研究问题投石问路。

（2）描述性调研（descriptive studies）。按照试探性调研提出的具体假设，对需要研究的客观事实进行信息收集、记录、分析，从而证实试探性调研的猜测。这种研究只是说明事物的表征现象，并不涉及问题的本质以及影响事物发展变化的内在原因，不回答“为什么”的问题。

（3）因果性调研（causal studies）。是指从已知的相关变量出发，以确定有关事物各变量之间因果关系的一种市场调研方法。因果性调研有两个直接目的：一是确认哪些变量是自变量，哪些变量是因变量；二是确定原因和结果，即自变量和因变量之间的联系的特征。

3. 按照分析方法分类

按照分析方法，可以将调研分为定量调研和定性调研。定量调研是指使用数学分析方法进行的调研，是市场调研中主流的、应用最广泛的一种方法，侧重于对被调查对象及事物的统计特征的调研，注重数量方面的资料收集和分析。比如，某种产品的购买者的年龄特征有什么样的规律。定性调研更加侧重于对消费者的感觉、态度以及动机进行考察，调研资料不经过量化或数量分析。

4. 按照资料来源分类

按照资料来源，可以将调研分为案头调研和实地调研。案头调研是对已有资料、数据进行收集、整理、分析的方法。实地调研是向被访者收集一手资料，然后加以分析整理，并在此基础上撰写调研报告的方法。

三、营销调研方法

下面根据调研的类型介绍几种营销调研方法，并将重点介绍实地调研中的几种方法。

1. 案头调研

如上所述，案头调研即为获得二手资料进行的调研。二手资料的来源包括内部来源和外部来源。内部来源包括消费者、供货商以及其他的公司希望跟踪的资料数据库，具体包括年度报表和股东报告、顾客名单、销售记录、销售人员报告；经销商信函、消费者意见；以前的审计报告、调研报告。

外部来源是指从公司外部得到的相关资料，具体包括大众传媒、官方信息机构、图书馆、民间信息机构、金融机构，以及互联网等。

2. 实地调研

通过实地调研获得的是一手资料，也称为原始资料，是指调研人员为解决当前的问题通过实地现场调查直接向调研对象收集的信息资料。实地调研具有更具体、适用性和针对性较强的特点，但这种收集资料的方法也有不足之处，主要表现为投入人力较多、费用较高、时间较长。

实地调研的方法可分为三种，即询问法、观察法和实验法。

（1）询问法。是市场调研人员先通过向被调查者提问，后由被调查者回答，从而获得所需资料的一种调研方法。它是企业获取市场一手资料常用的调研方法，在了解消费者的行为和态度方面比较常用。

按照各种询问方法出现时间的远近，可以将它们分为传统调研方法和新型调研方法两种。传统调研方法分为面谈调研法、邮寄调研法、自我管理问卷调研法（调查人员不在现场的一种调研方法）、电话调研法；新型调研方法主要有自动语音调研法、在线调研法和邮寄磁盘调研法等。

同时还可以按照调研人员和被调查人员接触方式的不同，将询问法分为面谈调研、电话调研和邮寄调研三种，每种调研方法又可以做更详细的分类。

面谈调研法是调研者通过与被调研者面对面访谈，从而获取信息资料的一种调研方法。面谈调研法又可以分为入户访谈法、街头拦截法和计算机辅助访谈法。入户访谈法是指在被访者家中单独对被访者进行访谈。街头拦截法则是一种十分流行的询问调查方法，约占个人访谈总数的 1/3。这种调查方法相对来说比较简单，如在超市等公共场合，购物者被当街拦截或在专门的访谈室中进行访谈。计算机辅助访谈法是在访谈过程中借助电脑选择问题并输入答案，在访问结束后利用电脑整理并分析问卷的一种访谈方法。

电话调研法是通过电话向被调查者进行询问，以获取信息资料的一种调查方法，这种调研的样本以装有电话的访问对象为主，随着我国固定电话普及率的不断提高，电话调研法将更加广泛地应用于营销调研。

邮寄调研法则是将设计好的调查问卷通过邮政系统邮寄给被调查者，由被调查者按照要求填好后寄回的一种调研方法。邮寄名单及地址可以借助于电话号码簿。

（2）观察法。是由调研人员或采用观察仪器，对所选的人或事物进行系统的观察并记录，从而获得信息资料的一种调查方法。

观察法可以按照不同的标准划分为不同的类型。可以根据观察要借助的工具将观察法分为仪器观察法和人员观察法。还可以根据是否具有严格的观察程序和详细的观察计划将观察法分为结构性观察和非结构性观察。结构性观察要求事先对观察对象、程序、内容进行详细的设计，观察者按照设计好的表格内容进行观察并做好记录，这样所获得的资料更加便于整理和进行定量分析。非结构性观察是指对观察的内容、程序不作事先严格设计，观察范围也不确定，由观察人员根据调研需要自主进行观察，并记录有关内容。根据是否接触被观察者还可以将观察法分为直接观察法和间接观察法。直接观察法是通过直接观察正在发生的行为来研究行为或现象本身。间接观察法则是通过观察行为产生的结果或影响来研究某事物或行为本身，可借助档案记录或实物痕迹来观察。

（3）实验法。收集原始资料的第三种方法是实验法。实验法是指从影响调研对象的若干因素中选择一个或者几个作为实验因素，在控制其他因素不变的条件下，观察实验因素的变化对调研对象的影响程度，为企业的营销决策提供参考依据。简要地说，就是改变 A，看 B 是否随 A 的变化而变化，如若发生变化，则说明 A 对 B 有影响。实验法在营销中的应用主要表现在两个方面：一是解释一定变量之间的关系，即解释 A 是否对 B 产生影响；二是分析这种关系变化的性质，看 A 变化后 B 是增加还是减少。

3. 定性调研

定性调研是收集程序非标准化、设计问题非格式化，一般只针对小样本进行研究，并且更多地探索消费者心理的一种调查方式。调研的结果往往不经过定量分析。

（1）焦点小组访谈法。这种方法是指选择 8～12 人作为有代表性的客户或消费者，在一个装有录音录像设备或单面镜的房间内（在隔壁房间里可以观察座谈会的进程），在主持人的组织下，就某个专题进行讨论，进而获得对有关问题的深入了解。

（2）深度访谈法。这是一种无结构的、直接的、一对一的访谈。在访谈过程中，由掌握高级访谈技巧的调查员对调查对象进行深入的访谈，借以揭示被调查者对某一问题的潜在动机、情感和态度。

（3）投射法。投射法是指通过观察受访者对一些刺激的表面反应，来探究隐藏在表面反应下的真实心理，从而了解真实的情感、意图和动机。投射法的精髓在于突破人的心理防线，让真正的情感和态度呈现出来。调研中常用的投射技术有漫画测试法、词语联想法、句子和故事完形法等。

第 2 节　问卷设计与抽样设计

问卷设计和抽样设计是市场调研中的两大技术，其运用合理与否将会直接影响最终调研结果的质量。

一、问卷设计

1. 问卷的基本结构

问卷的基本结构包括如下四个方面：

（1）开头部分。包括问候语、问卷编号和填表说明等。问候语也称为问卷说明，包括自我介绍、调查目的和意义、调查者代表的组织或机构、致谢等；填表说明包括填写调查表应该注意的事项、交回问卷的时间要求、填写方法等；问卷编号用来识别问卷，以便于校对检查、更正错误。

（2）甄别部分。也称为过滤部分，即通过对被调查者进行过滤，筛选掉非目标对象，只对特定的被调查者进行调查。

（3）主体部分。是调查所需要收集的主要信息，是问卷的主要组成部分，由一系列问题和答案组成。

（4）背景部分。有关被调查者的一些个人资料，通常置于问卷的最后部分，作为对被调查者进行分类比较的依据。

2. 问卷设计的基本程序

问卷设计是一项非常重要的工作，要想提高设计水平，就必须按照一个符合逻辑的程序进行设计。一般设计调查问卷必须按照如下程序进行：

（1）事前准备。首先，要明确调研的主题和所需的资料——初步确定问卷调查的范围；其次，确定调研所使用的方式和方法；最后，确定资料整理和分析使用的方法。

（2）问卷设计。第一，收集二手资料，可以借助已有的对类似问题的研究设计更好的问卷。第二，进行试探性研究，了解受访者所关心的问题，列入问题清单当中。第三，编写问卷题目。将调查目标分为若干个题目，并且详细列出问题，以免遗漏。同时还要考虑用什么样的方式进行提问，并检查是否有前后矛盾、不适当的问题。第四，编排顺序。根据逻辑性和难易程度对问卷的顺序进行编排，一般过滤性问题要放在最前面，在过滤性问题后通常是较为简单且有趣的热身问题，接下来进入正题，最后是比较复杂或者难以回答的隐私问题。问卷设计流程如图 6—1 所示。

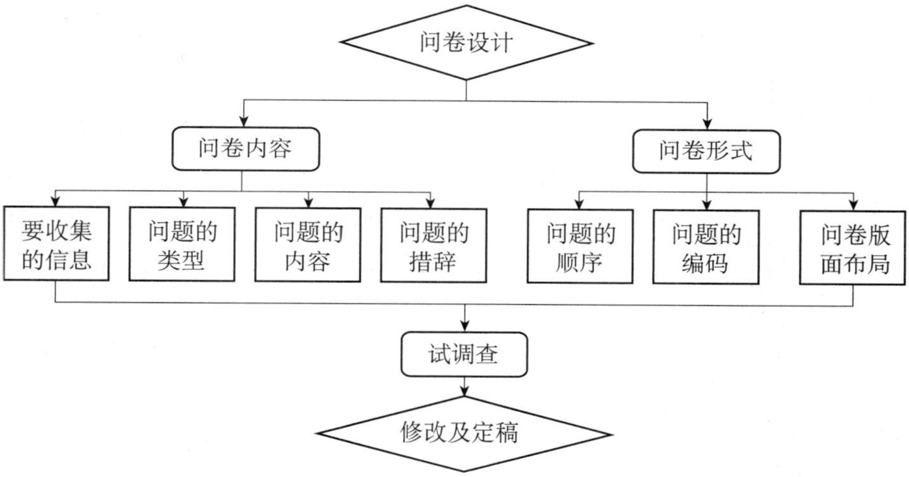

图 6—1 问卷设计流程图

（3）事后检查。首先，对设计好的问卷必须进行试调查，以便找出问卷存在的不足之处，以便及时进行修改。试调查应该采取与最终访问相同的方式进行，比如访问是入户调查，则试调查也应该采用入户调查的方法。最后印制成问卷，同时要注意选择质量合适的纸张。

3. 问卷设计应注意的问题

（1）选择合适的问题回答形式。是指考虑提问中使用开放式问题还是封闭式问题。

开放式问题是指对所设计的问题没有提供具体的备选答案，被调查者可以完全自由地说出自己的真实想法。比如：“您对网上购物有什么看法?”“为什么您要购买长虹牌彩电?”

封闭式问题是指在设计调查问题的同时还设计了各种可能的答案，让被调查者从中选择自己认为最合适的答案。提问的方式有多项选择题、二项式问题和量表应答式问题（以量表形式设置的问题）。

（2）问题的用词。

1）问题要具体明确。比如“您对某百货商店的印象如何?”就过于笼统，被调查者很难回答。可以换种方式进行具体的提问，比如“您认为某百货商店的商品品种是否齐全，营业时间是否恰当，服务态度如何”等。

2）用词要通俗易懂。简单通俗的词语易于让具有不同文化背景、不同阶层的被调查者理解和接受，也可以避免因理解错误而产生回答偏差。在问题中应该尽量少用专业词汇和字母缩写，比如“您认为本店的 POP 广告如何?”一般被调查者并不知道 POP 的意思，也就很难进行回答。

3）语句应该尽量简短。过长和过于复杂的句子不仅理解起来比较困难，而且容易出错，思考和作答时间也较长，容易引起回答者的反感。应该尽量避免这种情况。

4）一个提问应该只包括一项内容。比如，“乘公共汽车上班和开私家车上班，哪个更方便经济?”这个问题就包括了方便和经济两个主题，乘公交车上班经济但不方便，开私家车上班方便但不经济，被调查者通常不知该如何回答，这时应该分开提问。

5）避免使用否定式的提问。比如，“您不觉得洗发水的价格是您选择某个品牌很重要的因素吗?”这种提问的方式与人们的习惯并不相符，应改为肯定式的提问——“洗发水的价格是您选择某个品牌很重要的因素吗?”

6）避免使用诱导式的提问。这种提问中含有关于被调查者该如何回答的线索，或调查者自身的某种观点，带有情绪色彩。比如，“很多人都喜欢看电视，您呢?”“您不认为某品牌的家用电器质量有了明显的提高吗?”

7）避免提敏感的问题。诸如收入、年龄等不愿让调查者知道答案的问题应该放到问卷的最后，并要注意提问的艺术性。

（3）问题的次序安排。过滤性问题应该放在问卷的最前面，在得到合格的应答者后以一个能引起被调查者兴趣的问题开始。首先提一般性问题，需要思考的问题放在问卷中间，有关被调查者的个人资料放在问卷最后。

（4）问卷的版面设计。避免版式看上去杂乱，给开放式问题留有足够的空间，同时，问卷中的说明应当尽量使用醒目的字体。

二、抽样设计

要想知道一碗汤的味道，没有必要把一碗汤全部喝完，只要舀一勺就知道了。我们在舀一勺之前，还会把汤搅拌一下，让汤更均匀。市场调研的原理与尝汤的原理是一样的。对于绝大多数的市场调研而言，没有必要也不可能进行普查，只能抽取样本进行调研。有效的调研要求样本均匀，也就是足够分散、随机、具有代表性，这是抽样调查是否准确可靠的重要的衡量标准。

1. 抽样设计的步骤

（1）界定调研总体。是指清楚地说明调研对象的范围。如 2013 年 6 月 A 市 B 区 C 街道 18～35 岁青年对互联网发展的看法。

（2）选择资料收集的方法。资料收集采取电话调查、入户访谈、街头拦截还是邮寄调查的方式，对抽样过程有着不同的影响。

（3）选择抽样框。是指确定能代表总体的抽取样本的名单。在实际调研中，很难得到完整准确的抽样框。

（4）选择抽样方法。可以分为随机抽样和非随机抽样共两大类、八种方法。

（5）决定样本大小。是指样本所含个体数量的多少。样本的大小不仅影响自身的代表性，而且影响调查的费用。确定样本大小一般要考虑精确度要求，会受到客观条件的制约。

（6）抽取样本收集资料。

（7）评估样本的正误。是指考察样本的代表性，如果代表性不足，则需要重新抽取。

2. 抽样设计的方法

我们可以将抽样方法分为两大类共八种方法。随机抽样法（random sampling）是从抽样框中随机抽取一部分个体作为样本进行调查，然后根据样本信息推算出市场总体情况的方法。非随机抽样法（non-random sampling）是随机抽样法以外的抽样方法。

（1）非随机抽样方法。具体可以分为：

1）便利抽样。即选取偶然遇见的个案或利用自己身边和附近的人作为研究的对象和样本，街头拦截法就是其中很好的一例。这种便利抽样好像有某种随机性，实际上不然，比较缺乏代表性。

2）判断抽样。是指研究者根据自己的主观判断去选定符合自己研究目的的样本。这种抽样方法易受个人的主观影响，研究人员如果判断不准，可能会造成很大的误差。

3）滚雪球法。是要求回答者提供附加回答者名单的抽样方法。当调研者手头的样本十分有限，而回答者又能提供对调查可能有用的其他回答者的名单时，这种方法就可以让回答者的名单像雪球一样越滚越大。

4）配额抽样。总体存在不同层次的样本，为了能够抽取到具有代表性的样本，人为地规定各个层次应抽取的数量，这种抽样方法就是配额抽样法（quota sampling）。配额抽样法的一般步骤是：第一，选定控制特性，即分组的标准。第二，决定总体中控制特性的比例。第三，确定各层抽取样本的数目。第四，配额指派，即把各层要求的样本量选出来。可以使用便利抽样或判断抽样的方法，直到抽满配额为止。

（2）随机抽样方法。具体可以分为：

1）简单随机抽样法（simple random sampling）。是指完全排除任何主观有目的的选择，采用纯粹偶然的方法从总体中抽取样本。这种方法应用在总体单位数不太庞大以及总体分布比较均匀的情况下。

2）分层抽样法（stratified sampling）。是先按某种划分标准将调查总体划分为若干层次，再从各层次中随机抽取一部分个体作为样本的抽样方法。这种抽样方法的主要目的在于保证各层具有代表性的要素能被均匀抽出。

3）等距抽样法（systematic sampling）。是指根据构成总体的个案的出现顺序，每隔 K 个单位抽一个单位作为样本。如每隔七户抽一户、逢十抽一等。这种抽样方法的特点是工作量小，样本分布均匀。等距抽样法是实际中广泛应用的一种抽样方法。

4）整群抽样法（cluster sampling）。在实际工作中，当总体特别大时，不能一个一个地筛选，而需要整群整批地抽选，这时就会用到整群抽样法。比如，为了解中学生的某种情况，可以从几所中学中任意抽取几个班级作为样本。

第 3 节　资料分析与结果沟通

通过市场调查实施阶段所获得的原始资料只是粗糙的，需要经过整理加工，才能进行分析研究并得出科学的结论。因此，资料的整理和分析工作是营销调研过程中一个必不可少的环节。

一、资料整理的目的

第一，实现文字资料向机读数据文件的转化。是指将问卷中的文字信息转换成计算机能够识别的数字符号，以便接下来进行统计分析。

第二，对大量开放式问题的答案进行分组，以便于整理和分析汇总。

第三，以简明扼要的方式将统计和汇总的结果表现出来，使得人们能够了解某一现象的发展状况。

二、资料整理的程序

对资料进行整理要经过如下四个步骤：

（1）问卷登记和检查。可以按照地区、访问员等分类方式将资料进行登记分类，记录一个地区收回问卷数量、实发问卷数量等情况。对收回的问卷进行质量检查。剔除无效问卷，如答案完全一致、答案模糊不清、不符合回答要求的问卷等，并对缺损数据的问卷进行处理。

（2）编码。编码是把原始资料转化成符号或数字的资料简化过程。原始资料一般可分为两类：文字信息和数字信息。编码主要是针对其中的文字信息而言的。比如：您是从什么渠道知道 3G 手机的？①电视广告；②公交车站路牌广告；③杂志；④报纸；⑤朋友；⑥同事。可以直接按答案顺序分别赋以 1～6 的数字。

在编码过程中，编码人员必须编写一本编码手册，清楚说明每一个数字所代表的意思。因为在整个市场调研过程中，会有大量的变量和数据资料，如果不制作一本手册，数字所代表的含义容易忘记。

（3）数据录入。是指将信息录入到计算机的存储设备上去的过程。

（4）对数据质量进行审核。在完成数据录入工作之后，还要对数据质量进行审核，即检查数据录入的准确性，同时对缺损的数据进行处理。

三、资料分析

SPSS 公司总裁杰克·努南曾说过："绝大多数的营销调研者会告诉你，他们只是在收集数据。但是只有成功的调研者才知道如何利用那些收集到的数据去解决疑难的营销问题，明白分析什么，如何分析，如何解释结论，从而使他们的研究具有价值。了解资料分析的基础知识对于一名营销调研领域的成功者来说是非常有必要的。"因此，在对调研资料进行系统整理的基础上，还必须对它们加以充分的研究分析。调研资料的分析包括统计分析和理论分析两部分。

统计分析的程序是首先列出初步的统计清单，然后运用各种计算机统计程序对数据进行处理，接下来分析输出的统计结果，再提出某些项目重新统计的要求，最后对输出结果进行详细的分析，直到得到满意的结果为止。统计分析过程中会用到很多统计方法。比较简单的有描述性的统计方法，如计算平均值、众数和中位数等反映集中趋势指标的方法，计算方差、标准差、全距等反映离散程度指标的方法。较为复杂的调研活动可能还会用到相关分析、方差分析、回归分析、聚类分析等更加复杂的统计方法。

理论分析是在统计分析的基础上进行思维加工，从感性认识上升到理性认识的过程。

四、调研结果的沟通

调研结果的沟通是整个调研过程的最后一个阶段，也是非常重要的一个阶段。

1. 调研报告的主要内容

调研报告（research report）并没有一个固定的结构，一种建议的结构是：

标题、目录、摘要、调查概况、调查结果、结论建议、附录。

（1）标题。标题页也可能是报告的封面，一般的内容包括：调研的题目或标题；调研机构的名称；报告完稿的日期；项目负责人的姓名及所属机构。一般封面设计的整体风格应该是精致、严肃。

（2）目录。目录是报告中各项内容的完整一览表，篇幅不宜超过一页。

（3）摘要。摘要是对调查活动所获得的主要结果进行概括性的说明，是调查报告中极其重要的一部分。它应该简明扼要地说明本次调查的主要结果，一般不要超过报告内容的1/10。

（4）调查概况。在调查概况中要交代调查背景、方法和目标。简单罗列调研委托人所面临的问题、调研方法、资料来源、抽样程序和调研目的。

（5）调查结果。调查结果构成整个调研报告的主体，提供调研人员收集到的所有相关事实和观点。具体包括数据图表资料、相关文字说明、推论以及调研结果产生的原因分析。

（6）结论建议。在这一部分研究人员要说明调查获得的重要结论，根据调查的结论应该采取什么措施。有时也可以与调查结果合并到一起。

（7）附录。附录中包括与调研直接相关的资料，如问卷、统计方法、信息来源等。

2. 调研报告中应该注意的问题

（1）篇幅不代表质量。调研报告中经常存在的一个误区是“报告越长，质量越高”，事实上，调研报告的价值是用质量、简洁与有效来衡量的，而不是用篇幅来衡量的。

（2）解释不充分。某些调研者在调研报告中只是简单地重复一些图表中的数字，而不进行任何解释性工作或解释得不够充分。

（3）脱离现实或偏离目标。调研报告中常见的另一个毛病是，调研结果没有达到预期的目标，或者是提出了不符合现实的结论。

（4）过度使用定量技术。在调研报告中过多使用不易理解的统计技术会让人怀疑调研报告的合理性。使用定量技术的前提和基础是调研目标和方法具有合理性。

（5）虚假的准确性。在一个相对较小的样本中，把引用的统计数字保留到两位小数以上，常会造成对准确性的错觉。

（6）资料解释不够准确。有时尽管调研报告对结论进行了解释，但解释不够准确会对营销策略的正确性产生较大的影响，因此，要想准确地解释问题，撰写者必须了解各种研究方法的局限性。

（7）虚张声势的图表。过于眼花缭乱的图表不仅毫无用处，而且会产生误导。

第 4 节　市场需求预测

在营销调研中，市场需求预测（demand forecasting）是一项很重要的工作。市场需求预测是指通过对消费者的购买心理和消费习惯的分析，以及对国民收入分配政策、收入水平的研究，推断出市场的总体消费水平。市场需求预测是营销调研中最重要的一部分，也是最为复杂的一部分。

市场需求预测大致可以分为定量预测方法与定性预测方法两大类。定性预测方法包括德尔菲法、对比类推法、集合意见法等；定量预测方法包括时间序列法、神经网络法、灰色系统预测法、数据挖掘法等。我们接下来将重点介绍最为常用的两种方法：定性预测方法中的德尔菲法与定量预测方法中的时间序列法。

一、德尔菲法

德尔菲法（Delphi technique），又称为专家意见法，是指采用背对背的通信方式征询专家小组成员的预测意见，经过几轮征询后，使专家小组的预测意见趋于集中，最后得出符合市场未来发展趋势的预测结论。德尔菲法依据系统的程序，采用匿名发表意见的方式，即专家小组成员之间不得互相讨论，不发生横向联系，只能与调查人员发生联系，反复填写问卷，以集中问卷填写人的共识及各方意见。

德尔菲法的实施原则有：

（1）挑选的专家要有一定的权威性、代表性。

（2）在预测之前应取得参加者的支持，确保参加者能够认真地进行每一次预测，从而提高预测的有效性。同时也要向组织高层说明预测的作用和意义，获得决策层和其他高级管理人员的支持。

（3）问题的设计应该措辞准确，不能引起歧义，征询的问题一次不要太多，不要询问与预测目的无关的问题，列入征询的问题不应该相互包含；所提的问题应是所有专家都能回答的问题，而且应尽可能保证所有专家都能从同一角度去理解。

（4）统计分析时应该区别对待不同的问题，不同专家的权威性不能一概而论，而应给予不同的权重。

（5）提供给专家的信息应该尽可能充分，以便专家做出正确的判断。

（6）只要求专家做出比较粗略的估计，而不要求十分精确。

（7）问题要集中，具有针对性，不要过于分散，以便各个事件构成一个有机的整体。问题要按等级进行排列，遵循先简单后复杂、先综合后局部的原则，这样便于专家回答问题。

（8）调查单位或者领导小组的意见不应强加在调查意见之中，要防止产生诱导现象，避免专家意见向领导小组靠拢，以至于得出专家迎合领导小组观点的预测结果。

（9）避免组合事件。如果一个事件包括专家不同意的和同意的两个方面，专家将难以做出回答。

德尔菲法的具体实施步骤如下：

（1）组成专家小组。按照课题涉及的知识范围，确定专家人数。专家人数的多少可以根据预测课题的大小和涉及面的宽窄确定，一般不超过 20 人。

（2）向所有专家成员提出所要预测的问题以及有关要求，并附上有关这个问题的所有相关背景材料，同时请专家指出还需要什么材料。然后，由专家成员做出书面答复。

（3）各个专家成员根据他们所收集到的材料，提出自己的预测意见，并说明自己是怎样利用这些材料得出预测值的。

（4）将各位专家第一次的判断意见进行汇总，列成图表，进行对比，再分发给各位专家，让专家比较自己与他人的不同意见，然后由专家对自己的意见和判断进行修改。也可以对各位专家的意见进行整理，或者请地位更高的其他专家加以评论，然后把这些意见再分发给各位专家，以便他们参考后修改自己的意见。

（5）将所有专家的修改意见进行汇总，再次分发给各位专家，以便进行第二次修改。逐轮收集专家意见并向专家反馈信息是德尔菲法的主要环节。收集意见和信息反馈一般要经过三到四轮。在向专家进行反馈时应该注意的是，我们只是给出各种意见，但并不说出发表各种意见的专家的具体姓名。然后让这一过程重复进行，直到每个专家不再改变自己的意见为止。

（6）对专家成员的意见进行最后的综合处理。

二、时间序列法

时间序列法（time series method），是指将历史资料和数据按照时间顺序排成一个系列，根据时间序列所反映的经济现象的发展过程、方向和趋势，将时间序列外推或者延伸，以预测经济现象未来可能达到的水平。

时间序列法考虑以下四种影响市场需求的变动因素：（1）长期趋势（T），是指在整个预测期内事物呈现出的递减或者递增的总趋势；（2）周期变动（C），是指以某一时间间隔为周期的变动，如复苏和危机的交替；（3）季节变动（S），是指以季节为周期的变动，如服装行业销售额的季节性波动；（4）偶然变动（I），除上述三种情况之外的不符合规则的变动，又称为随机变动。这四种因素的综合模式有乘法模式、加法模式和混合模式。若以 TS 表示时间序列，则加法模式的时间序列是上述四种变动因素的相加，$TS_{加总}=(T)+(C)+(S)+(I)$，而乘法模式的时间序列则是上述四种变动因素的相乘，$TS_{乘积}=(T)\times(C)\times(S)\times(I)$。

时间序列法可以分为两类：第一类，不细分四种变动因素而是直接利用时间序列数据建立起数学模型，进而进行预测；第二类，对四种变动因素有侧重地进行预处理，从而派生出剔除季节变动法、指数平滑法、自回归法、移动平均法、时间函数拟合法等具体预测方法。下面我们简要介绍其中的几种。

（1）简单序时平均数法。又称为算术平均法，是指把若干历史时期的统计数据作为观察值，求出算术平均数，作为下期的预测值。这种方法基于以下假设："过去这样，今后也将这样"，把近期和远期数据平均化和等同化，因此只能适用于事物变化不大的趋势预测。但是，如果事物呈现某种明显上升或下降的趋势，就不宜采用这种方法。

（2）加权序时平均数法。就是把各个时期的历史数据按照近期和远期影响程度进行加权，再求出平均值，作为下期的预测值。

（3）简单移动平均法。就是相继移动计算若干时期的算术平均数，作为下期的预测值。

（4）加权移动平均法。对简单移动平均数进行加权计算。在确定权数时，远期观察值的权数应该小些，近期观察值的权数应该大些。

上述几种方法虽然简便，并且也能够迅速求出预测值，但是由于没有考虑整个社会经济发展的新动向和其他因素的影响，所以准确性较差。应根据新的情况，对预测结果作出必要的修正。

（5）指数平滑法。是指根据历史资料的上期实际数和预测值，用指数加权的方法进行预测。该法是由加权移动平均法演变而来的一种预测方法，其优点是只要有上期实际数和上期预测值，就可计算出下期的预测值，这样既可以节省数据和处理数据的时间，也可以减少数据的存储量，使用比较简便。指数平滑法也是国外广泛使用的一种短期预测方法。

（6）季节变动预测法。季节变动是指市场需求情况因受社会因素和自然因素的影响，在一年内随着时序的变化而产生周期性的变化。这种周期性的变化一般是比较稳定的。季节变动在统计中一般指的是一年内 4 个季度或 12 个月的周期性变动，而短期的周期性的规律变动，如一个月上、中、下旬的周期性变动，一个星期内从周一到周末每天的周期性变动，甚至一天内的周期性变动，也都称为季节变动。季节变动一般具有三个特点：规律性、重复性变动、稳定性变动。预测季节变动，关键在于认识、掌握和利用季节变动，克服由于季节变动引起的不良影响，以便更好地组织生产。

（7）市场寿命周期预测法。是指对产品市场寿命周期的分析研究。例如，对处于成长期的产品预测其销售量。最常用的一种方法就是根据得到的统计资料，按时间序列画成曲线图，再将曲线向外延伸，即可得到未来销售发展的趋势。最简单的外延方法是直线外延法，适用于对耐用消费品的预测。这种方法直观、简单，易于掌握。

□ 小　结

市场营销调研是针对特定的营销问题进行的信息收集、记录、分析、评价活动，有效的营销调研包括四个步骤：（1）确定研究的问题和目标；（2）制定调研方案；（3）实施调研；（4）处理调研结果。

抽样方法分为两大类共八种方法。随机抽样法是从抽样框中随机抽取一部分个体作为样本进行调查，然后根据样本信息推算出市场总体情况的方法，包括简单随机抽样法、分层抽样法、等距抽样法与整群抽样法；非随机抽样法是随机抽样法以外的抽样方法，包括便利抽样、判断抽样、滚雪球法与配额抽样。

市场需求预测大致可以分为定量预测方法与定性预测方法两大类。定性预测方法包括德尔菲法、对比类推法、集合意见法等；定量预测方法包括时间序列法、神经网络法、灰色系统预测法、数据挖掘法等。

□ 重点概念

1. 市场营销调研——针对特定的营销问题进行的信息收集、记录、分析、评价活动，其目的是为管理决策提供依据和参考。

2. 观察法——通过调研人员直接观察有关的对象和事物获取所需信息的方法。

3. 小组深度访问法——有经验的调研人员对6～10名被访问者就某一方面的问题进行深入调研的方法。

4. 询问法——调研人员用提问方式向被调查者了解情况、收集信息的方法。

5. 实验法——从影响调研问题的许多因素中选出一两个因素，将它们置于一定条件下进行小规模的实验，通过实验获得信息的方法。

6. 抽样——从全体调研对象中选择有代表性的部分作为样本，对抽出的样本进行调研，然后根据样本调研结果推测调研对象总体情况的方法。

7. 德尔菲法——又称专家意见法，是指采用背对背的通信方式征询专家小组成员的预测意见，经过几轮征询，使专家小组的预测意见趋于集中，最后得出符合市场未来发展趋势的预测结论。

8. 时间序列法——是指将历史资料和数据按照时间顺序排成一个系列，根据时间序列所反映的经济现象的发展过程、方向和趋势，将时间序列外推或者延伸，以预测经济现象未来可能达到的水平。

□ 思考题

1. 在日常的营销调研工作中，随机抽样和非随机抽样哪一类用得更多，为什么？

2. 如果我们想知道两个因素间的因果关系，应该采用哪一种营销调研方法，为什么？

3. 德尔菲法在满足怎样的前提条件下是最合适的方法？

案例分析

大学生信用卡观念焦点小组访谈大纲

1. 解释焦点小组访谈法及其规则（10～12 分钟）

A. 解释焦点小组访谈法。

B. 没有正确答案，只要说出你自己的观点。

C. 要倾听别人的发言。

D. 我的一些同事在镜子后面观察，他们对你的观点非常感兴趣。

E. 自动录音——因为我想全神贯注听你们发言，所以没有办法记笔记。还有录像。

F. 请一个一个发言，否则我担心会漏掉一些重要的观点。

G. 不要向我提问，因为我所知道的和我的想法并不重要，你们的想法和感受才是重要的。

H. 如果你对我们将要讨论的一些话题了解不多，不要觉得难过。这对我们来说也是重要的，我们并不要求所有人都持有同样的观点。

I. 我们要讨论一系列话题，所以我会时不时地将讨论推进到下一个话题，请不要把这当成是冒犯。

J. 还有问题吗？

2. 信用卡的历史

我对于你们对信用卡的态度和使用信用卡的情况很感兴趣。

A. 有多少种主要的信用卡？你使用什么信用卡？你是什么时候拥有这些卡的？

B. 你为什么要得到这些信用卡？你是如何得到的？

C. 你最常用的是什么信用卡？为什么经常使用它？你经常使用信用卡的目的是什么？

D. 大学生申请信用卡是不是很难？是否有些信用卡比较容易得到？如果有，是什么卡？大学生是否很难得到一张“好”的信用卡或者“合意”的信用卡？

E. 你目前对信用卡及其使用的态度如何？当你拥有一张信用卡后，你的态度是否有所改变？如何改变？

3. 桌面广告设计（25 分钟）

现在我将向你们展示几种信用卡的桌面广告设计。它们将会出现在校园中学生比较集中的地方，比如学生俱乐部和学生活动中心。我想知道你们对不同展示广告的反应，我每出示一种，希望你们写下对它的第一反应。我想知道的是你们的第一反应。在用一分钟时间写下你们的反应之后，我们将更详细地讨论每一种广告设计。

A. 出示第一种广告。

（1）让他们记录自己的第一反应。

（2）讨论：

a. 你对这种广告的第一反应是什么？你喜欢该设计的什么地方？不喜欢的是什么？

b. 你会停下来仔细阅读吗？你会被它吸引吗？为什么？它有什么吸引人的地方？

B. 出示第二种广告。

C. 出示第三种广告。

D. 出示所有的广告。

（1）在这些广告中，如果有的话，哪一种可能吸引你的注意力，使你停下来仔细阅读？

（2）哪一种最不可能吸引你的注意力？为什么？

4. 宣传册与赠品（25 分钟）

我现在想让你们看一看信用卡的赠品，这些赠品与刚才讨论过的展示广告相配套。首先，我向你们展示宣传册和赠品样本。然后，希望你们记下你们的第一反应。最后，对每种赠品进行讨论。

A. 出示第一种宣传册和赠品。

（1）让他们记录自己的第一反应。

（2）讨论：

a. 你的第一反应是什么？

b. 你特别喜欢赠品的什么地方？不喜欢的是什么？

c. 你理解赠品的含义吗？

d. 你认为这是一种重要的利益吗？

e. 你会为这种赠品申请信用卡吗？为什么？

f. 这种信用卡会取代你现有的信用卡吗？

g. 你会考虑使用这种信用卡吗？

h. 毕业后你还会继续使用这种信用卡吗？

i. 考虑到赠品，这种信用卡和你最常用的信用卡相比如何？

j. 在多大程度上你会使用这种信用卡？为什么？你打算真的使用这种信用卡还是只想拥有它？你毕业后还打算保留它吗？

B. 出示第二种宣传册和赠品。

C. 出示第三种宣传册和赠品。

D. 出示所有的宣传册和赠品。

（1）最佳赠品是什么？

（2）考虑到赠品，如果有的话，你会选择哪一种信用卡？为什么？

5. 信用卡设计（10 分钟）

最后，我想让你们看一看附带环保赠品的信用卡的三种设计样式。同前两次讨论一样，我先出示每种设计，要求你们记录自己的第一反应，然后讨论每种设计。请使用事先发的表格记录你的反应。

A. 出示第一种设计。

（1）让他们记录自己的第一反应。

（2）讨论：

a. 你的反应是什么？设计中你特别喜欢的是什么？不喜欢的是什么？

b. 设计中是否有什么内容令你在上学使用时感到不舒服？毕业后又如何？

B. 出示第二种设计。

C. 出示第三种设计。

D. 出示所有的设计。

（1）如果有的话，这些卡中你会使用哪一种？你喜欢哪一种？

（2）哪一种卡你不会使用，为什么？

资料来源：《大学生信用卡观念焦点小组访谈大纲》，百度文库，http：//wenku. baidu. com/view/c553b428915f804d2b16c197. html。

讨论题

1. 在本案例中，你认为在 12 分钟内能否将焦点小组访谈法及其规则解释清楚，为什么？

2. “桌面广告设计”这一环节是否存在需要改进的问题？如果有，应如何改进？

3. 请对该访谈大纲进行总体评价。

第 7 章

制定营销战略

2013 年 12 月 23 日，中国移动与苹果公司共同宣布，双方将在中国推出支持 TD-LTE 和 TD-SCDMA 的 iPhone 手机，包括 iPhone5S 和 iPhone5C。上述两款手机将从 2014 年 1 月 17 日开始在中国内地的移动营业厅和苹果零售店正式发售。此外，从 2013 年 12 月 25 日起，用户可以通过中国移动官方网站和 10086 客服热线进行预订。从机型来看，iPhone5S 和 iPhone5C 能够满足中国移动对 4G 终端多模多频的技术要求，符合中国移动 TD-LTE/LTE-FDD 融合发展的思路。中国移动为什么要和苹果公司合作推出支持 TD-LTE 和 TD-SCDMA 的 iPhone 手机？这与中国电信及中国联通的 4G 手机业务有什么差别？这要从营销战略的角度去寻找答案。

第 1 节　营销战略的制定

营销战略是企业为实现特定的营销目标而制定的行动纲领或方案。它是企业战略的一个组成部分，属于业务层次、职能部门的战略。有时，人们同时使用战略和计划，它们都是事先对未来行动的设计和安排，没有本质区别。但是战略一般指较长期、重大的决策，而计划强调可操作性，可以是短期的安排。

制定有效的市场营销战略是在竞争激烈的市场环境中保证企业资源与环境变化的平衡，实现企业发展的重要手段。战略制定过程是企业营销工作的重要内容，是企业识别、分析、研究、选择和发掘市场营销机会，以实现企业任务和目标的管理过程。它包括以下七个步骤。

一、外部环境分析

营销人员要监测影响营销活动的主要宏观环境因素（人口的、经济的、自然的、技术的、政治法律的），同时还必须监测重要的微观环境因素（顾客、竞争者、供应商、分销渠道）。这些环境因素会影响企业在市场中的盈利能力。企业需要建立营销信息系统，研究环境因素的发展趋势和规律，从趋势和规律中辨明市场机会和威胁。

二、内部环境分析

外部环境机会对每一个企业都存在，但不是所有的企业都能抓住机会，这是因为不同企业的内部环境不同。只有充分发挥企业自身优势，把环境机会和企业能力结合起来，企业才能成功。

企业要定期检查内部环境因素，分析自身的优势及劣势，扬长避短，把握能充分发挥优势的市场机会。分析优势和劣势可利用“优势/劣势分析检查表”。表 7—1 是一个检查表的基本形式。

表 7—1　　优势/劣势分析检查表

	企业能力					该项能力对竞争力的影响程度
	很强	强	中等	稍弱	极弱	
营销能力						
公司信誉						
市场份额						
产品质量						
服务质量						
销售网络						
财务能力						
资金成本						
现金流量						
财务安全性						
生产能力						
生产设备						
生产能力						
规模经济						
技术和工艺						
管理能力						
有远见的领导						
具有奉献精神的员工						
组织弹性						

三、制定营销目标

对企业的优势、劣势、机会和威胁的全面分析称为“SWOT 分析”，它是一种战略分析的基本手段。完成 SWOT 分析，就进入了制定营销目标阶段。营销目标是未来一定时期内营销活动的定性和定量的发展方向。

营销目标可能不止一个，而是一个包含多个目标的目标束。常见的目标束包括销售额、市场占有率、利润率、风险分散、企业形象和声誉等多重目标。营销目标制定过程就是在研究市场机会、威胁的基础上，结合企业的优劣势确定每一个分目标，以及各个目标的组合关系。

合理有效的营销目标应满足以下条件：

（1）层次化。各个目标应按轻重缓急作出安排，确定目标束中的首要目标、关键目标、重要目标和次要目标。这样即使目标之间存在冲突和不平衡，也可以依据重要性的差异协调相互关系。

（2）数量化。目标应尽可能地用数量形式表示。“到第二年底企业的投资利润率达到 8%”的表述就比“努力提高投资利润率”更明确、更有约束性和激励作用。

（3）现实性。目标应该切实可行，必须在科学分析机会和优势的基础上形成，而不应是主观愿望的产物。过高的、不切实际的目标无法指导行动。

（4）一致性。各个目标之间应尽量协调一致，避免过大的矛盾和冲突。

四、市场细分

从企业营销的角度看，某产品的销售对象是该产品的全体买主，任何企业都会面对成百上千个买主。但是，不同的买主受自身条件的影响，对产品的具体需求往往并不相同，甚至差异极大。比如，购买音响的顾客其购买目的可能是：作为家庭摆设、发烧级音乐欣赏、娱乐、显示主人的品位和地位。

虽然购买的物品相同，但是购买行为背后的购买目的有很大区别。相应地，对产品的要求也就不同。以娱乐为目的的顾客要求音响价格适中，质量稳定；以发烧级音乐欣赏为目的的顾客需要品质优越的产品；以显示自己的品位和地位为目的的顾客要求产品有突出的品牌形象，价格不是问题。

可以看出，市场上的需求是形形色色的，企业凭借有限的资源要满足所有的需求是不切实际的。最佳的选择是为某一部分市场服务。只要这部分市场的需求有相似性，企业就可以提供有针对性、有特色的产品和服务以满足需求。将某一产品的市场按需求特点不同划分为不同的子市场的活动就是市场细分。有关市场细分的具体内容将在下一节中讨论。

案例

牙膏市场的利益细分

利益细分市场	人口统计	行为	心理
经济（低价）	男人	每天刷牙 3 次以上	高度自主、着重价值
医用（防蛀）	大家庭	每天刷牙 3 次	保守、多疑
化妆（洁白牙齿）	青少年、成年人	每天刷牙 2 次	爱好交际、积极生活
味觉（气味好）	儿童	每天刷牙 1 次	高度自我介入

五、选择目标市场

目标市场是企业决定投入资源并为之服务的市场。市场细分活动将市场划分为不同的需求具有相似性的子市场，企业必须结合自身的优势、特点选择适当的子市场作为目标市场。企业的一切经营活动都是围绕着目标市场进行的。目标市场可以是市场细分后的某一个子市场，也可以是多个子市场，还可以是所有的子市场。目标市场选择问题将在第 3 节中具体讨论。

六、市场定位

企业一旦选定了目标市场，就要在目标市场上进行产品的市场定位。所谓市场定位，就是根据竞争者现有产品在市场上所处的位置，针对顾客对产品特征或属性的重视程度，强有力地塑造本企业产品与众不同的、形象鲜明的个性或特征，并把这种形象生动地传递给顾客。市场定位也就是寻求使企业产品在消费者心目中占有独特的位置。

案例

星巴克与哈根达斯在中国的市场定位

在中国，星巴克、哈根达斯征服的不仅仅是消费者的胃。在网络社区、博客或是文学作品中，不少人写下了诸如“星巴克的下午”、“哈根达斯的女人”这样的生活片断，似乎在这些地方每天发生着可能影响人们生活质量与幸福指数的难忘的故事。“我奋斗了五年，今天终于和你一样坐在星巴克里喝咖啡了！”此时的星巴克还是咖啡吗？不！它承载了一个年轻人奋斗的梦想。“如果你是一位适龄女子，你所生活的城市有哈根达斯，而你从来没被异性带去过，或者已经很久没去了，那你就得在内心承认，没有人疼你、宠你了。”此时的哈根达斯还是冰淇淋吗？不！它变成一个女人心中对爱的祈祷。这种细腻的感情、美妙的感觉，不仅偶然地在一个消费者心中激起涟漪，而且形成一种广泛的消费共鸣。我们不得不承认，星巴克、哈根达斯的成功与准确的品牌定位不无关系。

七、确定营销组合

在选定目标市场后，就要确定营销组合，综合运用企业可控的营销手段（即4P组合）实现营销战略目标。

第2节 有效的市场细分

市场细分也称市场细分化，是20世纪50年代中期由美国人温德尔·斯密提出的概念。所谓市场细分，是指根据整体市场上顾客需求的差异性，以影响顾客需求和欲望的某些因素为依据，将一个整体市场划分为两个或两个以上的顾客群体，每一个需求特点类似的顾客群就构成一个细分市场（或子市场）。在不同的细分市场，顾客需求有较明显的差异。例如服装市场，可按顾客的性别因素，细分为男装市场、女装市场；按年龄因素细分为老年市场、中年市场、青年市场、儿童市场；也可按地理因素细分为国外市场和国内市场，或城市市场和乡村市场，或南方市场和北方市场等。以上每个细分市场的需求各不相同，同一细分市场内需求基本相似。

所以，市场细分不是通过产品分类来细分市场（如分成汽车市场、服装市场、机床市场等），而是按照顾客需求爱好的差别，求大同存小异，来区别市场。市场细分是将整体市场划分为若干拥有不同顾客群体的子市场，并从中选择经营对象和目标市场的一种方法。

一、市场细分的作用

市场细分对企业市场营销的影响很大，表现在以下几个方面。

（1）有利于企业发掘新的市场机会。企业经过市场调查和市场细分后，将对各细分市场的需求特征、需求的满足程度和竞争情况了如指掌，并能从中发现需求尚未得到满足或需求尚未充分满足的细分市场，这些市场为企业提供了新的、极好的开拓机会。

（2）有利于小企业开拓市场，在大企业的夹缝中求生存。顾客的需求是多变的、各不相同的，即使是大企业，其资源也有限，不可能满足整个市场的所有需求。为求得生存，小企业应善于运用市场细分原理把整体市场进行细分，拾遗补缺，从中找到需求尚未满足的细分市场，采取与目标市场相适应的营销组合策略，从而获得良好的发展机会，取得较大的经济效益。

（3）有助于企业确定目标市场，制定有效的市场营销组合策略。通过市场细分，企业可以深入了解顾客需要，结合企业的优势和市场竞争情况，进行分析比较，从细分市场中选择、确定企业的目标市场。企业的经营服务对象一旦确定，就能有的放矢，有针对性地制定有效的市场营销组合策略，提高企业经营管理水平，增强市场竞争力。

（4）有利于企业合理配置和使用资源。企业根据市场细分，确定目标市场的特点，扬长避短，将有限的人力、物力、财力等资源用在一个或少数几个细分市场上，可避免分散力量，取得事半功倍的经济效益。

（5）有利于取得信息反馈以调整营销策略。就整体市场而言，一般信息反馈速度较慢，不易察觉市场变化。而在细分市场中，企业为不同的细分市场提供不同的产品，制定相应的营销策略，比较容易得到市场信息，察觉顾客的反应。这有利于企业发掘潜在需求，适时调整营销策略。

二、消费者市场的细分依据

由于影响消费者市场和产业市场的因素不同，因此二者细分的依据也不同。消费者市场的细分依据有：

1. 地理因素

这是按消费者居住的地区和地理条件来划分。消费者居住的地区和地理条件不同，其需求和欲望也不同。如居住在我国南方沿海经济比较发达的城市和居住在北方内地农村的消费者，对家具的材质、款式、价格等的需求都不一样。

地理因素包括国界（国际、国内）、气候、地形、城市、乡村、自然环境、城市规模、交通运输、人口密度，等等。

地理因素是一个静态因素，往往容易辨别，对于分析研究不同地区消费者的需求特点、需求总量及其发展趋势有一定意义，有助于企业开拓区域市场。但是，即使居住在同一国家、地区、城市的消费者，其需求与爱好往往也不相同，有时甚至差别很大。因此，还要进一步按其他标准细分市场。

2. 人文因素

运用人文因素细分市场，就是根据人口统计变量如国籍、民族、年龄、性别、职业、受教育程度、宗教、收入、家庭人数、家庭生命周期等因素对市场进行细分。不同国籍或民族、不同年龄和性别、不同职业和收入的消费者，其需求和爱好大不相同，故人口统计变量与消费者对商品的需求和消费行为有密切关系，而且人口统计变量资料比较容易获得和衡量。因此，人文因素常常是市场细分中用以区分消费者群体的标准。

3. 心理因素

心理因素包括生活方式、个性等。同样性别、年龄，相同收入的消费者，由于其追求的生活方式或性格不同，往往表现出不同的心理特性，对同一种产品会有不同的需求和购买动机。心理因素对消费者的爱好、购买动机、购买行为有很大影响。企业以心理因素进一步深入分析消费者的需求和爱好，更有利于发现新的市场机会和目标市场。例如，有的消费者购买昂贵的名牌商品，不仅是追求高质量，而且具有显示其经济实力和社会地位的心理；有的消费者身穿奇装异服，为的是突出其个性；有的消费者喜欢购买洋货，是为了满足其崇洋心理，等等。企业根据心理因素细分市场，可为不同细分市场设计专门的产品，采用有针对性的营销组合策略。

4. 购买行为因素

运用购买行为因素细分市场，即根据消费者的不同购买行为来进行市场细分。它包括追求的利益、品牌忠诚度（品牌偏好）、使用者地位、使用频率等。例如，人们对化妆品有不同的需求，有的消费者追求化妆品的润肤护肤功能，有的则希望化妆品能增白、祛斑。有的是从未使用者或首次使用者，有的则是经常使用者且有品牌偏好。企业可以根据消费者购买行为因素细分市场，推出适合细分市场需要的产品。

三、产业市场的细分依据

产业市场购买者的购买目的是进行再生产，并从中谋取利润，它与消费者市场中消费者的购买目的不同。根据其特点，产业市场的细分依据是：

（1）用户的行业类别。用户的行业类别包括农业、军工、食品、纺织、机械、电子、冶金、汽车、建筑，等等。用户所处的行业不同，其需求有很大差异。即使是同一产品，军工与民用对质量的要求也有很大的不同。

（2）用户规模。可分为大型、中型、小型企业，或大用户、小用户等。不同规模的用户，其购买力、购买批量、购买频率、购买行为和方式都不相同。

（3）用户的地理位置。除国界、地区、气候、地形、交通运输等条件外，生产力布局、自然环境、资源等也是很重要的细分变量。

用户所处的地理位置不同，其需求有很大的不同。例如，香港地价昂贵，故香港企业希望购买精致小巧的机械设备。自然环境、资源、生产力布局等因素，决定了某些行业集中于某些地区，如我国东北地区，钢铁、机械、煤炭工业比较集中，山西省则集中了煤炭、化工和能源工业。按用户地理位置细分市场，有助于企业将目标市场选择在用户集中地区，有利于企业提高销售量，节省推销费用，节约运输成本。

（4）购买行为。包括追求利益、使用率、品牌忠诚度、使用者地位（如重点户、一般户、常用户、临时户等）、购买方式等。

以上这些细分标准和具体因素选用是否得当，对市场细分影响很大。企业要有效地细分市场，必须遵循以下原则：

- 不同的企业在细分市场时，应采用不同的标准，要根据企业的实力和产品的特性来确定自己的细分标准。

● 选用细分标准时，要求这些细分因素是可以度量的，并能使细分市场呈现明显的区别和显著的特性，那些难以度量的细分因素应尽量少用或不用。

● 选用细分标准时，要求细分出来的市场是可进入的，即这些市场应是能够对顾客产生影响、产品能够展现在顾客面前的市场。

● 市场细分不是分得越细越好。市场分得太细，不适合大量生产，会影响规模经济效应。也就是说，细分市场要有一定的规模和发展前途，并能使企业获得利润。

除以上原则外，企业在运用细分标准时，还必须注意以下几个问题：

● 市场调查是市场细分的基础。在市场细分前，必须经过市场调查，掌握顾客需求和欲望、市场需求量等有关信息，营销人员才能据此正确选择市场细分标准，进行市场细分，并确定企业为之服务的经营对象——目标市场，制定有效的市场营销组合策略。

● 顾客的需求、爱好和购买行为是由很多因素决定的。市场营销人员可运用单指标标准，也可运用双指标标准、三维指标标准或多种指标标准来细分市场。但是选用标准不能过多，要适可而止，确定少数主要标准和若干次要标准，否则既不实用，也不经济。

● 市场是动态的、经常变化的，细分标准不能一成不变，应经常根据市场的变化研究、分析与调整。

● 只有在预期市场细分所带来的收益将大于因细分市场而增加的生产成本和销售费用时，方可进行市场细分。

第 3 节　目标市场选择策略

市场细分是选择目标市场的基础。市场细分后，企业由于受内外部条件的制约，并非要把所有的细分市场都作为企业的目标市场。企业可根据产品的特性，自身的生产、技术、资金等实力的大小和竞争能力，在众多的细分市场中，选择一个或几个有利于发挥企业优势、最具吸引力、能获得最佳或满意的经济效益的细分市场作为目标市场。

目标市场的选择有以下三种基本策略，其中差异性市场营销策略还可进一步细分。

一、无差异性市场营销策略

无差异性市场营销策略是指企业不进行市场细分，把整体市场作为目标市场（见图 7—1）。它强调市场需求的共性，而忽视其差异性。企业为整个市场设计生产单一产品，实行单一的市场营销方案和策略，来迎合绝大多数的顾客。例如，早期美国可口可乐公司采用的就是这种无差异性市场营销策略，满足美国市场的需要。我国第一汽车制造厂在经济体制改革以前也采用这种策略，生产单一的“解放”牌卡车，满足整体市场的需要。

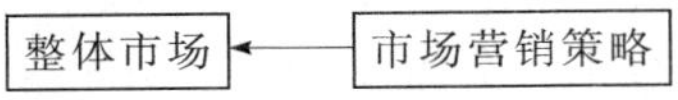

图 7—1　无差异性市场营销策略

无差异性市场营销策略的优点是品种少，适合大批量生产，能发挥规模经济的优势；可以降低生产、存货和运输成本；可以减少广告、推销、市场调研和细分市场的费用，进而以低成本策略在市场上赢得竞争优势。缺点是应变能力差，一旦市场需求发生变化，很难及时调整企业的生产和市场营销策略；对目标市场的依赖性强，风险较大。

无差异性市场营销策略适用于企业实力雄厚，产品通用性、适应性较强，差异性小，以及市场相似性较高且具有广泛需要的情况，如通用设备，通用的量具刃具、标准件以及不受季节、生活习惯影响的日用消费品。

二、差异性市场营销策略

差异性市场营销策略是指企业将整体市场细分后，选择两个或两个以上甚至所有的细分市场作为目标市场，并根据不同的细分市场的需求特点，分别设计生产不同的产品，采取不同的营销组合手段，制定不同的市场营销策略，有针对性地满足不同细分市场顾客的需求（见图 7—2）。

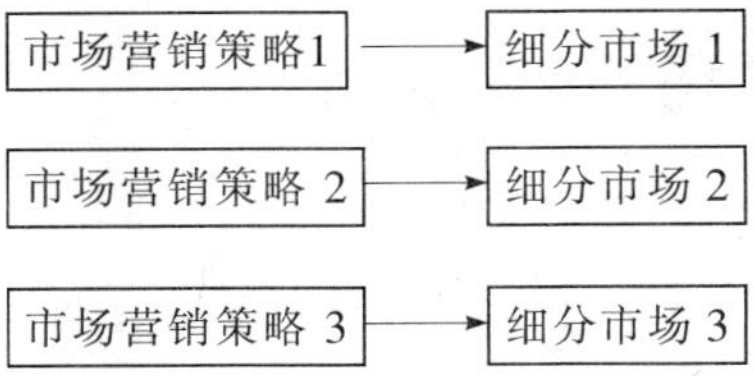

图 7—2　差异性市场营销策略

差异性市场营销策略的优点是：企业面向广阔的市场，满足不同顾客的需要，可以增加销售量，增强竞争力；企业适应性强，有回旋余地，不依赖一个市场、一种产品，常常可以做到“东方不亮西方亮”。其缺点是由于小批量、多品种生产，要求企业具有较高的经营管理水平；品种、价格、销售渠道、广告、推销的多样化，使企业的生产成本、产品改良成本、存货成本、销售费用、市场调研费用相应增加，从而降低了经济效益。所以，企业在选择差异性市场营销策略时要慎重，应判断运用此策略所能获得的经济效益能否抵消或超过成本的增加。

企业选择差异性市场营销策略时，不一定要面向整体市场中的每一个细分市场，可以根据具体情况选择几个细分市场作为目标市场。具体地说，差异性市场营销策略又可分为以下四种：

1. 完全差异性市场策略

完全差异性市场策略是指企业将整体市场细分后的每一个细分市场都作为目标市场，并为各目标市场生产和提供不同的产品，分别满足不同目标顾客的需求。例如，某服装厂分别为中老年、青年、少年三个目标市场提供不同面料、款式、尺寸的外衣、内衣、衬衫。

2. 市场专业化策略

企业为一个目标市场即同一类的顾客群提供多种产品，满足这一类顾客对产品的不同需要。例如，为少年市场提供各种服装；为农村市场提供化肥、农药、农用薄膜。这种策略的优点是适当缩小了市场面，有利于发挥企业的生产技术优势，生产多种产品，以满足目标市场顾客的不同需要，增加销售量和销售收入，避免生产单一产品可能造成的弊端。

3. 产品专业化策略

企业可以把对同类产品有需求的若干不同细分市场作为目标市场，为不同的目标市场提供同类产品。例如为军队提供防弹衣；为工业、捕鱼业提供直流电机。这种策略的优点是产品单一，有利于发挥企业的优势，避免多品种生产的一些弊端。这样，企业可以保持较宽的市场面，扩大了周旋的余地。

4. 选择性专业化策略（或称散点式专业化策略）

企业在市场细分的基础上，结合企业的实际情况，有选择地放弃部分细分市场，选取若干有利的细分市场作为目标市场，并为各目标市场提供不同的产品，实行不同的市场营销策略。例如，为家庭市场提供家用缝纫机；为成衣制造企业提供锁眼机；为工业企业提供包装缝纫机。这种策略的优点是避免四面出击、分散力量，使企业集中精力开拓有利的细分市场，简化营销工作，节省费用，降低成本。

差异性市场营销策略一般适合生产、经营差异性较大的产品的企业以及多品种生产企业。

三、集中性市场营销策略

集中性市场营销策略又称产品—市场专业化策略。企业在整体市场细分后，由于受到资源等的限制，选取一个或少数几个细分市场作为企业的目标市场，将某种市场营销策略集中实施于该目标市场。

采用这种集中性市场营销策略的企业，追求的不是在较大市场上取得较低的市场占有率，而是在一个或几个小市场上拥有较高的市场占有率。

这种策略适宜资源有限的中小企业，有利于企业深入了解市场，集中使用有限的资源，实行专业化的生产和销售，提供良好的服务，节省营销费用，提高产品和企业的知名度，有助于企业在局部市场的竞争环境中处于有利地位。必要时，企业还可等待时机，迅速扩大市场，得以进一步向纵深拓展市场。为此，集中性市场营销策略往往成为新企业战胜老企业或小企业战胜大企业的有效策略。

这种策略的缺点是对比较单一和窄小的目标市场依赖性太大，一旦目标市场情况突然发生变化，企业周旋余地小，风险大，可能陷入严重困境，甚至倒闭。

以上这几种策略各有优缺点，企业在选择时除了考虑目标市场应具备的一些条件外，还需考虑以下几方面的因素：

（1）市场类似性。若顾客的需求、爱好、购买行为大致相近，对产品供应和销售的要求差别不大，即市场需求类似程度很高时，宜采用无差异性市场营销策略；反之，则采取差异性市场营销策略或集中性市场营销策略。

（2）产品的同质性。同质性产品如火柴、普通水泥、标准件等，比较适合采用无差异性市场营销策略；一些差异性较大的产品，如家具、服装、食品、家用电器、汽车、专用设备等，宜采用差异性市场营销策略或集中性市场营销策略。

（3）企业实力。如果企业在生产、技术、资源、销售等方面的实力很强，有能力覆盖所有的市场面，则可采用无差异性市场营销策略，或差异性市场营销策略；若实力有限，则采用集中性市场营销策略较为有效。

（4）产品生命周期。通常产品在投入期宜采取无差异性市场营销策略，以探测市场与潜在顾客的需求；也可采取集中性市场营销策略，集中力量专攻某个细分市场。当产品进入成长期和成熟期，则宜采用差异性市场营销策略，开拓新的市场，不断刺激新需求，延长产品生命周期。

（5）竞争者的市场策略。假如竞争者实行无差异性市场营销策略，则企业应采取差异性市场营销策略与之抗衡；如果竞争者采取差异性市场营销策略，则企业应当在进一步细分的基础上，采取差异性市场营销策略或集中性市场营销策略。

必须指出的是，以上几方面因素应结合起来综合考虑。

第 4 节　合适的市场定位

目标市场确定后，企业为了能与竞争对手相区别，开拓和占领目标市场，取得产品在目标市场上的竞争地位和优势，更好地为目标市场服务，还要在目标市场上给本企业产品做出具体的市场定位决策。市场定位实际上就是竞争优势定位，企业的竞争优势来自两个方面，一是成本优势，二是产品差异化优势。

一、市场定位的步骤

1. 识别潜在竞争优势

企业要做到这一点，首先，要进行规范的市场调研，了解目标市场的需求特点及这些需求被满足的程度。其次，要研究主要竞争对手的优势和劣势，包括竞争者的业务经营情况、竞争者的核心营销能力和财务能力。在以上分析的基础上，识别出企业潜在的竞争优势。

2. 确定核心竞争优势

核心竞争优势就是与竞争对手相比，企业在产品开发、服务质量、价格、分销渠道、品牌知名度等方面所具有的可获得明显差别利益的优势。企业最好选择那些符合企业长远利益、最具开发价值的竞争优势。

3. 传播独特竞争优势

企业独特的竞争优势不会自然而然地显示出来，必须通过一系列宣传、促销活动来表现。因此，企业首先应使目标顾客了解、认同、偏爱本企业的定位；其次，还要通过一切努力强化企业的形象，保持目标顾客对企业的了解来巩固企业的定位。

二、市场定位的策略

1. 抢占或填补市场空位策略

这种策略是将企业的产品定位于目标市场的空白处，这样不仅避开了市场竞争，避免了与目标市场上的竞争者直接对抗，而且可在目标市场的空隙或空白领域开拓新的市场，生产、销售目标市场上尚未出现的某种特色产品，以更好地发挥企业的竞争优势，获取较好的经济效益。

2. 与竞争者并存和对峙的市场定位策略

这种策略是将本企业的产品定位于与目标市场上现有竞争者的产品相互并存和对峙。实力较弱的中小企业大都采用此策略。

采用这种策略的好处是：

（1）企业可仿制竞争者的产品，向市场销售自己品牌的产品。

（2）由于竞争者已开发这种产品，本企业可节省大量研发费用，降低成本。

（3）由于竞争者已为产品进行了推广宣传，开拓了市场，本企业既可节省推广费用，又可规避产品不适销的风险。

企业决定采用对峙和并存的市场定位策略的前提是：首先，该市场的潜在需求很大，还有很多未被满足的需求，足以吸纳新进入的产品；其次，企业推出的产品有自己的特色，能与竞争产品媲美，并立足于该市场。

3. 取代竞争者的市场定位策略

这种策略就是将竞争者赶出原有位置，并取而代之。实力雄厚的大企业为扩大自己的市场范围，通常会采取这种取而代之的策略。企业要实施这种定位策略，必须比竞争对手有更明显的优势，提供比竞争者更加优秀和有特色的产品，并做大量的推广宣传工作，以提高本企业产品的形象和知名度，冲淡顾客对竞争者产品的印象和好感。

企业在实施市场定位时，需要依次做好三项工作：首先，识别潜在的竞争优势，这就需要研究竞争者的优势和劣势；其次，选择企业的核心竞争优势，这里的核心竞争优势必须是顾客所追求的；最后，传播企业的竞争优势，如通过广告宣传等手段来传播企业的核心优势，逐渐形成一种鲜明的市场概念。

□ 小　结

营销战略是企业战略的一个组成部分，属于业务层次、职能部门的战略，指企业为实现特定的营销目标而制定的行动纲领或方案。制定有效的市场营销战略是在竞争激烈的市场环境中实现企业发展的重要手段。营销战略制定过程包括七个步骤：(1) 外部环境分析；(2) 内部环境分析；(3) 制定营销目标；(4) 市场细分；(5) 选择目标市场；(6) 市场定位；(7) 确定营销组合。

市场细分也称市场细分化，是根据整体市场上顾客需求的差异性，以影响顾客需求和欲望的某些因素为依据，将一个整体市场划分为两个或两个以上的顾客群体，每一个需求特点类似的顾客群就构成一个细分市场（或子市场）。消费者市场的细分依据有：(1) 地理因素；(2) 人文因素；(3) 心理因素；(4) 购买行为因素。产业市场细分的依据有：(1) 用户的行业类别；(2) 用户规模；(3) 用户的地理位置；(4) 购买行为。

市场细分后，企业可根据产品的特性、自身实力和竞争状况等内外部条件，在众多的细分市场中，选择一个或几个有利于发挥企业优势、最具吸引力、能获得最佳或满意的经济效益的细分市场作为目标市场。目标市场的选择一般有三种基本策略：(1) 无差异性市场营销策略；(2) 差异性市场营销策略；(3) 集中性市场营销策略。

企业为了能与竞争对手相区别，开拓和占领目标市场，取得产品在目标市场上的竞争地位和优势，还要给产品做出具体的市场定位决策。

□ 重点概念

1. 营销战略——企业为实现特定的营销目标而制定的行动纲领或方案。

2. SWOT 分析——一种战略分析的基本手段，即对企业的优势、劣势、机会和威胁进行全面分析。

3. 市场定位——根据竞争者现有产品在市场上所处的位置，针对顾客对产品特征或属性的重视程度，强有力地塑造本企业产品与众不同的、形象鲜明的个性或特征，并把这种形象生动地传递给顾客。

4. 市场细分——根据整体市场上顾客需求的差异性，以影响顾客需求和欲望的某些因素为依据，将一个整体市场划分为两个或两个以上的顾客群体。

5. 目标市场——企业决定投入资源并为之服务的市场。

□ 思考题

1. 假设你刚被北京中关村的一家小型网络公司雇用，该公司从事网站业务。你是一个新手，想在总经理面前显示你接受过正规教育。总经理认为在快速变化的 IT 市场上营销战略不实用，计划赶不上变化。你会如何向他解释营销战略对企业的意义？

2. 近年来，很多城市出现了空调专线巴士。它方便、服务好、舒适，受到市民的欢迎，但是由于票价高、月票无效、车辆少、发车间隔长，乘客人数始终没有大幅上升的迹象。请分析空调巴士的机会、威胁、优势和劣势。

3. 作为管理咨询公司的成员，你正为一家酒厂做咨询。该厂生产一种由名贵中草药炮制的保健酒。你认为该厂的目标市场在哪里？应该如何进行市场定位？

案例分析

李宁“90 后”困境

2013 年 3 月 26 日上午 11 点，香港岛金钟道 88 号万豪酒店，李宁 2012 年度业绩发布会爆出重大新闻：李宁公司在 2012 年亏损接近 20 亿元人民币，为上市八年来首次亏损。有业内人士认为，李宁的销售危机主要源自 2010 年 6 月换标后的品牌策略。

尴尬的定位

2010 年 6 月底，在李宁公司 20 岁生日庆典上，“李宁交叉动作”的全新 Logo 亮相，同时新品牌口号“make the change”（让改变发生）取代了消费者早已熟知的“一切皆有可能”。这期间，戏称自己的公司是一个“90 后”，而他自己则拥有一颗“90 后”的心的李宁本人，言辞之间不遗余力地对“90 后”年轻人发出赞美。

这是因为，在更换标识的同时，李宁的品牌策略已直接跨过“80 后”，把核心目标消费群体对准与它同龄的“90 后”这一代人。而已经成为李宁产品业务支柱的原有“70 后”消费群体，在换标后却成了被遗弃的一代。

但李宁倾注心力培养的“90 后”客户似乎并不买账，他们更加钟情的是耐克和阿迪达斯。

相关机构针对“90 后”的一项调查显示：“90 后”最喜欢的运动鞋品牌是耐克和阿迪达斯，最喜欢的数码产品是苹果，他们被称为新消费顽主；在“90 后”心中，李宁仍然只是本土品牌中最好的一个。

尽管张志勇表示，该公司正计划两年内推出一个带有旧标识的服装系列，它会为现在以走代跑作为锻炼的支持者带来怀旧之感。但这或许可被看作李宁的产品重心转移，由于贴近年轻消费群体的一系列行动未见成效，公司为缓解业务疲软的压力做出调整。

除了人群上的选择之外，李宁的新战略还试图通过价格来比肩跨国品牌。

新战略显示出李宁正在试图摆脱早前作为跨国品牌廉价替代品的形象，向一个更高端的品牌转变。踌躇满志的李宁开始调整定价策略，逐渐缩小与耐克、阿迪达斯这些一线国际品牌之间的价格差距。

“李宁计划增加平均零售价在400元以上的运动鞋产品的比例。”里昂证券行业分析师魏晓坡表示。

最近一次订货会显示，李宁在2010年三季度的鞋类订单售价又上涨了11%。

“每一季涨3%，5%，还是10%，12%，要根据产品来判断，根据品牌资产是不是在持续提升，价格压力测试报告是不是支撑等因素来决定。”张志勇希望李宁的价格与耐克的差距越来越小，未来有可能会在10%以内。

但李宁产品在提价后，销售增幅呈逐步下降趋势。公司2010年三季报显示，2010年三季度品牌同店销售收入增速为4%，而2010年第一季度和2010年上半年同店销售增速分别为5%和4.6%。

对于李宁的品牌策略，世界“定位之父”艾·里斯撰文建议：“对李宁来说，更好的战略是拥有两个品牌：一个高端，一个低端。高端品牌可以在全球市场上与耐克和阿迪达斯竞争，低端品牌可以在中国市场上与本土其他品牌竞争。”

腹背受敌

当李宁试图通过变革与安踏、鸿星尔克和匹克等本土品牌有所区别时，这些在销售上“狼性十足”的本土品牌却在不断加快步伐，占领李宁退出的低端市场，而此时的李宁却迟迟未能在高端市场立足。

近几年，李宁一步步被竞争对手超越。2003年，一直领先国内市场的李宁首次被耐克超过，2004年又被阿迪达斯超越。除了两大国际品牌快速抢占一线城市，本土品牌如安踏、匹克、鸿星尔克集体崛起——打败李宁成为它们一个阶段的目标。安踏体育首席运营官赖世贤2010年11月29日表示，公司库存水准健康，且2010财年安踏品牌零售可能超过李宁。

李宁最强劲的对手还是耐克和阿迪达斯。由于长期处于高端品牌的地位，耐克和阿迪达斯获得了足够的产品溢价，当与李宁竞争时，这些溢价就成为价格战的优势。耐克2009年四季报显示，耐克中国区息税前利润率高达40.3%，相比之下，北美市场的息税前利润率仅为24.2%。一旦耐克挥舞起价格的屠刀，其品牌号召力远远高于李宁。

国际品牌的动作远比人们预想的要快得多。就在李宁新的品牌策略发布后不久，它们已经放下身价，开始下沉到二三线城市，并实施了“亲民行动”。2010年8月，耐克自降身价，推出的300元低价鞋较目前的售价下调25%。调查显示，目前中国的二三线城市，市场最易接受的鞋类定价在170～250元之间，而作为国际品牌，耐克定价300元，仍然会吸引追逐品牌的“90后”一代，这恰好是李宁的目标消费群体。

“耐克低价鞋对李宁的冲击最为明显。”瑞银证券研究员梁裕昌表示。

在国内一线城市增长乏力，国际、国内品牌纷纷下沉二三线城市的情况下，李宁面临着失守的危险。面对国内如此凶险的市场环境，李宁的发展重心还是国际化。

“新标识已经在全球开始注册申请，正在等待当地政府的审批，这大约需要2～3年时间。”张志勇坚持李宁的国际化方向。3年前，李宁就制定了国际化战略，希望能摆脱始终缠绕在自己身上的“山寨”国际化形象。

而早在李宁超越耐克，成为中国体育市场第二名的时候，就为自己定下了未来国际化的十年战略：2009—2013年为国际化准备阶段；2014—2018年是全面国际化阶段，成为世界体育品牌前五名和中国体育品牌第一名。

但李宁的国际化时机并未获得认可。

“李宁国际化前的准备阶段越长，其品牌的国际定位就越弱。2008年北京奥运会是李宁打造全球品牌的绝佳时机，当时全世界的每个运动员都关注在中国进行的比赛。然而，北京奥运会为李宁创造的正面认知正在逐渐消退。”艾·里斯在其文章中说。

资料来源：改编自鲁菲：《李宁“90后”困境》，载《财经国家周刊》，2011-01-06。

讨论题

1. 为什么李宁公司要将自己的定位修改成“90后”？
2. 李宁的市场定位错了吗？请谈谈你的想法。
3. 国际化是否适合现在的李宁公司？为什么？

第 8 章

营销策略组合

电压力锅是传统高压锅和电饭锅的升级换代产品，它结合了压力锅和电饭锅的优点，采用弹性压力控制、动态密封、外旋盖、位移可调控电开关等新技术、新结构，全密封烹调，压力连续可调，彻底解决了压力锅的安全问题，消除了普通压力锅困扰消费者多年的安全隐患；其热效率大于 80%，省时省电。作为国内电压力锅产业持续升级的强大推动者，奔腾电器 2012 年率先推出全球首款奔腾无水焗电压力煲，将现代厨房烹饪带入既美味又健康的新高度，进一步加快了电压力锅升级换代的步伐，一上市就迅速被消费者接受，在很多商场、超市一上柜就被抢购一空。在市场上功能相似的产品越来越多的情况下，怎样才能使自己的产品脱颖而出？恐怕除了要对产品本身进行创新，还要考虑广告、宣传，要有适当的定价，然后还要选择适当的中间商，通过推销使消费者接受自己的产品。所以，千万不要认为只要产品生产出来就万事大吉了。

第 1 节　营销手段与营销策略组合

企业选定了目标市场后，接着就需要制定一个市场营销方案。市场营销方案由市场营销的各要素及它们之间的相互关系组成。所谓市场营销要素，就是企业能够利用的营销手段，是企业可以控制的内部变量。为简单起见，学者将这些营销手段归纳为四组变量，分别是：产品（product）、价格（price）、渠道（place）、促销（promotion）。这四个词的英文首字母都是 P，故简称 4P。

进一步，4P中的每一个P还包含有若干特定的次级要素（或称变量），从而在4P组合下，又形成每个P的次级组合。

（1）产品——包括产品核心使用价值、功能、定位、组合、外观、式样、规格、体积、花色、品牌、质量、包装、商标、顾客服务水平、维修和品质担保等次级要素。这些次级要素的组合，构成了企业的产品组合策略。

（2）价格——包括基本价格，制造商、批发商和零售商的售价，以及折扣、津贴、付款时间、信用条件等，构成了价格组合策略。

（3）渠道——包括直接渠道、间接渠道、渠道长度、渠道宽度、连锁、特许联营、渠道成员的协调与控制等，构成了渠道组合策略。

（4）促销——包括人员推销、广告、公共关系、营业推广、售后服务等，构成了促销组合策略。

现在，人们越来越多地用“沟通”代替“促销”，因为沟通才是促销的本质，而且，促销本身有与营业推广相近的含义。

以上的次级要素中，有些仍可进一步细分。例如质量可分为高中低三档；价格也可分为高中低三种价格；广告按其所用媒体不同，可分为报刊、电视、广播、橱窗等多种广告。所以，市场营销要素有多种组合形式，数目相当可观。如仅以上述质量和价格两个要素，就可构成九种不同组合。而且，只要其中一个要素发生变化，就能形成一个新的组合。

在市场营销实践中，企业要满足顾客需求，促成交易，在市场上获得成功，达到预期的经营目标，仅靠一种营销手段是远远不够的。尤其在市场竞争日趋激烈的今天，企业必须综合利用产品、价格、渠道、促销手段，将这些要素进行组合，使其互相配合，发挥最佳作用，才可能获得成功，这就是市场营销组合。

营销学强调营销组合诸要素要相互配合，最低要求是具有一致性。例如，通过低档杂货店销售高档化妆品就是缺乏一致性。对营销组合诸要素相互配合的较高要求是达到一体化，即各种要素更积极地相互作用。例如，高额的广告投入与产品高定价就相互起到支持作用，因为来自高定价的额外收入可用于增加广告投入，而大规模的广告投入又帮助提升了品牌形象，强调了品牌差异性，使产品可以卖出高价钱。

此外，还须指出的是，企业市场营销策略组合不是固定不变的静态组合，而是需经常变化的动态组合。企业应动态地利用可以控制的市场营销要素，制定市场营销组合策略，以适应外部不可控的环境因素的变化，在市场上取得主动，提高市场竞争力，使自身得以更好地生存和发展。

20世纪80年代以来，世界经济处于剧烈的变动之中，国际市场竞争日益激烈，发达国家间贸易摩擦加剧，政府干预加强，贸易保护主义抬头，利益集团的力量增强，企业开拓新市场时，遇到了新的阻碍。针对以上情况，著名市场营销学家菲利普·科特勒指出："在贸易保护主义回潮和政府干预加强的条件下，利用可以控制的市场营销要素，制定市场营销组合策略，以适应外部不可控的环境。企业即使 4P 安排得当……产品也未必卖得出去，企业的生产经营仍可能失败。"为此，他在 1984 年提出了"大市场营销"的概念。

所谓大市场营销，菲利普·科特勒将其定义为：

> 企业为了成功进入特定市场，并在那里从事业务经营，在策略上就必须综合地、协调地采用经济、心理、政治和公共关系等手段，以获得所在国和各地方有关方面的合作和支持。

也就是说，在实行贸易保护主义的条件下，除了 4P 以外，企业的市场营销策略还必须加上两个 P，即政治（political power）和公共关系（public relations）。政治（或权力）是指依靠国内政府的力量对外开展活动，便于企业"闯进"国外或地区市场的大门；公共关系是指企业通过外部活动、谈判、宣传、战略性合作等，在公众心目中树立起良好的形象，在一定程度上改善市场环境，使企业能比较顺利地在国外市场从事营销。

"大市场营销"这一概念的提出，是对现代市场营销核心理论的新发展，大大开阔了营销人员的视野，使他们保持灵活的头脑，不是局限于自己熟悉的产品、定价、分销、沟通等营销手段，而是将视野进一步扩展到社会生活更广阔的层面。

随着营销从制造业扩展到服务业，传统的 4P 组合已难以满足服务业营销的要求，营销学家又提出了 7P 组合。除传统的 4P 以外，服务业的营销策略还需要增加三个 P，即人（people）、有形展示（physical evidence）和过程（process），我们称之为服务营销组合。服务的提供者和接受者都是人，因此服务营销离不开服务提供者和顾客两者之间的关系；服务是无形的，因此有形展示就成为企业体现服务质量和顾客判断服务质量的关键要素；服务递送是一个过程，这个过程的运作状况必然影响服务质量。在许多服务经营上，有形展示、人和过程是密不可分的。

第 2 节　营销策略组合方案要适应特定的顾客、公司和竞争对手

在现实中我们看到，市场营销实践中最引人注目的不是众多公司采用相似的营销组合，而是经营不同产品的公司采用大相径庭的营销组合策略。虽说经营洗面奶的公司与发电厂运用的营销组合策略及其侧重点完全不同，但经营同类产品的公司亦采用多种多样的营销组合。例如，在中国，大多数日报都

通过邮局发行，《北京青年报》却自办发行，组织了“小红帽”，同样获得了成功。

为什么会有这些差异？我们应该怎样理解这些差异呢？

首先，企业营销组合要适合特定的目标顾客群，即适合特定目标顾客的需要。例如，针对对价格敏感但对品牌不敏感的消费者，较好的营销组合策略是突出价格促销而不是价格高昂的广告或包装。《北京青年报》最初的读者群主要集中在北京地区，因此有可能通过直接办发行获得更大的发行量和收益。

其次，营销组合方案要适合公司自身特点，即与企业的组织、人员、文化、财力和生产能力等相匹配，换言之，企业的营销组合方案要与其核心竞争力相匹配，因为该方案最终要由企业的组织及人员来执行。例如，一个具有大量广告经验和专门人才的公司比那些在这两方面较弱的公司更有能力实施一项倚赖广告的营销方案。又如，市场占有率高的大公司，可采用全国性广告、自有分销机构和大量研发新产品的营销组合，因为大公司有巨大的生产能力，可以将高额研发成本和广告开支分摊到众多产品的单位成本上；而一家市场占有率低的小公司则需制定突出可变成本的营销方案，如价格促销、付佣金的推销队伍和独立的分销商。

最后，营销组合方案还须因竞争对手的特点而改变，即要考虑到竞争对手的优势、劣势及可能的应对策略。企业最容易犯的错误就是过低地估计竞争对手的能力，而过高地估计自己的优势。

企业应该注意竞争对手过去对各种竞争挑战是如何反应的。例如，生产众多品牌洗发水、护肤品、牙膏和香皂的宝洁公司和零售业巨头沃尔玛公司，就是对所有种类的竞争挑战的反应都十分强硬的竞争者。宝洁进入中国市场以来，其洗涤用品一直以高品质、高价格的形象出现。在本土日化企业低价格产品的围攻下，宝洁的市场被不断蚕食，此时，宝洁发起了猛烈的价格攻势，把它的洗衣粉价格从6元降到2元，这一举措令本土的日化企业处境尴尬。其实这一反应与宝洁在国际市场上的行为是一致的。显然，一家企业对竞争对手了解得越多，它预测竞争对手将如何反应的能力就越强。当一家企业能通过自己的营销组合策略引导竞争对手的反应，使之不但不会对本公司造成负面影响，还会有所帮助时，该公司的营销组合方案的设计便取得了成功。

与大多数营销原理一样，市场营销组合策略也只是一种抽象的概括。现实中的企业营销组合方案并不总是恰好分为产品、价格、渠道、促销几部分，有时它们是相互交叉的。如价格促销的诸多形式——优惠券、买一送一、价格折让等就兼具价格和促销两要素；而通常被看作产品策略一部分的品牌，显然也是促销策略的重要组成部分。对企业来说，关键在于营销组合策略的每一要素都能最好地支持整个组合，从而达到“1＋1＞2”的效果。

第3节 营销策略组合方案要适应产品生命周期的不同阶段

企业营销组合策略在很大程度上依产品生命周期所处阶段的不同而不同。产品生命周期是市场营销学中一个非常有用的概念，指产品从试制成功投入市场开始，直到最后被淘汰退出市场为止所经历的市场销售变化过程，也叫做产品市场生命周期。

换言之，产品生命周期是指产品的市场寿命，是对产品的市场销售额和利润额的变化进行分析和判断，用于研究产品的销售情况及获利能力在时间上的变化规律的概念。因此，产品生命周期概念与产品的使用寿命无关。后者指的是产品实体的消耗磨损，是产品物质实体的有形变化，受消费过程中使用的时间和强度、维护保养以及自然力的作用（如生锈变质）等因素的影响。产品市场生命周期主要受经济形势、科学技术发展、新产品推出、市场竞争、政治、法律、供求情况、顾客需求偏好的变化等因素的影响。

根据产品市场销售变化的规律，我们将产品生命周期的全过程划分为四个阶段，即产品引入期、快速成长期、成熟期和衰退期。将一个产品在市场上从无到有，从高速增长、市场饱和，直到被市场淘汰的变化过程，用一条曲线表示出来，就是我们所说的产品生命周期曲线（见图8—1）。

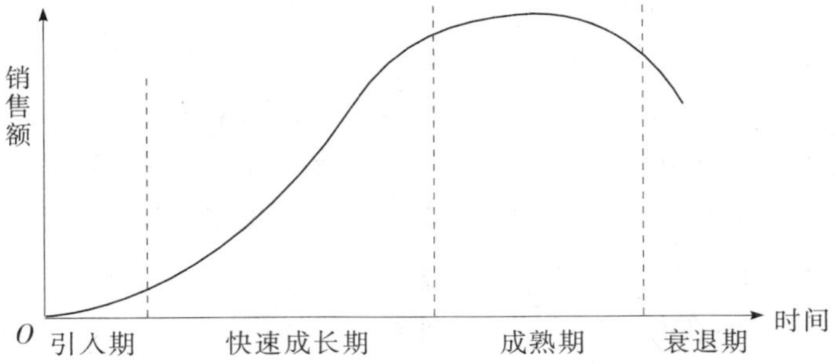

图8—1 产品生命周期曲线

研究分析产品生命周期，正确把握产品在市场上的寿命，对企业经营有着非常重要的意义：

（1）产品生命周期理论揭示了任何产品都和生物有机体一样，有一个诞生、成长、成熟、衰亡的过程；也就是说，世界上没有一个企业的产品在市场上能永远畅销，永远盈利，而是迟早要被市场淘汰。因此，企业要居安思危，不断创新，开发新产品，只有做到生产一批，储备一批，试制一批，设想一批，企业才能更好地生存和发展。

（2）借助产品生命周期理论，可分析判断产品处于生命周期的什么阶段，从而推测产品今后发展的趋势，正确把握产品的市场寿命，并根据不同阶段的特点，采取相应的市场营销组合策略，增强企业竞争力，提高企业的经济效益。

（3）由产品生命周期理论可知，由于科学技术迅猛发展，人们的需求变化加快，未来产品的生命周期将会越来越短。但是通过企业的市场营销努力，产品生命周期是可以延长的。

一、产品生命周期各阶段的特点

（1）引入期。指新产品投入市场的初期，产品销售量（额）和利润增长均较缓慢，因为市场还没有打开，销售量（额）很有限，产量不高，产品质量不稳定，导致经营处于亏损状态。

（2）快速成长期。是产品销售量（额）和利润额迅速增长的阶段。在这一阶段，越来越多的消费者开始接受新产品，同时，由于看到新产品市场迅速扩展并有利可图，越来越多的竞争者也加入进来。另一方面，由于产量增加，单位生产成本和销售成本都在下降，利润大幅增长。

（3）成熟期。产品销售量（额）不再增长，到后期甚至开始下降，但销售总量（额）比其他各期均高，达到了最大值，利润率开始下滑。

（4）衰退期。指产品的销售量（额）加速下降，利润趋近于零或负值。

产品生命周期各阶段的划分并无一定的标准，通常按以下几种方法作大致的划分：

- 类比法。即根据类似产品的发展情况，进行对比、分析和判断。如参照电视机的销售资料来判断洗衣机的生命周期发展阶段。

- 按销售增长率进行划分。即利用销售增长率的数据，制定定量标准来区分生命周期的各个阶段。如销售增长率达到10%以上判断产品从引入期进入快速成长期。

- 按普及率进行划分。当产品普及率小于5%时，为引入期；普及率5%～50%为快速成长期；普及率50%～90%为成熟期；普及率90%以上，则进入衰退期。这种方法特别适用于判断家用电器产品所处的生命周期阶段。

二、不同的产品生命周期曲线

产品生命周期曲线与正态分布曲线相似，它反映了产品生命周期变化的基本形态，是一条抽象的、理论上的曲线。现实中产品的生命周期曲线有些的确与该图形相似，但大多数并非如此理想化。由于产品不同、市场环境不同、企业采取的营销策略不同，以及其他因素的影响，产品生命周期曲线的形态会出现各种变异（见图 8—2）。

（1）有的产品投入市场后，发展很快，销售量迅速增加，一开始就跳过引

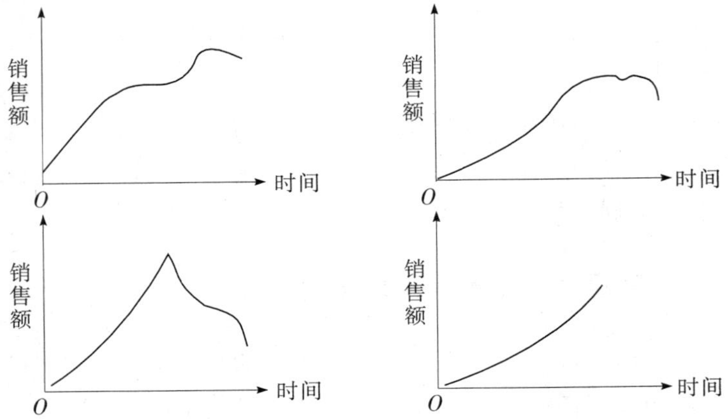

图 8—2　不同形态的产品生命周期曲线

入期直接进入快速成长期，或是引入期很短，迅速进入快速成长期。

（2）有的产品投入市场后，迅速进入快速成长期，但好景不长，销售量又迅速下降，越过成熟期，立即进入衰退期。这是典型的时尚商品。

（3）有的产品投入市场后，经过漫长的引入期，才缓缓进入快速成长期。

（4）有的产品刚进入市场不久就被市场淘汰，由引入期立即进入衰退期。这类产品属于失败的产品。

（5）有的产品刚进入快速成长期，销售量就开始趋于平稳，由快速成长期迅速进入成熟期。

（6）有的产品生命周期曲线呈波浪形，也就是产品进入成熟期后，又进入第二个快速成长期，形成波浪式发展。

显然，只有当产品经历了从引入到衰退的全过程以后，才可能根据数据资料较完整地描绘出产品生命周期曲线。但对企业市场营销管理来说，此时得出结论已无实际意义。重要的是对企业将试制的新产品或正在市场上销售的产品进行分析，判断它们现在正处于什么阶段，未来发展的趋势如何，以便企业采取适当的营销策略。

不同层次产品的生命周期曲线的形态可能不同，如某大类、某个品种、某个品牌、某种规格的产品生命周期曲线。以电视机为例，电视机属大类产品，其产品生命周期很长；彩色电视机或黑白电视机是不同的品种，其中黑白电视机已被市场淘汰；而大屏幕液晶电视正处于快速成长期。品牌知名度高的名牌产品，生命周期长；反之，非名牌产品的生命周期则短。此外，同一品牌和品种的产品，其生命周期在不同地区亦可能处于不同阶段。

三、产品生命周期不同阶段的市场营销组合策略

产品生命周期各阶段有不同的特点，企业应根据顾客购买行为、竞争激烈

程度的不同，采取不同的市场营销组合策略。

1. 引入期

根据这一阶段的特点，企业的主要任务是：投入市场的产品要“准”；进入市场的时机要合适；设法使市场尽快接受此产品，以缩短引入期，更快地进入快速成长期。

（1）产品策略。产品要有特色，与老产品相比，差异越大优势越明显。同时，注意完善产品的质量、性能，以取得顾客的信任。

（2）价格策略。典型的策略是撇脂定价，即定高价，因为只有这样才能产生高利润，尽快补偿产品研发和市场开拓的成本。一般来说，在这一阶段，只要新产品比替代的产品有明显的优势，市场对其价格就不会那么计较。有时，企业也可以采用渗透定价，即定低价，目的是迅速启动市场，快速提高市场占有率。至于到底是定高价还是定低价，需要考虑企业面临的需求、竞争和生产条件。

（3）渠道策略。自行销售或与中间商建立联系，选择愿意经销本企业产品的中间商代为销售。

（4）沟通策略。此阶段的基本目标是就产品的使用及较所取代产品的明显优点与潜在的顾客进行沟通，即通过消费者教育，创造初始需求——通过尽可能全面、快速地取代与之竞争的传统产品，使对新产品的整体需求达到最大。此外，无论采取高促销策略还是低促销策略，都应宣传介绍新产品的性能、用途、特点，吸引顾客购买，以求打开局面，在短时间内迅速进入和占领市场。

2. 快速成长期

这一阶段的市场营销组合策略的要点有：

（1）产品策略。完善产品质量保证体系，并以良好的包装和完善的服务与之配合，创优质名牌产品；开发多样化的产品形式，以满足不同细分市场差异化的需求。

（2）价格策略。分析市场价格趋势和竞争者的价格策略，撇脂定价仍然可以获利；也可以适当调低价格，提高市场潜力。

（3）渠道策略。进一步增加销售网点，渗透和开拓市场；适应顾客需要，为顾客购买提供便利。

（4）沟通策略。继续集中精力于开发初始需求和消费者教育，加强广告宣传，并从介绍产品转向树立产品形象，进一步提升产品知名度。

3. 成熟期

这一阶段的主要任务是集中一切力量，尽可能延长产品生命周期，扩大市场，增加销量，取得良好的经济效益，为企业积累更多的资金。

成熟期产品的行业结构已经形成，少数企业占据了主要的市场份额，其他企业不得不成为跟随者，而二者的战略已经分化。前者的目标主要是保持并提升市场占有率，后者的主要精力则放在如何求得生存上。

（1）产品策略。保持和提高产品质量，开展优质服务，提高产品声誉；开辟产品的新用途，吸引新顾客，增加销售量；发展新技术，改革现有产品，开发变型产品，满足顾客的不同需要等。

（2）价格策略。由于生产规模达到最大，成本大幅度降低，有可能进一步调低价格，吸引老顾客，争取新顾客。

（3）渠道策略。有选择地扩大销售渠道，增加销售网点，促进销售。

（4）沟通策略。宣传产品的新用途，介绍变型产品的性能和特色，以开拓新市场。

4. 衰退期

这一阶段企业的主要任务是抓好一个“转”字，即转入新产品或新市场，如选择新的目标市场，由国内市场转向国际市场，由城市市场转入乡村市场等。企业要有计划地“撤”，有预见地“转”，有目标地“攻”。

（1）产品策略。缩减产品生产量，逐步有计划地撤出市场，淘汰老产品；根据新的目标市场需要，组织生产，占领新市场；延长现有产品的生命周期，组织新产品开发和生产。

（2）价格策略。降低产品售价，但不宜一味地降价，要力争取得边际利润；老产品进入新的目标市场和新产品投入市场时，可根据具体情况定价。

（3）渠道策略。减少销售网点；注意加强与新目标市场的中间商的联系，以开拓新市场。

（4）沟通策略。在即将退出的市场中，不宜大做广告宣传，以减少销售费用，节省开支，但仍需做一些提示性广告，并大量利用各种促销手段。

□小 结

市场营销方案由市场营销的各要素及它们之间的相互关系组成。所谓市场营销要素，就是企业能够利用的营销手段，是企业可以控制的内部变量，可以归纳为四组变量，分别是：产品、价格、渠道、促销。每一组变量可进一步细分。在市场竞争日趋激烈的今天，企业必须综合利用产品、价格、渠道、促销手段，将这些要素进行组合，使其互相配合，发挥最佳作用，才可能获得成功，这就是市场营销组合。

在现实中我们看到，经营不同产品的公司采用大相径庭的营销组合策略。产生这种现象的原因是：（1）企业营销组合要适合特定的目标顾客群，即适合特定目标顾客的需要。（2）营销组合方案要适合公司自身特点。（3）营销组合方案还须因竞争对手的特点而改变，即要考虑到竞争对手的优势、劣势及可能的应对策略。

企业营销组合策略在很大程度上依产品生命周期所处阶段的不同而不同。产品生命周期是指产品从试制成功投入市场开始，直到最后被淘汰退出市场为止所经历的市场销售变化过程，也叫做产品市场生命周期。企业根据产品生命周期阶段的演变不断调整其营销组合策略。

□ 重点概念

1. 市场营销方案——一个市场营销方案由市场营销的各要素及它们之间的相互关系组成。

2. 市场营销要素——企业能够利用的营销手段，是企业可以控制的内部变量，为简单起见，将它们归纳为四组变量，分别是：产品、价格、渠道、促销。

3. 市场营销组合——企业综合利用产品、价格、渠道、促销手段，将这些要素进行组合，使其互相配合，发挥最佳作用。

4. 大市场营销——企业为了成功进入特定市场，并在那里从事业务经营，在策略上就必须综合地、协调地采用经济、心理、政治和公共关系等手段，以获得所在国和各地方有关方面的合作和支持。也就是说，除了4P以外，企业的市场营销策略还必须加上两个P，即政治和公共关系。其中，政治（或权力）是指依靠国内政府的力量对外开展活动，便于企业“闯进”国外或地区市场的大门；公共关系是指企业通过外部活动、谈判、宣传、战略性合作等，在公众心目中树立起良好的形象。

5. 产品生命周期——产品从试制成功投入市场开始，直到最后被淘汰退出市场为止所经历的市场销售变化过程，也叫做产品市场生命周期。根据产品市场销售变化的规律，我们将产品生命周期的全过程划分为四个阶段，即产品引入期、快速成长期、成熟期和衰退期。

6. 产品生命周期曲线——将一个产品在市场上从无到有，从高速增长、市场饱和，直到被市场淘汰的变化过程，用一条曲线表示出来，就是我们所说的产品生命周期曲线。

□ 思考题

1. 为什么说市场营销要素是企业可以控制的内部变量？

2. 怎样理解市场营销方案的“三适合”？

3. 不同企业为不同产品制定的营销组合策略肯定不同吗？为什么？

4. 什么是产品生命周期？了解这一原理有什么现实意义？

5. 以钟表产品为例，说明不同层次的产品处于生命周期的哪个阶段。另外，它们的生命周期曲线有什么不同？

6. 以你所熟悉的一种产品为例，说明处于生命周期不同阶段的产品的生产者和消费者所面临的问题，以及经营者在不同时期应采取什么营销组合策略。

案例分析

周大生珠宝的市场营销组合策略

随着改革开放进程的加快，我国国民经济进入飞速发展时期，居民人均可支配收入不断提高，珠宝首饰行业呈现高速发展的态势。根据中宝协的统计，我国珠宝首饰行业2010年销售总额为2 500亿元，2011年达到2 795亿元。中国珠宝玉石首饰管理中心估计，我国在2020年将成为世界上最大的珠宝消费市场。

从市场分类看，国内珠宝行业高端市场主要被卡地亚、梵克雅宝、蒂芙尼等国际珠宝巨头所垄断；品牌竞争主要集中在占据市场主要份额的中端市场，主要竞争品牌有香港的周大福、周生生、六福珠宝和内地的老凤祥、老庙黄金、潮宏基等；而低端市场则呈现百家争鸣的局面，众多中小品牌在低端市场血拼。

经过近十年的发展，周大生珠宝已经成为山东省及周边地区的强势珠宝品牌，并在华北、西北地区形成了规模，正满怀雄心地向打造全国性珠宝品牌这一目标前进。但随着市场的不断发展，竞争的加剧，周大生珠宝也陷入品牌发展的困局，面临产品同质化严重和品牌竞争加剧的挑战。

针对这种情况，周大生珠宝进行了深入的市场调查，最后制定并实施了一整套营销组合策略。

1. 产品策略

针对产品同质化严重的问题，周大生珠宝从两个方面对产品策略进行了改进：第一，通过市场调研了解细分市场的具体需求，生产出细分市场中的优势产品，在满足子市场的消费者的同时获得一定的利润。如生产专门针对收藏的名品典藏、盛世金典系列产品等。第二，通过自主创新和优势技术生产出独一无二的产品，树立公司品牌产品创新和技术领先的形象。如引入全球钻石切割最新技术——百面切工钻石技术，生产百面切工钻石饰品。

2. 价格策略

对于素金类产品，周大生珠宝采用当日金价加上工费的成本定价方式，通过工费的区别展现自己在珠宝首饰制造工艺上的优势。对于镶嵌类珠宝首饰，周大生珠宝则根据不同顾客的需求、设计的款式和原料来定价，彰显自主创新能力和最新工艺技术，同时通过导购员沟通来达到与顾客共赢的目标。

3. 渠道策略

针对自己面临的品牌困局，周大生珠宝在渠道策略上做出决策，通过全国珠宝市场渠道建设上的突破来带动周大生珠宝的品牌突破。

（1）渠道建设。根据现状，周大生珠宝重新调整了自己的渠道建设策略，制定了渠道建设三步走的方案：第一步，通过对珠宝连锁店运营经验进行归纳总结，同时借鉴国际成熟珠宝品牌的连锁运营管理方式，整理出自身的珠宝连锁运营管理模式。

第二步，凭借珠宝连锁运营管理模式的成功经验吸引优秀的经销商，并用严格的标准来评估和检测经销商的资质，不符合条件的经销商坚决不予接受，确保经销商的质量和连锁运营的质量。

第三步，根据周大生珠宝的品牌影响力，以地域为标准，将中国珠宝市场细分为四大子市场，并以颜色加以区分，绘制出四色战略地图：红色区域——周大生珠宝具有品牌优势的区域，珠宝连锁店从数量到经济效益都有很大的优势，此区域需要稳定发展；紫色区域——周大生珠宝在该区域内拥有较好的积累，但相对其他品牌并不占绝对优势，这是目前周大生珠宝需要加强投资、重点进攻的区域；绿色区域——品牌已有一定的基础，但是相比强势品牌仍处于弱势阶段的区域，这是周大生珠宝下一步进攻的目标；蓝色区域——品牌影响力相对薄弱，需要周大生珠宝积极开拓发展的区域。

（2）渠道管理。在周大生珠宝的经销商加盟之后，利用自己成熟的连锁运营管理模式，使加盟连锁店能在较短时间内步入正轨，实现盈利。同时，针对资质不同的经销商，周大生珠宝提供不同的店面开设标准与培训、业务指导、日常检查、产品运营监督，出现不良状况时，为加盟店提供适当的帮助，以实现加盟店扭亏为盈，调动经销商的积极性，增加其信心。

周大生珠宝同时推出许多服务：制定“零距离、保姆式”体恤关怀计划，为经销商拓展市场提供专业化、实用的服务；开展终端服务人员“微笑服务之星”评选，在消费者中树立良好的品牌形象；与哈伯逊等珠宝连锁管理机构合作，针对经销商推出不同层面的培训计划，既有帮助经销商提高经营管理水平的培训，也有针对终端店面店长和营业员的培训，对加盟店的良好运营起到了积极的作用。

4. 促销策略

（1）广告促销。针对自己的产品定位和公司形象，周大生珠宝选择正处于转型上升期的林志玲作为其品牌形象代言人，通过林志玲外在美和内在美合二为一的形象，完美地诠释周大生珠宝“因爱而美，为爱而生”的品牌形象。

（2）终端店面促销。终端市场的竞争激烈，周大生珠宝在终端推出“购钻石送彩金、购钯金送黄金”、“购铂金送钯金、购钻石送黄金”等搭配销售模式，拉动市场的潜在消费需求。通过营销组合策略及优化，特别是通过渠道策略对销售渠道进行扩展，周大生珠宝以每年超过200家门店的速度快速增长。2012年，周大生全国的珠宝连锁店铺突破2 000家，成为全国第一家突破2 000家连锁店的珠宝公司，被评为中国珠宝零售业十大品牌，并在2013年入选亚洲品牌500强。

资料来源：伍火明：《渠道制胜：周大生珠宝破解品牌困局的营销组合策略分析》，载《科技视界》，2014（9）。

讨论题

1. 你认为周大生珠宝的产品定价是否合理，为什么？

2. 周大生珠宝的渠道模式有哪些优势，又有哪些劣势？

3. 为什么珠宝行业很少像快速消费品行业一样，针对中间商有月度、季度、年度返利等促销活动？请详细谈谈你的看法。

第9章

产品、服务与品牌构建

商品世界越来越令人眼花缭乱，每年都有数以千万计的新商品推向市场。企业提供各式各样的产品，如电动牙刷、会唱歌的杯子、短信、彩铃、哭吧，以满足人们的需求，同时获取利润，这就是商品经济中的经济活动规律和社会分工过程。新的有创意的产品具有很高的价值，微信便是一个典型的例子。2011年1月21日，腾讯公司推出一个为智能终端提供即时通讯服务的免费应用程序——微信。微信支持跨通信运营商、跨操作系统平台通过网络快速发送免费（需消耗少量网络流量）语音短信、视频、图片和文字，同时，也可以使用“摇一摇”、“漂流瓶”、“语音记事本”等服务插件。此外，微信还提供公众平台、朋友圈、消息推送等功能，用户可以通过“摇一摇”、“搜索号码”、“附近的人”、扫二维码方式添加好友和关注公众平台，同时可以将内容分享给好友或者是朋友圈。截至2013年11月，注册用户量已经突破6亿，是亚洲地区具有最大用户群体的移动即时通讯软件。看来，产品具有满足顾客需求的特性是营销活动的基础。

第1节　产品整体概念与产品组合

一、产品与整体产品

产品是能够提供给市场，满足顾客需要和欲望的任何东西。产品既可能是有形的实体，也可能是无形的服务。产品的形式并不重要，关键是它必须具备满足顾客需要和欲望的能力。产品的种类十分丰富，随着社会生产的进步、人类文明程度的提高，新的产品层出不穷。从食品、饮料、汽车、图书到音乐会、电脑软件、体育、娱乐活动，都是产品。

通常，人们对产品的理解是一种具有某种特定形状和用途的物体，如汽车、手机、服装、食品等。事实上，顾客购买一件产品并不只是为了得到一个有形物体，还要从这个产品中得到某些利益和满足某种需求。比如，工业生产者购买一台机床，想得到的不仅是一台质量好的机床，还希望通过使用满足获得投资收益的需要。因此，要求卖方能及时交货，帮助安装调试，培训人员，并提供维修保证等各项服务。

所以，从市场营销观点来看，产品是指人们通过购买（或租赁）所获得的需要的满足，包括一切能满足顾客某种需求和利益的物质产品和非物质形态的服务，这就是整体产品的概念。

现代市场营销理论认为，整体产品包含核心产品、有形产品和附加产品三个层次（见图 9—1）。

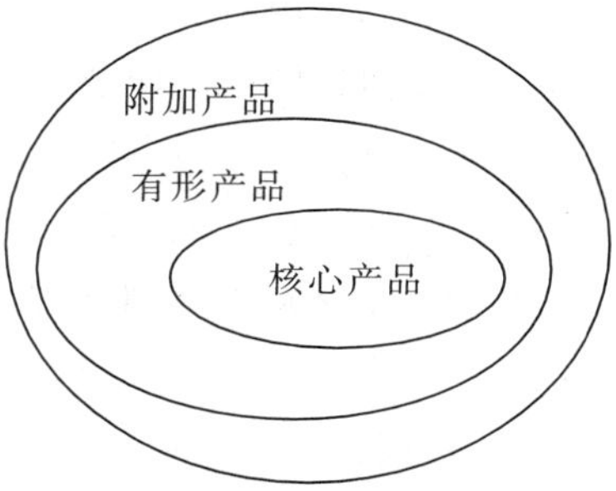

图 9—1　整体产品概念示意图

（1）核心产品。指提供给顾客的基本效用和利益，是整体产品中最基本的、最实质的部分，也是顾客需求的中心内容。产品若没有效用和使用价值，不能给人们带来利益的满足，就丧失了存在的价值，顾客也就不会购买它。

（2）有形产品。即产品在市场上的具体形态，是产品的实体性，一般通过产品的外观、质量、特色、包装、品牌等表现出来。产品的基本效用只有通过产品实体才能实现。

（3）附加产品。指顾客购买产品所得到的附加利益的总和，这是产品的延伸性或附加性，如产品维修、咨询、送货、培训、消费信贷安排，等等。附加产品是随有形产品一起提供的，它能给顾客带来更多的利益和更大的满足。

产品的整体概念一方面说明产品价值的大小不是由生产者决定的，顾客才是最终的裁决者。企业必须从产品整体角度认识产品的价值，考虑如何增加产品价值以赢得竞争优势。缺乏这种认识，就不能真正贯彻现代市场营销观念。另一方面说明产品是多种因素的组合体，由有形产品因素和无形产品因素组成。这些因素关系到产品的功能、质量、可靠性、安全性、经济性以及产品的信誉等，构成了产品的有形价值和无形价值，成为市场竞争的重要手段，企业必须努力提供能让顾客在各方面都满意的产品。

二、产品组合

大部分的企业都拥有多个产品项目，经营多种产品。如何将多种产品合理地组织起来，这就是产品组合问题。

产品组合，是指一个企业生产经营的全部产品的有机构成和量的比例关系。产品组合由各种各样的产品线组成，每条产品线又由许多产品项目构成。

产品线，指密切相关的满足同类需求的一组产品。一个企业可以生产经营一条或几条不同的产品线。

产品项目，凡企业在其产品目录上列出的一个产品，就是一个产品项目。

评价产品组合包含三方面的因素：宽度、深度和关联性。

（1）产品组合的宽度。是指一个企业拥有多少条不同的产品线。产品线越多，说明该企业的产品组合的宽度越广。产品组合的宽度反映了一个企业市场服务面的宽窄程度和承担投资风险的能力。

（2）产品组合的深度。是指每条产品线上的产品项目数，也就是每条产品线有多少个品种。产品线上包含的产品项目越多，产品组合的深度越深。产品组合的深度反映了一个企业在同类细分市场中满足顾客不同需求的程度。通过计算每一条产品线上的产品项目数，可得出企业产品组合的平均深度。

（3）产品组合的关联性（或一致性）。是指每条产品线在最终用途、生产条件、销售渠道以及其他方面相互关联的程度。其关联程度越密切，说明企业各产品线之间越具有一致性，反之，则缺乏一致性。

由于产品组合所包含的三个因素不同，因此构成了不同的产品组合。

产品组合的宽度、深度和关联性，与促进销售和增加企业的总利润关系密切。拓展产品组合的宽度，可以充分发挥企业特长，利用企业资源，开拓新市场，拓宽服务面，分散投资风险，提高经济效益；增加产品组合的深度，可使各产品线有更多的花色品种，适应顾客的不同需要，增加总销售量；增加产品组合的关联性，可以充分发挥企业现有的生产、技术、分销渠道和其他方面的能力，增强企业的竞争力，提高企业的市场地位和经营的安全性。

1. 产品组合策略

产品组合策略一般有六大类：

（1）有限产品专业性策略。即企业集中生产经营有限的或单一的产品，以适应和满足有限的或单一的市场需要。例如，有的企业只生产高档产品，以满足对质量要求较高却不在乎价格多少的顾客的需要。

（2）单一产品策略。即企业生产单一的产品，产品线简化，生产过程单一。可以采用高效的技术装备和工艺方法，有利于提高自动化程度，实现大批量生产，提高劳动生产率，在技术上做到精益求精，提高产品质量，降低成本，节省销售费用。但是生产经营单一品种，使企业对产品的依赖性大，适应性弱，风险大。

（3）产品系列专业性策略。即企业重点生产经营某一类产品。例如，某日用化工厂根据市场不同的需要生产女士润肤霜、男士护肤霜、宝宝霜等护肤品。

（4）市场专业性策略。即企业为某个专业市场（某类顾客）生产经营所需的各种商品。例如，工程机械厂向建筑业提供挖沟机、搅拌机、推土机、起重机等；化妆品厂向女性提供护肤霜、增白霜、洗面奶、浴液、胭脂、口红、洗发水等。

（5）特殊产品专业性策略。即企业生产经营某些满足特定需要的特殊产品项目。如为某些医疗专用设备提供配件；生产经营治疗癌症的药品等。由于产品特殊，市场开拓范围不大，竞争者少，有助于企业利用自己的专长，树立企业和产品的形象，长期占领市场，获取竞争优势。

（6）多系列全面型策略。即企业着眼于向顾客提供他们所需要的一切产品。这种策略将尽可能地增加产品组合的宽度和深度。企业可以根据自身条件，考虑产品组合的关联性，如美国通用电气公司，其产品线很广，产品大多与电气有关。也可不受产品系列之间关联性的约束，如某钢铁公司不仅生产钢材，还生产耐火材料、工艺品等。

2. 调整产品组合

由于科学技术迅速发展，市场需求变化大，以及竞争形势和企业内部条件的变化，不论是生产经营单一产品的企业，还是生产经营多种产品的企业，其产品有的可能销售形势很好，销售量和利润增长较快，有的可能销售量和利润增长趋于平稳，有的可能销售发展比较缓慢，还有的可能趋于衰落。因此，企业有必要对现有产品进行整顿，调整产品结构，使其达到更佳的组合。

调整产品组合有以下几种决策可供选择：

（1）扩大产品组合决策。有些产品的销售形势很好，企业可以采取扩大产品组合的策略，满足市场需求。这种策略是扩大产品组合的宽度和深度，也就是增加产品线和产品项目，增添产品品种，扩大经营范围，提高经济效益。具体做法有：

1）垂直多样化策略。这种策略不增加产品线，只是向产品线的纵深方向发展，增加产品线的长度。

● 向上延伸。即在定位于只生产经营低档产品的产品线中增加中高档产品，目的是抓住中高档产品销售形势好的机会，获取高利润；或是发展成为生产经营高中低档产品的企业，更好地为顾客服务。缺点是顾客可能不相信该企业能生产中高档产品，竞争者也可能反过来进入低档产品市场，以进行反击；企业尚需培训人员为中高档商品市场服务。

● 向下延伸。即在定位于只生产经营高档产品的产品线中增加低档产品。其原因是高档产品市场增长缓慢或存在激烈的竞争；利用高档产品的声誉，吸引低档产品需求者，扩大市场范围；或是填补市场空隙，增加低档产品。值得注意的是，采取这种策略，可能会影响高档产品的声誉，给企业经营带来风险。解决的办法之一是推出新品牌。

● 双向延伸。即在定位于生产经营中等质量、中等价格的产品线中增加高档、低档产品。企业向产品线的上下两个方向延伸，主要是为了扩大市场范围，开拓新市场，为更多的顾客服务，获取更大的利润。

2）相关系列多样化。这是根据产品组合的关联性原则，增加相关的产品线。如在肥皂产品线外，增加洗衣粉、清洁剂两条产品线；汽车制造厂除生产卡车外，增加小轿车、旅游客车的生产等。

3）无关联多样化。指拓展产品线时，不考虑关联性原则，增加与原产品线无关的产品，以利用新机会，开拓新市场，创造新需求。例如，美国一公司的产品组合主要由化妆品、珠宝首饰以及家庭日用品三条产品线组成。

（2）缩减产品组合决策。这种策略是随着科学技术的发展、市场需求以及内部条件的变化，企业主动合并、减少销售困难且不能为企业创造利润的产品线和产品项目，集中优势力量生产经营市场需求较大且能获取预期利润的产品。如美国无线电公司曾将彩电型号由69个削减为44个。

（3）淘汰产品决策。这是企业对已经确认进入衰退期的老化的产品线和产品项目所采取的策略。这些产品已不能满足市场需要，又不能为企业带来经济效益，企业应作出果断的决定，淘汰和放弃这些产品，以避免更大的损失。

1）立即放弃策略。采用这种策略的主要原因是：

● 确认该产品已进入衰退期，无发展前途。

● 该产品如果继续存在，将危害其他有发展前途的产品。

● 该产品的市场售价已不能补偿其成本。

如果出现上述情况，企业应采取果断措施，立即淘汰该产品。

2）逐步放弃策略。主要考虑立即放弃对企业将会造成很大损失，并使顾客产生被突然抛弃的印象，所以采取逐步放弃策略。具体是指有计划地逐步减产直到淘汰，使顾客能逐步适应，企业的资源有计划地逐步转移，在生产和财务管理上能平稳过渡，不致造成大起大落。

3）自然淘汰策略。指企业不主动放弃产品，而是留在市场上，直至产品完全衰竭，被市场淘汰为止的策略。企业鉴于对竞争形势的分析，利用部分企业退出市场之机，决定留在市场上继续满足部分顾客的需要。企业采取这种策略，在短时期内仍可获得一定的销售量和利润，但是也面临着丧失市场机会、蒙受损失的风险。

此外，企业也可采取产品属性差异化策略来整顿老产品。所谓产品属性差异化策略，是指企业在产品质量、性能、用途、特点和式样等方面采取差异化的产品策略。企业可以通过应用现代化的工艺和技术装备，提高产品质量，增加产品的功能、规格和式样，改进老产品的结构，以期增强企业的竞争优势，引起顾客的浓厚兴趣，满足顾客的物质和精神需要，从而创造更多的利润。

第 2 节 服务与服务营销

美国服务营销专家克里斯蒂·格鲁诺斯认为：服务一般是以无形的方式，在顾客与服务人员、有形资源商品或服务系统之间发生的可以解决顾客问题的一种或一系列行为。一般服务具有以下四个主要特征：无形性；不可分离性（服务的生产和消费同时发生）；可变性；易消失性。这些特点使得服务在营销管理理论和实践方面都和有形产品不同。把服务当作一种产品来理解，是服务管理理论的基础。服务被当作一种可以生产、营销、消费的对象。作为一种包含各种有形和无形服务的集合，它由三个部分组成：核心服务；便利性服务；支持性服务。核心服务是企业存在于市场的原因，比如，体育场馆提供的健身娱乐服务是核心服务。为了让顾客可以使用核心服务，通常还需要附加的服务，如体育场馆的接待服务。这种附加的服务由于具有方便核心服务使用的作用，所以也叫便利性服务。支持性服务不是为了方便核心服务的消费和使用，而是用来提高服务价值或者是与竞争对手区别开来。如体育场馆的茶饮、淋浴服务就属于支持性服务。支持性服务和便利性服务之间的界限不是很分明，但是可以这样来理解：便利性服务是必不可少的，缺少它核心服务就处于瘫痪；而支持性服务仅仅是作为一种竞争手段，即使没有它们，核心服务仍然可以发挥作用。由于服务的特点，顾客在一定程度上参与服务的生产，服务的过程即买卖双方相互作用的过程，包含三个基本要素：服务的可接近性、买卖双方的相互作用、顾客参与。这些要素扩大了服务的概念，形成了扩大的服务供给。当然，这三种服务供给的要素必须服从顾客利益。例如，如果顾客的要求长时间得不到服务员的响应，或者顾客健身后，浴室用起来过于麻烦，那么再好的服务其感知质量也会很糟。同时由于服务的无形性，沟通活动不仅对顾客预期产生影响，对顾客的经历也有直接的影响，因此，形象和沟通管理变成服务产品整体不可分割的一部分。此外，口碑也是很重要的，它对企业形象会产生长期的影响，在顾客购买和消费服务产品时，口碑的作用可能是立竿见影。所以，体育场馆进行广告宣传、公共关系活动是非常必要的。

在服务业中，营销并不只是营销部门的事，它涉及整个组织。传统的营销模式（4P）即产品（product）、渠道（place）、价格（price）以及促销（promotion）。营销组合并不适用于服务业，取而代之的是营销的关系观点。关系营销是一种致力于发展和强化连续的、持久的顾客关系的长期战略。在关系营销中，互动营销是关键，而互动正是服务的特点所在，所以服务营销是在关系营销的基础上发展起来的就不难理解了。因此，服务营销可以说是全面的营销职能，可分成两部分，传统的营销职能和互动的营销职能，这是由服务产品的特点所决定的。

第 3 节　品牌的构建：建立强势品牌

品牌、包装都是产品整体概念的重要组成部分，也是产品策略中的重要决策内容。

一、品牌概述

任何商品都有自己的名称，即商品的品名，如汽车、电视机、巧克力、手机、发动机等，这些品名是商品的通用名称。

品牌则是商品的商业名称，是由企业独创的、有显著特性的、未作为商标或已进行商标申请注册的特定名称。如长虹电视机、斯沃琪手表、奥迪汽车、统一润滑油等。这里，“长虹”、“斯沃琪”、“奥迪”、“统一”都是商品的品牌。

品牌可以分别由名词、文字、标记、数字、图形、符号及其组合构成。品牌是简称，包括品牌名称和品牌标记。

品牌名称，是指品牌中可以用语言称呼的部分。例如，燕京牌啤酒、大大牌泡泡糖。

品牌标记，是指品牌中可以识别、认知，但不能用语言称呼的部分。比如，奥迪汽车的标记“○○○○”、麦当劳快餐店的金色大 M 招牌等。

经过商标注册获得专用权，受到法律保护的品牌、品牌的某一部分或其他名称和图案称为商标。商标受法律保护，享有专用权，其他企业不得伪造和仿冒。未经注册的产品品牌不是商标，不受法律保护。

在很长一段时间里，我国企业的商标意识不强。加入世界贸易组织（WTO）之后，我国企业的商标保护意识越来越强。2003 年中国商标的注册量达 45.2 万件，但抢注商标的现象也屡屡出现。以茶业为例，吉林“盛唐茶苑”被江苏盛唐艺术投资有限公司于 2000 年 10 月 8 日申请注册，温州“清和茶馆”被太原市清和元饭店于 1996 年 11 月 14 日申请注册，北京“水之榭茶艺馆”被监利县饮食服务公司监利饭店于 1993 年 12 月 28 日申请注册，北京

“天一茶院”被日本株式会社于 1993 年 8 月 21 日申请注册，澳门“同庆茶庄”被芜湖市饮食服务总公司于 1997 年 1 月 13 日申请注册，浙江海宁“神农茶艺馆”被成都神农集团公司于 1995 年 6 月 14 日申请注册，江苏常熟“七碗茶楼”被北京七碗茶茶社于 2001 年 6 月 5 日申请注册……遭遇“抢注”，对于被抢注的企业来说，无疑是十分可惜的。自己辛辛苦苦创造出来的品牌被别人抢占了，等于是“为他人做了嫁衣裳”。

商标是企业的无形资产，驰名商标更是企业的巨大财富。随着商品生产和市场经济的不断发展，大批商品如没有注册商标就无法进入流通领域，商场也不会销售。做广告时，媒体也要了解企业商标是否已注册。

商标将被企业普遍应用。有的企业不仅在商品上使用商标，而且在产品的配件和零部件（如汽车的轮胎和发动机、服装的拉链和纽扣）上也分别使用该产品的商标，以与不同企业的同类产品相区别。所以，企业必须增强商标意识，运用这一有价值的无形资产，更好地为经营服务。

二、品牌、商标在市场营销中的作用

（1）有利于商品的广告宣传和推销。品牌、商标是区别商品质量和品种的特定标志，它表明了商品的某种特性，便于企业进行推销和广告宣传，树立产品声誉，吸引顾客重复购买，提高市场占有率，推出系列新产品进入市场。

（2）维护生产者和经销商的经济利益。品牌一经注册，成为商标，就受到法律保护，从而保护了企业的经济利益。尤其是享有盛誉的商标，不仅是企业的无形资产，而且是可以转让买卖的工业产权，是企业获取利润、进行竞争的有力手段。

（3）便于顾客选购商品。品牌、商标是区别不同质量水平商品的标记，便于顾客识别、辨认和选购。享有盛誉的品牌、商标有助于顾客形成品牌偏好，增加重复购买。

三、品牌策略

品牌策略是增强企业产品市场竞争力的重要策略之一，选择正确的品牌策略是搞好市场营销，提高企业经济效益的一项重要决策。

选择品牌策略首先要明确是否需要为产品确定一个品牌。产品要不要品牌，主要是由产品的特点和使用品牌对促进产品销售的作用大小确定的。若作用很小，甚至使用品牌所投入的费用超过可能的收益，就不必使用品牌。若需要一个品牌，还需确定具体采取什么品牌策略。现分别叙述如下。

1. 无品牌策略

无品牌策略即不使用生产者或经销商的标识，不给产品定品牌，以节省销售费用。适用的产品包括：

● 未经加工的原料、农产品，如煤、木材、大米、玉米等。

● 制造者对质量无影响的商品，如电力、绵白糖等。

● 生产简单、选择性不大、价格低廉，消费者不依据品牌购买的小商品。

● 临时性或一次性消费的商品。

随着商品经济的发展，越来越多的商品纷纷品牌化，如不少卫生纸、酱油都有自己的品牌；在超市中，甚至大米也在经过分装后定牌出售。

2. 制造商品牌策略或经销商品牌策略

企业决定对产品使用品牌后，制造商可以有以下几种选择：

（1）制造商品牌策略。即制造商使用自己的品牌。国内外市场上的商品绝大多数使用制造商品牌。制造商使用自己品牌的好处是：可以建立自己的声誉；制造商拥有的注册商标和品牌是工业产权，可以租借、转让、买卖，其价值由商标、品牌信誉的大小决定；企业的产品、零部件等全部使用制造商品牌，有利于与购买者建立密切的关系。

（2）经销商品牌策略。即制造商决定使用中间商的品牌。制造商决定采用中间商品牌策略主要是因为：

● 制造商要在一个不了解本企业产品的新市场上推销产品。

● 本企业的商誉远不及中间商的商誉。

● 本企业品牌的价值小，设计、制作、广告宣传、注册等费用高。

中间商使用自己的品牌，虽然会增加投资和费用，承担一定风险，但仍有很多利益：

● 因制造商减少宣传费用，中间商可获得较低的进货价格。

● 可以树立自己的信誉，有利于扩大销售。

● 可以不受货源限制，加强对制造商的产品价格控制，所以在国内外市场上，中间商品牌发展迅速。

（3）制造商品牌和中间商品牌混合使用策略。它又有三种形式：

● 为求既扩大销路又保持制造商的品牌影响，制造商在部分产品上使用自己的品牌销售，将另一部分产品出售给中间商，由中间商使用自己的品牌进行销售。

● 为进入新市场，制造商先让中间商以中间商品牌销售产品，待产品打开销路，有了一定的市场地位后，再改用制造商品牌。

● 制造商和中间商品牌同时使用，可以兼收两种品牌单独使用的好处，增加信誉，促进产品销售。这种混合策略有助于产品进入国际市场。

（4）制造商使用其他制造同类产品的企业的品牌。即制造商既不使用本企业品牌，也不使用中间商品牌，而使用生产同类产品，在市场上有一定声誉的制造商的品牌。例如，格兰仕给国外企业做贴牌生产。

3. 群体（家族）品牌策略或个别品牌策略

制造商在决定使用本企业的品牌后，尚需进一步确定对企业的产品是使用同一品牌还是使用不同的品牌。可供选择的策略有以下几种：

（1）群体（家族）品牌策略。是指企业的全部产品统一使用同一个牌子。例如“雀巢牌”用于雀巢公司的全部食品。其好处是：建立一个品牌能带动许多产品销售，节省费用，有利于消除顾客对新产品的不信任感。但必须注意的是，这个品牌应在市场上已获得一定的声誉；要确保所有产品的质量，以免因一种产品质量不好，影响其他产品，甚至整个企业的声誉。

（2）个别品牌策略。是指企业对各种产品分别使用不同的品牌。其好处是：每一个品牌和具体产品相关，含义贴切，易被顾客接受，各品牌产品各自发展，彼此之间不受影响。但是品牌的设计、制作、广告宣传、注册的费用较高。

（3）系列化品牌策略。是指企业把一种知名度较高的产品品牌作为系列产品的品牌，实际上是将个别品牌变成同一类产品的群体品牌。品牌的系列化延伸可以节省品牌制作、广告宣传等费用，系列新产品可凭借原有品牌在市场上的声誉很快打开销路。但如果同一品牌下的某系列产品质量不好，则会影响该品牌下其他系列产品的销售。

4. 多品牌策略

多品牌策略指企业对同一种产品使用两三个不同的品牌。其好处是：甲牌产品推销一段时期获得成功后，又推出乙牌产品，两个牌子互相竞争，但两者的总销量比一个牌子的要多，有利于提高产品的市场占有率，提升企业的知名度；同类产品多种品牌可在零售商店占据更多的陈列空间，容易吸引顾客的注意力；可以迎合顾客转换品牌的心理，有助于争取更多的顾客；激发品牌在企业内部相互促进，共同提高，扩大销售。日化行业著名的宝洁公司就是成功采用多品牌策略的典范。

多品牌策略必须有计划、有目标地使用，不可滥用。如果没有显著特点，没有一定的销售目标，或各种品牌只拥有很小的市场占有率，则品牌不宜过多。例如我国出口的蜂王精和蜂王浆，曾出现 70 多种品牌，不仅顾客无从挑选，经销商也难以宣传推广，还引起国内各厂家的相互竞争，最终影响经济效益。

□ 小　结

产品是能够提供给市场，满足顾客需要和欲望的任何东西。产品既可能是有形的实体，也可能是无形的服务。产品的形式并不重要，关键是它必须具备满足顾客需要和欲望的能力。现代市场营销理论认为，整体产品包含核心产品、有形产品和附加产品三个层次。

大部分企业都拥有多个产品项目，经营多种产品。如何将多种产品合理地组织起来，就是产品组合问题。产品组合策略一般有六大类：(1) 有限产品专业性策略；(2) 单一产品策略；(3) 产品系列专业性策略；(4) 市场专业性策略；(5) 特殊产品专业性策略；(6) 多系列全面型策略。

品牌是商品的商业名称，包括品牌名称和品牌标记。品牌名称，是指品牌中可以用语言称呼的部分。品牌标记是指品牌中可以识别、认知，但不能用语言称呼的部分。经过商标注册获得专用权，受到法律保护的品牌、品牌的某一部分或其他名称和图案称为商标。商标是企业的无形资产，驰名商标更是企业的巨大财富。企业必须增强商标意识，运用这一有价值的无形资产，更好地为经营服务。

□ 重点概念

1. 产品——能够提供给市场，满足顾客需要和欲望的任何东西。
2. 核心产品——提供给顾客的基本效用和利益。
3. 有形产品——产品在市场上的具体形态，是产品的实体性。
4. 附加产品——顾客购买产品所得到的附加利益的总和。
5. 产品组合——一个企业生产经营的全部产品的有机构成和量的比例关系。
6. 品牌——商品的商业名称，是由企业独创的、有显著特性的、未作为商标或已进行商标申请注册的特定名称。
7. 商标——经过商标注册获得专用权，受到法律保护的品牌、品牌的某一部分或其他名称和图案。

□ 思考题

1. 假设你刚刚进入一家软件开发公司，发现公司产品种类多，经营方向不够明确，你希望公司能缩减产品组合。但是同事们不同意你的看法，因为现在每一种产品都是盈利的，而且各个产品项目差别不大。你会如何阐述你的观点？
2. 以某一体育场馆为例，试阐述该体育场馆的服务营销在哪些方面区别于有形产品的营销。
3. 如何有效地衡量某一品牌的价值？

案例分析

华为手机的品牌建设

2003 年，华为公司开始生产手机，早期的手机业务由一个小部门负责，在内部并不受重视。按照华为公司创始人任正非的说法，“当年我们没想过做终端，是被逼上马的。华为的 3G 系统卖不出去，是因为没有配套手机”。

在 2010 年之前，华为基本以定制形式为运营商生产中低端手机，与其他 3G 网络设备一起捆绑式地销售给运营商，不直接卖给消费者，很少进行广告宣传，业内俗称“白牌机”。（白牌机也称作 BTO，是“Build to Order”的缩写，意为“按单定制”，即按客户要求定制配置。）依靠运营商，华为保证出货能快速走量。调查数据显示，在功能手机时代，华为手机的出货量一直保持着两位数的增长，2009 年发货量为 4 900 万部，2010 年则高达 1.2 亿部，华为通过运营商渠道出货大约占到总量的 80%。

但低端不是华为想要的标签，华为不希望一直成为运营商的附属。近年来，华为调整战略，发展自有品牌，进军中高端市场。尤其是 2010 年以后，随着全球智能手机的高速发展，中国市场所蕴藏的商机不断涌现，华为集团开始重视自主品牌的塑造。2011 年，华为重新调整业务架构，设立了消费者业务 BG（针对终端）等三大业务线，这家在过去十年依靠电信设备市场快速增长的公司，将未来的发展重心放到传统电信设备市场之外。同时，华为也清醒地认识到，自主品牌的手机能否克敌制胜，关键在于消费者的体验。为此，华为在日本、瑞典等国家设有调研分部，提前一年做市场趋势分析。“我们除了关注手机行业趋势，还观察汽车等消费品使用的元素，让手机卖得更好。”为了提供更好的体验，2011 年华为成立了未来创新设计团队 Dream Lab，由 UI、用户研究、架构等领域的顶级专家组成。

2011 年是华为手机发生明显变化的一年，它推出首款云手机华为远见 Vision，定价 2 799 元。不久后，华为荣耀 Honor U8860 手机面世，作为华为云手机的战略机型，它搭载了全新的华为云服务，为用户提供 160G 网络存储空间，上市后迅速聚集了人气，被誉为“单核机王者”。这一年，华为智能手机的市场份额在全国位居前三名。

进一步的改变是在 2012 年 1 月。在 CES 消费电子展上，华为正式推出自主品牌 Ascend，针对不同的细分用户提供系列产品。其中，Ascend D 为旗舰级智能手机，Ascend P 面向时尚高端人群，Ascend Y 面向年轻用户，Ascend G 则为入门级智能手机。在本次展会上，华为发布了首款高端智能手机 Ascend P1，机身厚度只有 6.68 毫米，是世界上最薄的智能手机。如果说 2011 年华为试水中高端智能手机市场，那么这就是它进入高端市场的第一步。紧接着，华为在 MWC 世界移动通讯大会上发布了搭载自主四核处理器的 Ascend D1，配备 2 600 毫安的锂电池，软硬件都达到同类产品的最高水准。华为自主研发的海思 K3V2 芯片也开始引起业界前所未有的关注。截至 2012 年年底，150 多个国家的 500 多个运营商与华为手机建立了合作关系。华为高端智能手机甚至进入英国运营商沃达丰的定制厂商行列。此前，英法最大的移动营运商 Orange 已经向华为定制了 Ascend P1，市场反应良好。

2013 年，华为在高端智能手机市场上的表现更加积极，在年初 CES 消费电子展召开前夕，华为发布新的品牌理念：“Make it Possible”（以行践言）。余承东解释说，要提升品牌，归根结底得靠过硬的产品质量，定义新的品牌理念“Make it Possible”，就是要在硬件上不断提升、创新，打破看似不可能的各项技术极限，与全球消费者一起以行践言，落实精品战略。在之后的展会上，华为一口气发布了史上最大屏幕的 Ascend Mate、最强配置的 Ascend D2 和第一部 Windows Phone 8.0 版本的智能手机 Ascend W1。在 2013 年 2 月召开的 MWC 世界移动通讯大会上，华为 Ascend P 系列产品 P2 再次成为亮点，这款被华为定位为“全球最快”的手机，上网速率最高可达 150 Mbps。余承东坦言：“华为做低端手机是没有前途的，就像米缸里的老鼠，长期在米缸里吃米，吃得很舒服，但等米吃完了也就死掉了。”

2013 年 6 月 18 日，在英国伦敦著名的圆屋剧场，华为手机董事长余承东用熟练的英文介绍一款被他认为“将创造奇迹”的华为手机。在过去的三年里，余承东还没有对任何一款产品做出如此高的评价，此次他打破华为一贯低调的传统，不吝溢美之词赞美一款产品，实属罕见。这款产品便是由 1 000 多名华为工程师花三年潜心研发的呕心沥血之作——华为 Ascend P6 手机。华为为此组建了有史以来最高层面的运作小组及运作机制，组长都是高级别主管。Ascend P6 正是 Dream Lab 设计的作品。Ascend P6 采用全金属机身和独特的双 C 设计，通过最窄边框设计达到最大屏占比，让用户有最佳的握感和触控体验。

此前，华为通常在世界移动通讯大会等展会上推出手机产品，而此次在伦敦举办如此盛大的全球发布会，业界普遍认为华为有两个目的：第一，海外市场占到华为营业收入的 70%以上，而欧洲是华为手机除中国之外的最大市场，选择在伦敦举办产品发布会，利剑直指欧洲市场。第二，华为选择在伦敦圆屋剧场举办发布会，是为了营造高端品牌形象。过去，品牌形象一直是华为难以言说的隐痛，华为希望借助这款明星机型将低端品牌形象彻底扭转过来。

虽然发布会在海外举办，但这款手机在国内已经被炒得热火朝天，在微博等社交媒体和互联网新媒体上，一场声势浩大的营销活动已然展开。在自有网上商城 VMALL 上，华为学习小米手机进行预售，预订数量超过 370 万部。

在华为内部，Ascend P6 的销售目标定为 1 000 万部，其中，国内销量约为 600 万部，国际市场 400 万～500 万部；专业手机卖场销售 30%，网络渠道销售 10%，运营商渠道销售 60%。虽然 2 688 元的价格被业内人士认为定价过高，但出乎意料的是，Ascend P6 在网络渠道的表现超出预期。同时，华为将新开 1 000 家专卖店，加大 Ascend P6 的销售力度。所有的焦点都集中在运营商渠道，如果 Ascend P6 不被运营商看好，1 000 万部的销量就难以完成。华为以前的运营商定制手机大多数为千元机，运营商早就习惯了低价思维，一旦进入高端领域，运营商和专业手机卖场不免疑虑。

此前，华为曾在 Ascend P1 这款手机上得到过教训。除了苹果雷打不动的只有 8%的利润空间，一般品牌手机的利润空间约为 30%，而华为 Ascend P1 的利润空间仅为 15%，过低的利润导致这款手机一上市销量就急剧下滑。更尴尬的是，尚在 P1 销售期，华为就推出了属于同一价格带的新产品 Ascend D1，经销商不接受，华为只好退而求其次，将网络渠道作为 Ascend D1 的销售主渠道。“我们针对不同的产品会采取不同的营销策略，会结合网络消费群体的特征以及产品的特点而定。一般来看，网络消费群体对华为高端产品的认可度与接受度较高，这可以为华为高端产品的规模化推广提供很好的支持。”华为手机市场部经理徐宇翔表示，华为的网络渠道布局将从高端手机开始，产品渠道差异化可以减少运营商渠道与网络渠道的矛盾。“对品牌而言，不同的产品策略、不同的营销政策都能达到平衡渠道的效果。目前华为的网络渠道与传统渠道及运营商渠道之间不是对立关系，而是互补关系。通过网络渠道销售的主要产品，如荣耀四核等，是为网络渠道特别定制的，与其他渠道的产品不形成冲突，后来荣耀四核在专业手机卖场和运营商渠道销售时，价格高出网络渠道很多。”

虽然目前尚无法对华为 Ascend P6 的未来表现做出准确的预判，但可以肯定的是，具有里程碑意义的 Ascend P6，其表现将直接影响华为营销战略的走向。更重要的是，从 Ascend P6 上市可以看到一个不一样的华为。这个具有互联网精神的“新”华为给习惯了工程师思维的“老”华为带来了新的气象。

讨论题

1. 为什么华为一开始要做“白牌机”?

2. 如果华为一直只做“白牌机”，而不去建设自己的品牌，这是否也是一个正确的思路？请说明理由。

3. 为什么华为公司推出的荣耀四核手机在专业手机卖场和运营商渠道销售时，价格可以高出网络渠道很多？请说明理由。

4. 根据案例材料，华为手机在从中低端向高端转变的过程中，哪些因素起着显著的促进作用？请对每个因素展开详细论述。

第 10 章 新产品开发

随着科学技术日新月异，市场竞争不断加剧，产品的生命周期日趋缩短，每个企业不可能单纯依赖现有产品来占领市场，必须适应市场潮流的变化，不断推陈出新，开发适销对路的新产品，才能继续生存和更好地发展壮大。宝洁公司在这方面就做得非常成功。该公司非常注重新产品开发工作，平均每年用于技术研究和开发的投资超过十几亿美元，申请专利近20 000项，成为世界上最具创新实力的公司之一，成就其“品牌帝国”称号。我们所熟悉的飘柔、佳洁士、海飞丝、帮宝适、汰渍等品牌都是宝洁公司开发的，给公司带来了巨额利润。宝洁还一直致力于改进原有产品的功能，光是汰渍洗衣粉的配方和包装就改了不下70次，我们在商场看到的汰渍和佳洁士的系列产品是改进过很多次的成品。正是有了不断推陈出新的产品开发能力，宝洁公司才能始终立于不败之地。因此，新产品开发是企业经营的一项重大决策，是一个重要的产品策略。

第 1 节　新产品开发策略

从市场营销学角度而言，所谓新产品，是指与原有产品相比，具有新的功能、新的特征、新的结构和新的用途，能满足顾客新的需求的产品。按产品创新程度分类，新产品大体上包括以下三类：

（1）全新产品。是指应用科学技术的新发明研制成功的，具有新的结构、技术、材料等特征，市场上从未有过的新产品。如蒸汽机、电灯、收音机、电视机、计算机、抗生素、塑料、原子能等。一项科技从发明到科技成果转化为产品，需要花费很长的时间和巨大的人力、物力、财力，这样的全新产品，绝大多数企业很难开发。

(2) 换代产品。是对原有产品采用或部分采用新技术、新材料、新结构而制造出来的新产品。这种换代产品比原有产品增添了新的功能，给顾客带来了新的利益。如彩色电视机是黑白电视机的换代产品，数控机床是自动机床的换代产品。

(3) 改进产品。是对现有产品的结构、造型、质量、性能、特点、花色、款式、规格进行改进的产品；或是由基本型派生出来的产品，如不同型号的电冰箱、二合一洗发水等；或是只对原有产品作很小改进，突出了产品的某个特点，使用一种新牌子、新包装的产品，如××牌水果香型牙膏。

从管理的角度来分类，新产品包括：

(1) 国际性的新产品。又称世界性的新产品，这种产品在世界上是独一无二的。

(2) 全国性的新产品。是指在世界上其他国家已经生产并投放市场，而在本国则是第一次开发生产并投放市场的产品。

(3) 地区性的新产品。是指在国内其他省、市、县等地区已生产并投放市场，而本地区则是第一次开发生产并投放市场的产品。

(4) 本企业的新产品。是指其他地区或本地区其他企业已生产并投放市场，而本企业则是第一次开发生产并投放市场的产品。

从管理角度划分新产品种类的目的，主要是鼓励企业积极主动地开发新产品，提示企业并不是只有世界性的、全国性的产品才是新产品，只要企业积极努力，在新产品开发方面是可以有所作为的。但是随着改革不断深入和市场经济进一步发展，市场将逐步发育成熟，市场体系将逐渐完善，成为全国统一的市场。企业要开发本地区、本企业的新产品应特别慎重，以免一哄而上、重复引进，因为一旦供给大于需求，将导致产品滞销、企业受损。

一、新产品开发的原则

据调查，新产品开发的成功率很低。新产品开发之所以风险较大，失败率较高，其原因有很多。客观上的原因大致有：

- 国内外竞争对手抢先进入市场，推出新产品，导致市场竞争加剧。
- 银行贷款利率升高，投资风险增大。
- 新产品开发速度赶不上科技发展速度，使新产品在开发过程中夭折。
- 市场需求变化加快和市场趋于分散，迫使企业的新产品面向范围更小的目标市场。

主观上的原因有：

● 对市场调研不细，未掌握顾客的实际需求。

● 对新产品的市场规模估计过高。

● 开发成本过高，超出预算，资金短缺。

● 新产品投放市场后，企业没有运用促销手段进行宣传，定价过高或过低，缺少配件，售后服务跟不上。

● 没有掌握好产品推出的时机等。

以上原因会导致企业开发新产品遭受一定程度的失败。一种是企业连开发新产品的费用、生产成本、销售费用都无法收回的彻底失败；另一种是能从开发的新产品中获取利润，但没能达到预期的利润或市场占有率目标的一定程度的失败。但是，不论在开发新产品时面临何种困难和不利因素，企业都必须不断推出新产品，这是企业生存和发展的唯一途径，是增强企业活力的重要条件。

为使新产品开发减少风险，获得成功，企业应遵循以下几项基本原则：

（1）进行市场调查研究，了解、掌握顾客尚未满足的需求和市场规模，以便有针对性地开发顾客实际需要的产品。顾客的需要是开发新产品的源泉。

（2）新产品开发要符合国家政策，适应国内外目标市场的实际情况、消费习惯、社会心理、产品价值观等。只有这样，才能加速产品的推广使用，有利于新产品在市场上扩散。

（3）新产品要适应科学技术发展的趋势。新产品的科技水平不能与科技发展趋势差距过大，以免新产品投放市场时已成为老产品而很快进入衰退期。当今新产品的发展，在式样方面趋于多样化、系列化、微型化；在质量性能方面趋于多功能、高性能、节能源、省资源、防污染、防噪音、兼容性强；在操作使用方面趋于轻便化、安全化、自动化、易操作、易维修等。

（4）开发新产品应考虑结构相似、工艺相近的原则。开发新产品要求做到“快”。为保证质量，企业可考虑开发与原产品的原理、结构相似，制造工艺相近的新产品。这些新产品不必使用专用设备，零部件与原产品通用，工人熟练程度高，研发费用和生产成本低，可在较短时间内开发并投放市场，进而增强企业竞争力，取得事半功倍的效果。

（5）要有创新精神，走新路子，新产品要有特色。例如，一些日化厂不生产一般的护肤用品，而生产精华霜；一些电信设备厂不生产一般的手机，而开发 4G 手机等。企业要向市场推出质优、独特的产品，引导消费，占领市场。

二、新产品开发的方式

为了成功而且较快地开发新产品，企业可根据自己的具体条件，采用不同的开发方式。

（1）独立研制。企业利用自己的技术力量和技术优势，独立进行新产品的开发工作。这种方式一般适用于技术、经济力量雄厚的大型企业。

（2）联合开发或协作开发。企业与高等院校或科研机构利用各自在经济、技术、设备、人力等方面的优势互相协作，联合开发新产品。这种方式能较快地研发出先进、优质的新产品，使科研成果尽快转化为商品，故实际应用非常广泛。

（3）技术引进。企业通过引进国内外先进技术、技术转让或购买专利等方式开发新产品。这种方式能提高产品的技术水平、质量水平和档次，缩小与国内外先进产品的差距，节约研发费用和时间，有助于新产品进入国内外市场。

以上几种方式可以单独使用，也可根据企业的实际情况结合使用。

三、新产品开发的策略

（1）优质策略。即开发起点高、质量好的优质产品。采用这种策略不能一味地追求技术先进、质量好，必须注意适合国情和顾客需要，挖掘市场潜力。只有这样，才能有助于新产品迅速占领市场，增强企业的竞争力。

（2）低成本策略。在开发过程中就注意大幅降低成本。主要从研发的技术路线、产品结构、使用材料、工艺改革等方面挖掘潜力，以低廉的成本优势扩大市场占有率，迅速实现批量生产，提高利润。

（3）配套策略。根据企业自身的具体情况，主动为支柱产业和大型企业开发生产所需的配套产品。如一些中小型企业为大型汽车厂配套生产电动刮水器、新型车灯等。一般来说，为主导企业提供的配套产品若能达到其要求，新产品的销路即不成问题。

（4）拾遗补缺策略。即积极开发国家经济建设急需的或短缺的新产品。这种策略有利于企业填补空白，在市场上抢占优势地位，提高市场占有率，增强企业竞争力。

第 2 节　新产品开发过程

新产品开发的组织机构确定后，新产品开发工作就需按照一定的程序进行。新产品开发过程一般可分为七个步骤：提出构想→筛选→产品概念的形成与验证→可行性分析→产品研制→市场试销→正式投放市场。

1. 提出构想

提出构想是指对拟开发的新产品的构思与设想。任何一种产品的开发工作都是从构想开始的，没有构想也就没有新产品的开发。一个好的构想等于新产品成功的一半。

企业在广泛收集构想之前，有关领导应首先确定新产品开发的目标和要求，如准备开发什么新产品，准备打入哪些市场，期望达到什么目标等。只有这样，工作人员才能有的放矢地收集构想。新产品构想的来源有：

（1）企业内部。包括设计开发人员、销售人员、生产人员及其他部门的员工。国外的一项调查表明，在新产品的开发构想中，有55%来自企业内部。来自内部渠道的构想，其特点是了解企业的实际情况和能力，与企业实际情况不至于严重脱节。

（2）顾客。顾客是新产品开发的源泉和动力，是征集新产品开发构想的主要来源。据国外的一项不完全统计，消费者提出的产品构想被企业采纳的占28%。

（3）竞争者。企业在开发新产品时，应密切关注竞争者的动向。据统计，企业有27%的产品开发构想是在对竞争对手的产品加以分析后萌发的。方法是：收集竞争者的产品目录、使用说明书、广告宣传品；购买竞争者的产品，剖析其性能及优缺点；向购买竞争者产品的用户和销售竞争者产品的经销商收集其对产品的意见和看法等，以便改进本企业新产品的开发构想。

（4）经销商。向经销商了解顾客对现有产品的意见和想法以及对未来产品的要求等。

（5）其他。包括政府机关、大专院校、科研机构、市场调研机构、广告公司、学术会议、技术鉴定会议、展销会、报纸杂志、文献资料、专利及国外的样品等。

此外，还可从现有产品所存在的问题中得到构想，如对现有产品结构作进一步分析，看结构是否可以改变，大的能否变成小的，重量能否减轻，上下左右能否颠倒，两个部件能否分开或组合在一起，等等。

2. 筛选

这一步骤主要是对从各个渠道收集来的开发构想进行筛选，对哪些构想应保留、哪些应该剔除做出认真的决策，从中选出具有开发价值的构想。在筛选过程中要注意避免两种失误：一种是误舍，将一些具有开发前景的产品构想筛选掉；另一种是误用，将一个没有发展前景的产品构想付诸实施，结果投入市场后遭到失败，造成人力、物力、财力和时间的损失。为避免出现以上失误，要求企业领导干部和有经验的专家对每一个构想的新产品的性能、质量、技术先进程度、市场需求、市场竞争力、原材料供应、设备和劳动力利用、开发周期、开发费用、制造成本以及经济效益等因素进行评定审核，做出最终抉择。

为提高评估的科学性，可运用多因素综合评价方法，对各因素进行评分，然后记入新产品构想评价表，再根据预先确定的评价标准确定优劣。

3. 产品概念的形成与验证

经过筛选的产品设想需进一步形成完整的产品概念。例如，某葡萄酒厂提出拟利用葡萄为原料开发葡萄饮料的新产品构想，这种构想可衍生出许多具体的产品概念，如葡萄汁汽酒、葡萄可乐等。因为顾客购买的不是产品构想（葡萄饮料），而是葡萄汁汽酒等产品，企业开发的也是具体的产品，所以要把产品构想转化成为产品概念。企业对几种产品概念从销售量、生产条件、产品质量、产品价格、销售对象、市场地位、收益率等方面加以评估比较，再把选定的可行产品概念提交给一组消费者，听取和收集他们的意见。方法是利用文字描述或制作实体模型，说明产品的特性、用途、外观、包装、价格等，请消费者针对此概念回答有关问题。如与同类产品相比，该产品有何特点，能否满足其需求，对产品的外观、品质、性能、价格、包装等方面有何改进的建议，估计哪些顾客会购买本产品，等等。通过产品概念的验证，有助于完善产品概念，并选出最佳产品概念作为新产品开发目标。

4. 可行性分析

可行性分析即对已拟定的新产品开发方案进行生产、技术、财务、安全、环保、市场环境、顾客需求等方面的可行性分析，经比较分析，评价是否应该开发这一新产品，并从多个开发方案中选择一个最佳方案。

5. 产品研制

产品研制即由产品研制部门将抽象的产品概念转变成实体产品。实体产品研制出来后，才能正式评价产品在技术上、经济上是否真正可行。若通过鉴定发现产品在结构性能上有缺陷，必须立即加以改进，完善产品性能和质量。如果被否定，整个过程应立即中止。

6. 市场试销

产品试生产出来后，为检验产品是否真正受到消费者的欢迎，企业可进行市场试销，目的是了解消费者对产品的意见和建议；了解市场的需求情况；收集资料，为选择有效的市场营销策略提供依据；发现产品缺陷，及时改进产品。

7. 正式投放市场

试销成功后，即可将新产品正式投放市场。为此，企业应采取有效的市场营销组合策略，使新产品顺利地进入市场，并尽可能缩短引入期，使产品早日进入快速成长期。

第 3 节　新产品开发管理

为使新产品在开发过程中减少风险，获得成功，必须有一个能力很强的新产品开发组织，对新产品开发的各个环节进行管理。现介绍以下三种组织形式。

1. 新产品开发委员会

其成员由技术、质量、生产、销售、财务、供应等部门的负责人或代表组成，共同承担新产品开发工作。该组织对新产品开发负有领导的责任，不直接从事新产品的研制、设计、生产、销售等工作，主要是讨论确定新产品开发方案和计划，组织并审批成立新产品开发小组，审查新产品开发预算，组织鉴定、验收等。有了这样一个委员会，就可以协调各部门意见，使各部门的构想和经验融为一体，但有时由于各自职责不清等问题也会产生一些不利因素。

2. 新产品开发部

由厂长或总经理亲自领导组织职能部门的有关人员，成立新产品开发部，专门负责新产品的研制、设计、生产、调研、销售、预算、质量、供应、鉴定、验收等各项工作。一旦新产品开发成功，转为正常生产，这项新产品开发工作即告结束，新产品开发部再进行其他新产品开发工作。

3. 新产品开发小组

由有关技术人员组织成立新产品开发小组，不受生产、销售和其他部门日常工作的影响，专心致志地开展新产品研制、设计、开发工作，但在开发过程中要得到其他职能部门的配合，如生产部门要配合制造出样品，财务部门要配合制定各项预算，销售部门要配合做好调研和试销工作，供应部门要配合做好新产品的物资供应等。一旦新产品试制成功，转入正常生产，新产品开发小组即行解散。

□ 小　结

从市场营销学角度而言，所谓新产品，是指与原有产品相比，具有新的功能、新的特征、新的结构和新的用途，能满足顾客新的需求的产品。

按产品创新程度分类，新产品大体上包括以下三类：(1) 全新产品；(2) 换代产品；(3) 改进产品。新产品开发过程包括七个步骤：(1) 提出构想；(2) 筛选；(3) 产品概念的形成与验证；(4) 可行性分析；(5) 产品研制；(6) 市场试销；(7) 正式投放市场。

□ 重点概念

1. 新产品——与原有产品相比，具有新的功能、新的特征、新的结构和新的用途，能满足顾客新的需求的产品。

2. 新产品开发过程——提出构想→筛选→产品概念的形成与验证→可行性分析→产品研制→市场试销→正式投放市场。

□ 思考题

1. 宝洁公司要开发一种营养速食汤料，这是一种含有蔬菜、蛋白质和纤维的快餐食品。你如何看待这一新产品构想？

2. 一公司总裁问新产品开发经理："如果推出这种新产品，能赚多少钱？"回答是："5年能赚300万元的净利润。"总裁又问："如果产品开发失败会损失多少？""100万元。""我们放弃这个计划吧。"总裁说。你同意总裁的观点吗？

3. 一种新产品成功开发的关键条件是什么？

案例分析

比亚迪与新能源汽车

"比亚迪将以双擎双模动力车为主、纯电动车为辅的产品战略快速打开新能源私家车市场。"比亚迪董事长王传福在2014年3月初如是表示。

王传福说这番话是基于这样一个背景，随着雾霾加重，中国政府对于新能源汽车的扶持也在加大，未来中国成为新能源汽车最大的市场已经无可厚非。王传福认为，"未来我们的私家车产品将以双模混合动力车为主，纯电动车为辅，这样可以适应目前国内充电桩等基础设施建设不足的情况"。针对外界提出的这一方案是不是比亚迪基于目前中国现状而采取的折中策略时，王传福回应称，主推双模混合动力车是现阶段比亚迪进入中国家庭最好的方式。这项技术将发动机和电机两种力量相结合进行控制，具有卓越的动力和更低的油耗，兼具实用性和便利性。目前这项技术已经搭载在"秦"上，根据测试，秦的总功率和总扭矩达到217kw和479N·m，百公里加速时间为5.9秒。

前不久，一场挑战赛风风火火地展开，接到比亚迪的战书，来自四面八方的车主纷纷向比亚迪"秦"宣战。超过30场对战，"秦"最终以19胜15负的战果交出答卷。这些热闹的活动正是比亚迪为自己的新车"秦"量身定制的独家秀场，这场秀也让"秦"尚未问世就成为焦点。依然高调地走在舆论前端，所不同的是，比亚迪此次力推的新能源汽车并没有延续之前的E系列电动车，而是另辟蹊径，推出双模混合动力车"秦"。

从E6到"秦"，比亚迪此次经历的不仅仅是产品名称的变更，更是新能源汽车模式上的变化。由于国内纯电动市场不成熟，比亚迪对纯电动汽车的坚持变得异常艰难。眼看其他企业纷纷大力发展混合动力车，比亚迪也开始了对自己的发展策略的思考。向来是纯电动车支持者的比亚迪改变了一贯的做法，首次重磅推出双模混合动力车。从纯电动到双模混合动力，比亚迪经历了革命性的变革。这项战略表明在新能源车领域内，比亚迪在个人市场推广双擎双模，在公交市场推广纯电动车。从自然吸气发动机，到TID动力总成、绿混技术，再到双擎双模动力以及纯电动车，比亚迪完成了从单驱到双驱的战略布局。3月10日，比亚迪"秦"在上海正式上市，这款产品的推出有望引爆上海的新能源汽车消费市场。目前"秦"的订单很多，产品供不应求。

王传福认为双模混合动力车是比亚迪未来的一个发展方向。不管什么动力都比不上双擎。比亚迪未来的战略是在新能源国家配套措施完善之后，推出一系列双擎双模设备。此外，除了动力模式的变革，"秦"拥有1 000多项专利，自主研发的技术创新颠覆了比亚迪的新能源汽车。

值得注意的是，“秦”并不是比亚迪混合动力的收官之作。按照王传福的预测，眼下距离新能源汽车产业实现完全电动化约有20年的过渡期，而纯电动和双模混合动力技术将是此期间的主力。因此，继双模混合动力汽车“秦”之后，在未来的两年时间里，比亚迪还将陆续推出搭载其新能源最新技术成果的三模混合动力车“唐”和“汉”。比亚迪在混合动力的道路上虽然只迈出了第一步，却对未来表现得很有野心。

其实比亚迪加快新能源汽车市场的战略布局仅是国内新能源汽车产业发展中的一个缩影而已，觉醒者远不止比亚迪一家。今年东风汽车公司新能源乘用车工厂计划投产E30和E30L两款纯电动汽车；长城汽车也计划于2014年底正式推出哈弗H7混合动力量产版车型；2015年，长安汽车将在全部乘用车上普及弱混，并逐步加强对中混和强混的研发和生产。随着国内新能源汽车发展政策越来越明朗，越来越多的自主车企开始将战略布局集中在新能源汽车上。面对这样的转型，中国自主品牌车企应进行哪些战略调整？

比亚迪做得最好的就是“逆向研发”：当大家都在研发传统动力汽车时，利用自己在电子产品上的优势抢占先机，逆向研发电动车；当大家一股脑儿涌向电动车时，又另辟蹊径研发混合动力、双擎双模车。把好质量关、像日本人那样把事情做精细到极致、深入研究、不断前进、在前进的道路上逐渐形成自己独特的设计风格，这样，一个世界级汽车品牌的轮廓就依稀可见了。

今天的中国车市，竞争何等激烈。汽车企业，特别是自主品牌车企要在“后发”地位上战胜“先发”的强大对手，必须深刻研究市场、理解市场，准确把握市场的需要和竞争的变化趋势，要在竞争变化趋势上先行一步，在竞争套路上有所创新。商场如战场，要取胜，一是要让自己变得强大，让对手无懈可击；二是寻找对手的弱点加以进攻；三是重心由产能转移到品质。为了提升品质，比亚迪收购了日本荻原模具的馆林工厂。收购的目的很简单，不看重设备和产能，主要是因为有日本的技术和工程师，通过这种给工人请老师的方式，学习日本的精益生产，快速提高产品品质。另外，在地方保护主义难以突破以及新能源汽车核心技术难以提升的当下，无论是比亚迪抑或其他新能源汽车企业，要想在全国范围内实现新能源汽车的普及推广，在未来相当长的一段时期内，依旧需要把核心技术的突破作为主要的战略任务。

资料来源：李永钧：《比亚迪战略之变》，载《汽车与配件》，2014（14）。

讨论题

1. 比亚迪为什么要推出双擎双模动力新能源汽车？
2. “秦”这款新能源汽车的优势是什么？
3. 比亚迪的逆向研发对其他企业是否有借鉴意义？为什么？

第 11 章

定价策略——事关企业的收入与利润

2013 年底，中国移动正式推出 4G 业务，但其套餐的资费水平引起众多用户的吐槽。为了扭转不利的市场局面，2014 年 5 月 14 日下午，中国移动在北京召开新闻发布会，宣布将自 6 月 1 日起面向全国客户推出 4G 新资费，内容包括 4G 自选套餐、4G 飞享套餐、4G 上网套餐、4G 商旅套餐四款主套餐和一款 4G 流量可选包。新资费调整后，得到了业界的广泛关注与用户的大量好评。总结中国移动此次 4G 资费调整，共具有以下四大特征：第一，门槛更低。切实放低了 4G 套餐的使用门槛，可满足更多 4G 入门客户的使用要求。第二，价格更实惠。4G 新资费中流量单价最高降幅达 50%。第三，服务更周到。中国移动开通了流量分享服务并推出了流量“季包”和“半年包”。第四，使用更安心。中国移动之前推出的服务举措依然适用于 4G 新资费，并进一步优化了流量加油包订购方式。除此之外，中国移动 4G 新资费还打破了包月制，将流量分享变成标配，解决了用户剩余流量清零的问题，这表明中国移动迈出了电信资费市场化的第一步。业界分析认为，4G 新套餐将会促进中国移动 4G 用户规模的增长，提升用户流量使用量，刺激产业链需求增长。资费下调将有效刺激需求释放，而用户规模增长和通信容量扩大将直接提升设备需求。同时，4G 的高带宽为移动视频、手游、在线教育等增值应用提供了基础，因此新资费的实行利好整体通信产业链，有利于提升产业发展速度。中国移动 4G 业务的定价策略值得我们去研究总结。

第 1 节　对产品定价的不同认知

在营销组合中，产品定价是唯一能产生收入的要素，而其他要素均表现为成本。因此，合理的定价不仅可使企业顺利收回投资，达到盈利目标，而且能为企业的其他活动提供必要的资金支持。然而，企业给产品定价又受许多因素制约，不可随意而为，而且，随着市场环境的不断变化，企业还须适时调整价格，以保持竞争优势和企业市场份额。

从理论上说，价格是产品价值的货币表现，以货币来表示的产品或服务的价值就称为该产品或服务的价格。微观经济学有许多关于价格的理论，但它们对企业实际定价策略的指导作用却十分有限，而价格高低又直接影响市场需求，影响产品在市场上的竞争地位和市场占有率，进而影响企业的销售收入和利润。另一方面，价格又是企业其他营销策略的函数，也是营销组合中最灵活的因素，须与营销组合的其他策略相辅相成地发挥作用。事实上，很多时候，买卖双方的交易是否成功，最终取决于对产品价格的认知能否达成一致。可见，价格是影响交易完成的主要因素。

在任何交易中，产品或服务的提供者当然都希望以他认为合适的价格卖出产品，而买方也希望支付他认为合理的价格。不过，双方对同一商品价格的认知却未必一致，由此导致成交失败的情况屡见不鲜。

卖方在制定商品价格时最关心的是在补偿产品成本后仍有利可图。一般来说，产品价格由生产该产品所消耗的正常成本、缴纳的税金和合理的利润构成；进入流通领域后，还要包括流通费用及流通环节所缴纳的税金和利润。因此，产品价格由生产成本、流通费用、企业利润和税金四个要素组成。其中，生产成本加流通费用所得的产品成本是产品价格的下限，产品价格只有在产品成本之上，企业才能获利；若产品价格低于产品成本，企业就会发生亏损。

传统上，许多企业采用成本加成定价方法，即在产品成本之上加一定的利润率。人们认为，通过定价收回产品的成本是天经地义的，因此，成本通常被看作产品价格的下限。一般来说，企业生产成本是相对稳定并且可以预测的，但现实中，我们知道有若干不同的成本计算方法，如总成本、平均成本、边际成本、变动成本、固定成本等，用不同的成本定价，产品的价格也就不同。

从政治经济学有关商品价值形成的理论中我们还得知，单个企业的生产成本不等于社会平均成本，如果企业定价的基础只是本企业的成本，而未考虑同行业其他企业的经营成本或社会平均成本，就会产生产品定价过高或过低的现象，结果都会对企业经营造成不利影响。另一方面，买方并不了解产品的成本，他们通常根据自己对某产品需求的强烈程度或将该产品与在使用价值上具有替代作用的其他产品的价值相对比来认知该产品的价值，从而形成自己愿意支付的价格。例如，一位面临毕业分配找工作的研究生，迫切需要一套像样的服装，他很可能乐意出较高价格买一套名牌西装。而他的父亲可能会觉得这套西装不值这个价钱，如果售货员向这位父亲以同样价格推销这套西装，结果很可能是“不成交”。再如，从北京到天津的 D351 列车票价是 39.5 元，这个价格必然影响人们对从北京到天津的汽车票价的认知。如果汽车票价高于 39.5 元，人们就可能放弃汽车改乘火车。

由此可见，消费者对产品价格的认知还具有以下两个特点：

（1）不同消费者对同一产品可能有不同的认知价格。

（2）既定的消费者对某产品价格的认知随着竞争产品价格的不同而不同。

因此，从总体来看，产品定价具有买卖双方双向决策的特征，作为销售方，切不可仅凭一己之意，主观地根据本企业产品成本制定价格。

第 2 节　影响产品定价的其他因素

成本和消费者的需求只是影响产品定价的两个最基本的因素，除此之外，还有许多因素影响企业的产品定价。从外部环境看，有市场竞争结构、竞争程度与政府政策等；从企业内部看，除去成本因素，最主要的就是企业定价目标和营销组合中的其他要素。

一、市场竞争结构

市场竞争结构影响企业定价的自由度。按经济学的分析，市场竞争结构可分为四种类型：

（1）完全竞争市场。这种市场上的产品价格是在竞争中由整个行业的供求关系自发决定的，无论买主还是卖主，都只是价格的接受者，而不是价格的制定者。

（2）完全垄断市场。这种市场完全为一个卖主所独占，垄断者可根据自己的经营目标在法律允许的范围内为商品定价。

（3）垄断竞争市场。它是介于完全竞争和完全垄断之间的一种市场状态。在这种市场上，各企业对自己的产品有垄断权，但由于其他企业可能提供类似的产品，因此企业之间存在或多或少的竞争。在这种条件下，企业可以利用其产品的独特性制定和控制价格。

（4）寡头垄断市场。在这种市场上，同行企业的数目不多，其中少数大企业生产和销售的产品在该行业中占有较大的比重。各企业相互依存、相互制约，产品的价格不是由市场供求决定的，而是通过各企业之间的妥协来决定的。

二、竞争程度

竞争程度对定价的影响主要表现为竞争价格对产品价格水平的约束。同类产品竞争的最直接表现是价格竞争。企业试图通过适当的价格和及时的价格调整来争取更多顾客，这就意味着其他同类企业将失去部分市场，或要为维持原市场份额付出更多的营销努力。因而在竞争激烈的市场上，企业都会认真分析竞争对手的价格策略，密切关注其价格动向并及时做出反应。

随着市场竞争日趋激烈，以营销组合为核心的全面竞争日益成为发展的趋势，这种竞争包含了产品、渠道及促销等各个方面。因此，企业定价时不仅要关注竞争者的价格策略，对其产品策略、渠道策略及促销策略也不可忽视。

三、政府政策

现代市场经济是受到政府调节和干预的经济。政府可以通过行政的、法律的、经济的手段对企业定价及社会整体物价水平进行调节和控制，因此政府政策也是企业定价时必须考虑的因素。

行政手段主要是在某些特殊时期，对某些特殊产品采取限价措施，包括最高限价和最低限价。限价措施在一定时期内对于保护消费者和生产者利益具有积极的作用，但长期采用不利于供求规律发挥作用。采用法律手段管理价格主要是为了保护竞争，限制垄断，防止各种不合理的价格歧视。经济手段是政府反通货膨胀的重要措施。它通过财政政策和货币政策的各种措施（如增加或减少税收等）影响企业的成本和利润。

企业在定价时还须考虑其他环境因素，如国内或国际的经济状况、是否存在通货膨胀、利息率的高低、汇率的变动等，这些因素都会影响价格。例如，汇率的变动将影响进口产品现在和未来的价格。汇率上升，则进口产品现价下降，未来价格上升；汇率下降，则进口产品现价上升，未来价格下降。

四、企业定价目标

除了成本因素，企业定价目标是影响商品定价的重要内部因素。一般认为，企业定价目标似乎都是获取尽可能高的销售额和利润额，但这只是企业长远的整体目标，具体到某一时期为某一产品定价时，企业的目标是有差异的。例如，某电器公司的目标可能是使产品以合理的价格获取更大的市场份额，这与目标为获取最大利润的企业的产品定价策略有很大不同。显然，前者定价须偏低，而后者定价须偏高。

归纳起来，有以下定价目标可供企业选择：

（1）最大利润目标。即企业以获取最大限度的利润作为定价目标。为了达到这个目标，企业将采取高价政策。

最大利润目标有单个产品和全部产品、短期和长期之分。如果目标是单个产品的短期利润最大化，企业势必采取高价政策，以获取短期超额利润，这主要适用于新产品推出时期。如果目标是单个产品的长期利润最大化，则不同时期的价格可能有高有低。

最大利润目标适用于企业的产品在市场上处于绝对有利的地位时，可实行高价、高利政策。但是这种目标不可能长期维持，否则必然遭到多方抵制、竞争、对抗，甚至导致政府干预。

（2）投资收益率目标。即企业以其投入资金的预期收益作为定价目标。它反映了企业的投资收益水平。投资收益率的公式为：

$$投资收益率=\frac{投资总回报}{总投资额}$$

为达到这一目标，产品定价时，需在产品成本的基础上加上预期收益。预期的投资收益率一般应高于银行存款利率，与业内平均利润水平相近。

一般在行业中处于主导地位，或产品具有独特性的实力雄厚的企业，可采用投资收益率定价目标。

（3）销售增长率目标。即企业以销售收入增长率或销售量增长率作为定价目标。以销售收入增长率为定价目标，商品定价通常较高；以销售量增长率为定价目标，商品定价通常偏低。

（4）提高市场占有率目标。即企业以产品的市场占有率或若干细分市场的渗透率作为定价目标。这时企业宜采取降低价格的策略，以求提高销量，从而扩大市场占有率。

（5）以保持现状为定价目标。所谓保持现状，是指保持现有的企业经营地位、销量、市场占有率和利润水平等。企业为保持现状，一般采取稳定价格策略，或采用非价格竞争手段。该定价目标一般适合有实力的大企业。它们已占据了相当的市场份额，有可观的利润，为了保持现状，阻止有风险的价格竞争，于是采用稳定价格的方针。

（6）以适应竞争为定价目标。即企业为避免在激烈的市场竞争中打价格战，两败俱伤，以适应竞争作为定价目标，以低于、高于或等于竞争者的价格出售商品。该目标主要适合中小企业，或在竞争中处于追随者地位的企业。

五、营销组合中的其他要素

营销组合中的其他要素也是一个影响商品定价的内部因素。例如，某计算机公司向大客户提供一揽子的服务，包括现场技术指导，为公司高级管理人员举办讲座，制定系统解决方案。通过向用户提供高附加值的服务，企业可以为所售计算机制定较高的价格。另一方面，通过网络销售兼容机的生产商只为用户提供有限的维修、担保服务，商品售价就必然低。又如，企业推出时尚款式的服装，通过名牌专卖店销售，商品定价就高；而推出普通的大众化服装，通过折扣商店销售，定价就低。

图 11—1 归纳了上述各种因素对企业产品定价的影响，图 11—2 则表明了消费者的认知价值与其他因素的关系。

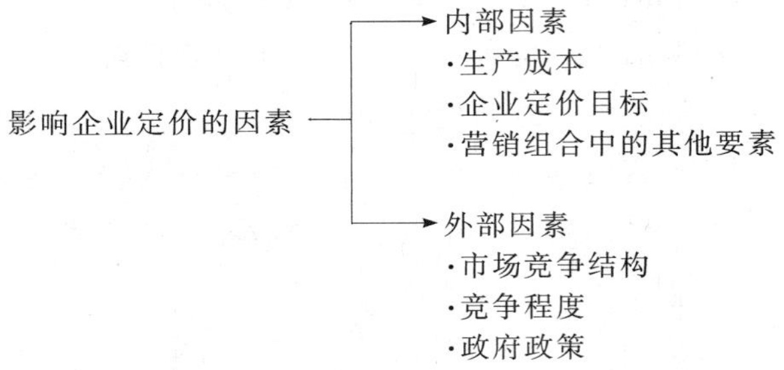

图 11—1　影响产品定价的因素

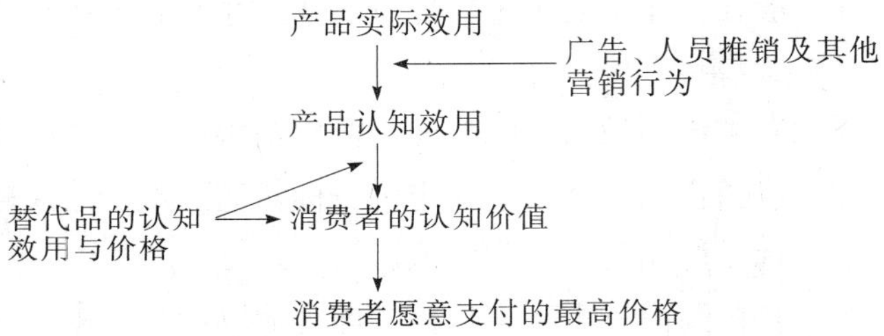

图 11—2　消费者的认知价值与其他因素的关系

如图 11—2 所示，产品实际效用借助广告、人员推销及其他营销行为的作用转化为产品认知效用。而消费者对产品的认知价值，又是在需求既定的情况下，参照替代品的认知效用与价格确定的。在这一基础上，最终形成了消费者愿意为该产品支付的最高价格。因此可以说，消费需求决定了产品价格的上限。当然，这里说的消费需求，不仅是对产品使用价值的需求，也不仅建立在对产品实际效用的认知基础之上，而且包含心理因素，以及企业整体营销策略带来的产品价值的提升。

我们的分析涉及了竞争对定价的影响，这其实也是一种生活常识，即相同或具有替代关系的产品的价格互为参考。近年来，我国彩电、冰箱、空调等众多家用电器企业大打价格战就是实例。行业内这种近乎“残酷”的价格竞争压力迫使企业不得不走产品差异化的经营之路。是什么因素造成某些行业的价格竞争程度较其他行业更高呢？首先，产品的差异化程度是一个重要原因；其次，在一些行业，消费者对其产品或服务的差别不在意，或认为这些差别意义不大；最后，在那些固定成本很高，变动成本很低，从而销售数量对利润影响极大的行业，价格的竞争更为激烈，航空业、酒店业即是典型。

第 3 节　基本定价方法

企业定价方法从原理上看，主要分为三种：成本导向定价法、需求导向定价法和竞争导向定价法。

一、成本导向定价法

成本导向定价法是以成本为中心的定价方法，最简便易用。它以产品成本为基础，加上预期的利润，即为产品的基本价格。生产企业以生产成本为基础，商业企业以进货成本为基础。根据采用的成本项目和所追求利润指标的不同，计算单位产品价格的成本导向方法也不同。它一般包括以下几种具体方法。

1. 成本加成定价法

成本加成定价法即单位成本加上一定百分比的加成得出产品价格。计算公式为：

单位产品价格＝单位产品总成本×（1＋成本加成率）

其中，单位产品总成本是单位产品的固定成本与可变成本之和。固定成本是不随产量的变化而变化的成本，可变成本是随产品产量的变化而变化的成本。

在上述定价方法中，加成率的确定是定价的关键，现实中，不仅各种产品的加成率相差较大，而且不同企业中同一种产品的加成率也不是固定的，须视各种具体情况而定。

成本加成定价法之所以普遍使用，主要是因为：第一，成本的不确定性一般比需求少；第二，只要同一行业的所有企业都采用这种定价方法，它们的价格将趋同，价格竞争的变数较少；第三，许多人感到成本加成定价法对买卖双方都较公平，尤其在买方需求强烈时，卖方不会利用这一有利条件谋求额外利益，而仍能获得公平的投资报酬。

但成本加成定价法的缺点也很明显。它忽视了市场竞争和供求状况的影响，缺乏灵活性，难以适应市场的变化。特别是如果仅从企业角度确定加成率，则很难准确得知可实现的销售量。

2. 目标利润定价法

目标利润定价法即根据估计的总销售收入和估计的销售量制定价格的方法。这种定价方法需运用收支平衡图，在图中反映了不同销售水平上的预期总成本和总收入情况。图 11—3 是一张收支平衡图，其中，E 为收支平衡点。在该图中，固定成本不随产量而变化，是一条直线，而可变成本与产量呈正比例变化，总成本则是可变成本与固定成本之和，因此，总成本在固定成本线上随产量增加而逐渐上升。总收入线以原点为起点，随着销售增加而逐渐上升，其斜率的大小相当于产品价格。

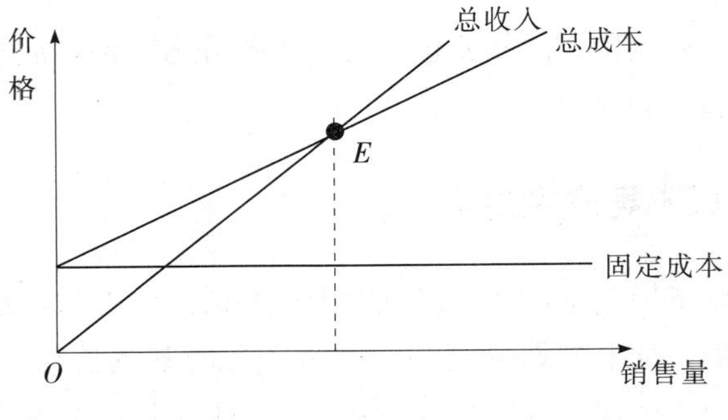

图 11—3 收支平衡图

例：某企业生产一种产品，投资额为 300 万元，预期投资收益率为 12%，预计产量为 15 万件，假定企业年固定成本消耗为 60 万元，单位变动成本为 6 元。单位产品售价达到多少才能实现预期投资收益？

总成本＝固定成本＋总变动成本

＝600 000＋6×150 000＝1 500 000(元)

目标利润＝投资额×投资收益率

＝3 000 000×12%＝360 000(元)

价格＝(总成本＋目标利润)/总销量

＝(1 500 000＋360 000)/150 000＝12.4(元)

目标利润定价法的价格是按预期销售量确定的，只要预期销售量比较准确，价格就比较准确，进而能保证企业目标利润的实现。但这种方法有一个重大的缺陷，即企业以估计的销售量求出应制定的价格，殊不知价格恰恰是影响销售量的重要因素。因此，为了确保实现预期销售量，企业应将价格、销售量与需求因素结合起来。

3. 盈亏平衡定价法

盈亏平衡定价法以总成本和总销售收入保持平衡为定价原则。当总销售收入等于总成本时，利润为 0，企业不盈不亏，收支平衡。其计算公式为：

$$P=FC/Q+VC$$

式中，P——单位产品售价；

Q——预计销售量；

FC——产品的固定成本；

VC——产品的单位可变成本。

例：某产品的固定成本为 80 万元，单位可变成本为 12 元/件，预计销售量为 5 万件，该产品的售价是：

$P=80/5+12=28$(元/件)

也就是说，该产品在收支平衡时的定价为 28 元。这种方法的优点是计算简便，可使企业明确在不盈不亏时的产品价格和最低销售量。缺点是要先预测产品销售量，若销售预测不准，成本计算不准，价格就定不准。而且，它是根据销售量倒推出价格的，而实际上价格的高低对销售量有很大影响。

4. 变动成本定价法

变动成本定价法又称边际贡献定价法。这种方法在定价时，不考虑价格对总成本的补偿，只考虑价格对可变成本的补偿，并争取更多的边际贡献来补偿固定成本。

所谓边际贡献，就是只计算可变成本而不计算固定成本时的收益，计算公式为：

边际贡献＝销售收入－可变成本

若边际贡献＞可变成本，其超出部分的收益即可用以补偿部分固定成本，这时企业可能有一定的亏损；若边际贡献能全部补偿固定成本，则企业不盈不亏；若边际贡献＞总成本，企业就盈利。

例：生产某产品需固定成本 90 万元，单位可变成本 10 元/件，产品年产量 10 万件，每件售价 20 元，目前订货量为 8 万件，生产能力有富余。现有用户出价 16 元，再订购 1.5 万件，则

边际贡献$=20\times8-10\times8=80$(万元)

新增订单的边际贡献$=16\times1.5-10\times1.5=9$(万元)

显然，在这个例子中，企业接受该笔订货比不接受更好，因为能使企业增加收入，边际贡献从 80 万元增至 89 万元，减少了损失。

这种方法适用于市场供过于求，企业生产任务不足的情况。企业承接临时生产任务时，可暂时不考虑以总成本定价，而采用变动成本定价法，以期维持生产、保住市场。因此，它是适合企业在短期内采用的一种灵活定价方法。

二、需求导向定价法

需求导向定价法是指按照顾客对商品的认知和需求程度制定价格，而不是根据卖方的成本定价。这类定价方法的出发点是顾客需求，认为企业生产产品是为满足顾客的需要，所以产品的价格应以顾客对产品价值的理解为依据来制定。主要方法有理解价值定价法和需求差异定价法。

1. 理解价值定价法

这种方法以消费者对产品价值的认知和理解程度作为定价的依据。消费者对产品价值的认知和理解程度不同，会形成不同的定价上限，如果价格刚好定在这一限度内，既能让消费者顺利购买，又能使企业有利可图。

实施这一方法的要点在于提高消费者对产品的效用和价值的认知。企业可以通过产品差异化和适当的市场定位，突出产品特色，再辅之以营销组合策略，塑造企业和产品的形象，使消费者感到购买这些产品能获取更多的利益，从而提高他们可接受的产品价格上限。

2. 需求差异定价法

这种方法是指根据因销售对象、销售地点、销售时间的不同而产生的需求差异对商品进行定价。例如，在餐厅或舞厅中对饮料的需求强度比在超市中对饮料的需求强度要高，因此在前种情况下可制定较高的价格。又如，旅游旺季对车船票和旅馆的需求强度大大高于旅游淡季，因此旅游旺季时可将价格调高些。

要顺利实行差异定价，必须满足以下条件：第一，市场必须能细分，且不同的细分市场显示出不同的需求强度；第二，要确知该细分市场的竞争者不会以较低价格进行竞销；第三，要能防止低价细分市场的买主向高价细分市场转售产品；第四，该价差不会引起顾客的反感；第五，不违反有关法律。

三、竞争导向定价法

竞争导向定价法是以市场上竞争对手的同类产品价格为主要依据的定价方法。对一些市场竞争十分激烈的产品，其价格的制定不能依据成本和需求，只能以竞争对手的价格水平为基础。这种方法的特点是只要竞争对手的价格不发生变化，即使成本或需求有所变化，产品价格也不变；一旦竞争对手的价格有了变动，即使成本或需求不变，价格也要及时调整。竞争导向定价法主要有以下三种方法：

1. 随行就市定价法

随行就市定价法是根据同行业平均价格或者同行业中实力最强的竞争者的产品价格制定本企业产品价格的定价方法。在测算成本有困难、竞争者不确定或难以估计采取进攻性定价会引起对手什么反应时，这种方法提供了一个有效的解决方案，可为企业节省时间，减少风险，规避竞争，有利于同行间和平共处。这种定价方法特别为小型企业广泛采用。

2. 密封投标定价法

密封投标定价法是买方引导卖方通过竞争成交的一种方法，常用于批量采购大型机械设备或建筑工程项目投资等。我国规定政府采购要尽可能采用公开招标。在做法上，一般由买方公开招标，卖方竞争投标，密封递价，买方按质优价廉的原则到期公布中标者名单，然后中标企业与买方签约成交。

投标价格是投标企业根据对竞争者的报价估计确定的。企业参加投标的竞争是为了中标，因此它的报价应低于竞争者的报价。一般来说，报价高，利润大，但中标机会小；反之，报价低，虽然中标机会大，但利润低，不能保证适当收益。因此，企业须同时考虑目标利润和中标概率，以确定投标的最佳报价。

3. 主动竞争定价法

企业不是追随竞争者的价格，而是根据本企业产品的实际情况及其与竞争对手产品的差异状况来确定价格。这种方法一般为实力雄厚或产品独具特色的企业所采用。

第 4 节　价格组合与定价技巧

除了基本定价以外，企业还需考虑价格的组合与配套，这其中有许多定价技巧可供企业采用。

一、产品组合定价

当企业同时经营多种产品时，定价需着眼于整个产品组合，而不是单个产品的利润最大化。加之各种产品之间存在需求和成本上的联系，有时还存在替代或竞争关系，因此，实际定价的难度相当大。具体做法有以下几种：

（1）产品分组定价。即将同类产品分为价格不同的数组，每组产品制定一个统一的价格。例如，将功能不同的各种手机的价格定为 2 000 元、1 500 元、1 000 元三种。这样，同类产品的品种、规格、花色虽多，但只有几种价格，便于卖方结算货款，也有助于消费者迅速作出购买决定。这些产品虽然成本有差异，但成本差与价差并不一致。如对功能复杂的型号可采取高价策略，使企业赚取高利润；而对功能简单的产品采取低价策略，以吸引更多顾客购买，增加企业销售额。

（2）系列产品定价。有时企业向顾客提供一系列相关的产品和服务，如一家酒店既为顾客提供住宿、餐饮服务，也提供娱乐、健身服务。那么，可以考虑住宿、餐饮定价较低，以吸引顾客；而娱乐、健身服务定价较高，以获取利润。

（3）互补产品定价。互补产品是指必须与主要产品一起使用的产品，例如手电筒和电池、照相机和胶卷、喷墨打印机和墨盒。一些既生产主要产品又生产互补产品的企业，有时将主要产品的价格降低，而将互补产品的价格提高，靠后者赚钱。如有的公司买三个墨盒赠送一台打印机，实际上就是压低了打印机价格，提高了墨盒价格。

二、折扣定价

为鼓励顾客大量购买或在淡季购买，以减少存货或增加销售额，企业通常可以酌情降低商品价格。这种价格调整称为价格折扣，可以分为以下几类：

（1）数量折扣。即根据购买数量决定价格折扣水平，购买数量越多，折扣越大。这是鼓励和吸引顾客长期大量购买的一种定价策略。其可行性在于，大量购买能使企业降低生产、销售、储存、运输等环节的费用。

（2）现金折扣。即根据购销合同，针对按约定日期提前付款的顾客给予的一种价格折扣。例如，合同规定顾客须在 30 天内付清款项，若 10 天内就付清，则给 2%的折扣。采用现金折扣可以减少企业的应收账款，鼓励消费者及时付款，加速资金周转，避免坏账、呆账。这种方式多适用于零售商向批发商购货或批发商向生产商购货。

（3）交易折扣。又称功能折扣，即厂商根据中间商在营销中担负的销售、储存等职能，给予不同的折扣，这实际上是生产企业对中间商在销售其产品时所支付的劳务报酬，目的在于利用价格折扣刺激各类中间商更充分地发挥其营销能力。

（4）季节折扣。某些商品的消费具有较强的季节性，为促进销售，企业对在消费淡季购买产品的客户提供价格优惠。这种策略可以鼓励批发商和零售商在淡季购买，使季节性产品的生产少受或不受影响，促进产品生产均衡化，加快企业的资金周转，节省费用。

（5）折让。这是另一种类型的对基本价格的扣减，包括以旧换新折让、促销折让等。以旧换新折让是在顾客购买新产品的同时交回旧产品的一种减价；促销折让是制造商向同意参加其促销活动的经销商提供的付款减价。

灵活运用折扣定价策略，是企业争取顾客、扩大销售的行之有效的重要方法，近年来有采用范围明显扩大的趋势。它既是定价策略的一部分，也是促销策略的一部分。

三、心理定价

消费者的购买行为由其消费心理支配，而消费心理是非常复杂的，它受到社会地位、收入水平、兴趣爱好等诸多因素的影响和制约。企业若能在产品定价时对此予以充分考虑，就能制定出较有吸引力的价格。常用的消费者心理定价策略有以下几种：

（1）整数定价。这种策略是把商品的价格定为整数，不带零头，一般适用于比较贵重的商品。消费者购买这类商品时，常把价格看作质量的标志，因此企业把基础价格定为整数，不仅能在消费者心目中树立高价高质的形象，而且能使消费者产生高档消费的满足感。

（2）尾数定价。这一策略与整数定价策略相反，采用零头标价，顺应了消费者的求廉心理。例如本应定价 200 元的商品，现定价 198 元，虽只低 2 元，但感觉上却便宜了许多。不仅如此，尾数定价还会给人定价精确的感觉，从而使消费者产生信赖感，激起购买的欲望。对于需求价格弹性大的商品，尾数定价可以促进需求量大幅增加。

（3）声望定价。即根据企业或品牌在消费者心目中所享有的声誉和威望，制定高于其他同类产品的价格。消费者购买名牌产品不仅仅是为了消费，还要显示他们的身份和地位，因此，名牌产品如果价格定得过低，反而不能满足消费者的心理需要。当然，这种高价格必须以高质量的产品或周到的服务为基础。

（4）参照定价。即按照消费者习惯了的价格定价。经常性重复购买的商品，尤其是日用消费品的价格，往往容易在消费者心目中形成一种习惯性标准。企业对这类产品定价时，要充分考虑消费者的这种倾向，不可随意变动价格。如果必须调价，最好同时采取改变包装、规格、成分甚至品牌等措施，引导消费者逐步形成新的习惯价格，避免新价格与习惯价格明显不一致造成消费者的抵触心理。

（5）促销定价。这种策略指企业为了招徕顾客，将几种商品以非常低的价格出售，或者在节假日和换季期间对部分商品实行折价让利销售，以此吸引顾客，带动其他商品的销售。

四、需求差别定价

需求差别定价，也称歧视定价，是指企业按照两种或两种以上不反映成本费用的比例差异的价格销售某种产品或服务。需求差别定价有以下四种形式：

（1）对不同顾客制定不同的价格。同一种商品，对某些顾客制定较高的价格，对另一些顾客则给予优惠。根据具体情况灵活掌握价格，差别对待。例如，许多博物馆和展览馆对学生给予价格优惠；公园对晨练的人给予价格优惠。

（2）对不同式样的产品制定不同的价格。不过，不同式样产品价格之间的差额与成本费用之间的差额并不成比例。

（3）对不同的位置制定不同的价格。某些产品的不同位置有不同的效果，如体育馆的座位，虽然前后排的成本都一样，但由于观赏效果有所不同，因而制定不同的价格。

（4）对不同的时间制定不同的价格。在这种情况下，产品或服务在不同季节、不同时期甚至不同时段都有不同的价格。例如，旅游服务企业在淡季和旺季的收费不同，长途电话在不同的时间收费不同，电影院晚场和白天定价不同。

五、地理区域定价

一般来说，企业的产品不仅在本地销售，同时还要向其他地区销售。而产品从产地到销售所在地，需要一定的运输费用。因此，企业还要考虑对位于不同地理区域的顾客制定不同的价格。

地理区域定价的方法有五种：

（1）产地定价。即卖方负责在约定的装运港将货物运到买方指定的船上交货，并承担此前的一切风险和费用。交货后的一切风险和费用包括运费则由买方承担。在国际贸易中称为“离岸价格”，简称 FOB。按照这一方法，每一顾客各自负担商品从产地到目的地的运费。这种做法看上去非常合理，但对企业有不利之处，即远方的顾客由于要承担相对较高的运输费用，就可能不愿意购买企业的产品，转而购买附近企业的产品。

（2）统一交货价。这种定价法与产地定价相反，完全没有地区差价。企业对不同地区顾客实行统一价格，按相同的出厂价加上相同的运费即平均运费计算，实际上是让近处的顾客承担了部分远方买主的运费，对近处的顾客不利，但很受远方买主的欢迎，并且便于计算。

（3）区域定价。介于上述两种定价方法之间，将产品的销售市场划分为两个或两个以上的区域，在每个区域内制定同一价格，一般对较远区域的定价会高些。采用这种方法要注意各区域差价之间的协调配合。

（4）基点定价。即企业选定某些城市作为定价基点，然后按一定的出厂价加上从基点城市到顾客所在地的运费来定价。有些企业为了提高灵活性，选定多个基点城市，按照最近的基点计算运费，这样有利于企业扩大市场。

（5）免收运费定价。有些企业因为急于进入某些地区市场，愿意负担部分或全部商品运费。虽然这种定价方法减少了销售净收入，但从长远来看，对提高市场占有率和战胜竞争对手有较大的作用。而且，如果销售量大，平均成本会降低，乃至足以抵偿运费开支。

第 5 节　新产品定价与适时调整价格

新产品的定价需要特别讨论，因为可能涉及企业对产品的定位和整体竞争策略。在新产品推出前，企业很难确定消费者对产品的认知价值，又无竞争者的相似产品的价格作参考，尤其是全新产品和革新型产品。

在新产品定价方面，通常有三种基本定价策略可供采用。

一、撇脂定价策略

又称“撇奶油”定价，即在新产品刚进入市场的阶段（产品生命周期的引入期）采取高价政策，以求在短期内赚取最大利润。就好像先撇取牛奶表面的奶油一样，尽快从产品中撇取利益。采取这种策略的理由有二：一是认为新产品刚投放市场，需求强烈，需求的价格弹性不充分，以高价刺激用户，再配合产品本身的优势，有助于提高产品地位，刺激需求，尽快获取利润。二是一旦发现高价使产品难以售出或竞争对手出现，很容易降低价格，迎合消费者。如果一开始就实行低价，以后降价的空间就非常小。

撇脂定价的缺点是：首先，新产品刚投放市场，产品声誉尚未建立，这时以高价投入，不利于市场开拓，会影响销售量，甚至由于价格太高不能被顾客接受而使新产品夭折；其次，由于价格高，销售量可能很小，反而使利润额减少；最后，高价带来高额利润，会吸引竞争者迅速进入市场与之竞争，导致价格大幅下跌。所以，撇脂定价策略通常是新产品推出时采取的一种短期定价策略。

二、渗透定价策略

渗透定价策略即以低价将新产品投放市场的策略。这种策略的优点是：产品能很快被市场所接受，有利于打开新产品的销路；由于价低利薄，因而能有效地排斥竞争者进入市场，使企业能在较长时间内占领市场。

渗透定价策略的缺点是：由于利润低，投资回收期长；当新产品大量上市时，不宜再降价与竞争者竞争；若成本上升，需调高价格，这会引起顾客不满，影响销售量；由于低价出售新产品，会使顾客误认为产品质量不高，影响购买，也影响产品的形象。

渗透定价策略是一种长远的价格策略，适用于需求弹性较大、竞争对手较多、竞争者易进入的市场和企业在成本方面有一定优势的产品。

一般来说，撇脂定价策略适用于对价格相对不敏感，但对产品的认知价值高的市场；另一方面，当生产的规模经济性明显或存在竞争者进入的威胁时，采用以牺牲短期利润换取销售规模的渗透定价策略更为合适。

三、满意定价策略

这是介于以上两种策略之间的适中定价策略。企业不采取撇脂定价策略或渗透定价策略时，可采用满意定价策略，既使产品价格能被顾客接受，又使企业有适当的利润可赚。

与营销组合的其他策略一样，产品定价策略也不能恒久不变。首先，随着产品生命周期进入不同阶段，企业需相应地调整定价策略；其次，宏观经济环境和竞争形势的变化，也要求企业调整定价策略；最后，如果企业自身条件发生变化，或者营销组合的其他策略有所调整，定价策略自然也要随之改变。

一般来说，在以下几种情况下，企业可能调低商品价格：

（1）生产能力增加，或成本得到有效降低。如企业增加了新的生产线，生产能力大大提高，但市场却未相应扩大，此时，为挤占竞争对手的市场份额，企业往往会主动调低商品价格。近年来一些汽车制造企业在生产能力扩大后即挑起价格战就是出于这一原因。

（2）企业现有市场占有率下降。这通常发生在新进入的或已有的竞争对手采取了更具进攻性的营销策略，以挤占本企业的市场份额时。企业为防止市场份额继续丧失，不得不采取削价竞争的方式。这是一种被动降价，但如果运用得当，也会对竞争对手构成巨大的压力。

（3）经济不景气，消费者的实际收入和预期收入均下降，导致购买意愿下降。这在一些选择性商品上更为突出。消费者对一些可买可不买的商品会推迟购买，或选择价格较低的商品作为替代，迫使企业不得不降低商品售价，维系市场。

企业有时也会调高商品价格。虽然提高商品价格会令顾客或企业促销人员感到不满，但成功的提价却能使企业的利润大幅增加，或至少减少亏损。促使企业提价的原因主要有以下几点：

（1）由于通货膨胀，物价上涨，企业经营费用上升，迫使企业不得不提价以确保获取目标利润。但这时企业必须预估提价会对顾客需求产生多大影响，竞争对手会有什么反应；要避免因提价过高，导致顾客需求下降过猛，以致不仅无法实现利润目标，甚至丢失市场份额。

当然，企业也可以不采取直接提价的办法，而通过减少包装量，用较便宜的配料或零件代替，换用较便宜的包装材料或加大包装规格，减少某些不太重要的服务等办法来降低成本。但前提是不能降低产品质量，否则将影响企业与产品的声誉，甚至失去市场。

（2）企业产品供不应求，不能满足所有顾客的需要，在这种情况下，企业可以适度提价。

应特别指出的是，企业提价的方式并非都是提高商品价格，还可以采取减少价格折扣、减少某些服务或由免费改为收费、在产品大类中增加高价项目或减少低价项目等，这些方式均可实现企业提价目标。

第 6 节　制定价格策略的程序

企业在推出新产品时，会遇到如何制定适当的价格策略的问题。由于影响企业定价的因素众多，而适当的产品定价又事关重大，因此，遵循科学的定价程序十分重要。

（1）确定企业定价目标。不同定价目标下的产品价位和定价方法将会有所不同。

（2）估算成本。不仅要考虑静态成本，还需考虑与不同产量相对应的成本。大多数情况下，随着产量的上升，产品平均成本会相应下降，尤其是在固定成本比重较大的情况下。如果新产品的目标是替代市场上现有的某种产品，则企业还须确定产品的目标成本，以使新产品能符合目标价格的要求。

（3）分析市场需求。绘制产品的需求表（用图形表达就成为需求曲线）。产品需求曲线表明产品价格与需求之间的大致对应关系，即在什么价位可能会有多大的市场需求。图 11—4 是一个需求表与相应的需求曲线的例子。

价格(元)	需求(单位)
10	10 000
12	9 600
14	9 000
16	8 000

需求表

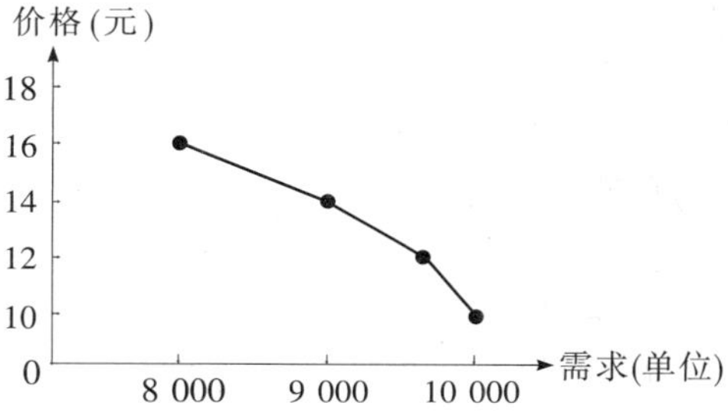

需求曲线

图 11—4　需求表与需求曲线

（4）分析竞争对手的产品、成本和定价策略。如果说产品成本为企业定价确定了下限，市场需求为产品定价确定了上限，那么竞争对手的定价策略就为企业树立了一个参考的标准，尤其在为新产品制定价格时。

（5）选择基本定价方法。成本导向、需求导向和竞争导向是制定商品价格的方法，它们各有其合理性和便利性，也各有其适合的条件，现实中，三方面因素都要考虑，但具体操作时只能用一种方法。

（6）运用定价技巧，确定最终价格，包括心理定价、组合定价等。

（7）随着外部环境因素和企业内部条件、战略和目标的变化以及产品生命周期的演变，适时调整产品价格。

□ 小　结

在营销组合中，产品定价是唯一能产生收入的要素，合理的定价不仅可使企业顺利收回投资，达到盈利目标，而且能为企业的其他活动提供必要的资金支持。随着市场环境的不断变化，企业还须适时调整价格，以保持竞争优势和企业市场份额。

影响产品定价最基本的因素是成本和消费者的需求。此外，还有许多因素影响企业的产品定价。从外部环境看，有市场竞争结构、竞争程度与政府政策等；从企业内部看，除去成本因素，最主要的就是企业定价目标和营销组合中的其他要素。

企业定价方法主要分为三种：成本导向定价法、需求导向定价法和竞争导向定价法。

定价技巧有：(1) 产品组合定价；(2) 折扣定价；(3) 心理定价；(4) 需求差别定价；(5) 地理区域定价。

初入市场的新产品可以依据需求、竞争、生产等不同情况采用撇脂定价策略、渗透定价策略、满意定价策略。

与营销组合的其他策略一样，产品定价策略也不是恒久不变的。首先，随着产品生命周期进入不同阶段，企业需相应地调整定价策略；其次，宏观经济环境和竞争形势的变化，也要求企业调整定价策略；最后，如果企业自身条件发生变化，或者营销组合的其他策略有所调整，定价策略自然也要随之改变。

制定价格策略的程序为：(1) 确定企业定价目标；(2) 估算成本；(3) 分析市场需求；(4) 分析竞争对手的产品、成本和定价策略；(5) 选择基本定价方法；(6) 运用定价技巧；(7) 适时调整产品价格。

□ 重点概念

1. 成本导向定价法——以成本为中心的定价方法，最简便易用。它以产品成本为基础，加上预期的利润，即为产品的基本价格。

2. 需求导向定价法——按照顾客对商品的认知和需求程度制定价格。这类定价方法的出发点是顾客需求，认为企业生产产品是为满足顾客的需要，所以产品的价格应以顾客对产品价值的理解为依据来制定。

3. 竞争导向定价法——以市场上竞争对手的同类产品价格为主要依据的定价方法。对一些市场竞争十分激烈的产品，其价格的制定不能依据成本和需求，只能以竞争对手的价格水平为基础。

4. 成本加成定价法——单位成本加上一定百分比的加成得出产品价格。

5. 盈亏平衡定价法——以总成本和总销售收入保持平衡为定价原则。当总销售收入等于总成本时，利润为0，企业不盈不亏，收支平衡。

6. 变动成本定价法——又称边际贡献定价法。这种方法在定价时，不考虑价格对总成本的补偿，只考虑价格对可变成本的补偿，并争取更多的边际贡献来补偿固定成本。

7. 理解价值定价法——以消费者对产品价值的认知和理解程度作为定价的依据。消费者对产品价值的认知和理解程度不同，会形成不同的定价上限。

8. 需求差异定价法——根据因销售对象、销售地点、销售时间的不同而产生的需求差异对商品进行定价的方法。

9. 密封投标定价法——常用于批量采购大型机械设备或建筑工程项目投资等。在做法上，一般由买方公开招标，卖方竞争投标，密封递价，买方按质优价廉的原则到期公布中标者名单，然后中标企业与买方签约成交。

□ 思考题

1. 举例说明哪些行业的市场结构分别属于完全竞争、垄断竞争、寡头垄断和完全垄断。

2. 分析影响一家旅行社制定价格决策的主要因素。

3. 在上述例子中，如该旅行社分别采用成本导向定价法、需求导向定价法或竞争导向定价法，在具体方法上有何不同？你认为哪种方法更适合？

4. 简述主要的定价技巧。

5. 你认为超市和百货商店在应用价格折扣策略时，做法上会有差异吗？

6. 乘飞机和在餐馆就餐，哪种服务价格下调的余地大？为什么？

7. 简述制定价格决策的主要程序。

案例分析

华为手机“诡异”的定价策略

2014年5月7日，华为在巴黎发布了其年度旗舰产品Ascend P7，该款手机欧洲售价为499欧元（约合人民币4 280元），国内售价为2 888元人民币。

“诡异”的差异定价策略与华为的海外营收占销售额近八成有着不可分割的联系，同样反衬了国内市场在价格领域的惨烈搏杀。

华为消费者业务BG总裁余承东在接受笔者采访时解释称，海外消费者对价格的敏感度低，他们更看重手机本身的品质和品牌，而国内消费者更看重价格。

“低价必然会导致产品质量下降，玩价格战最终会玩死自己，只赚30元钱的廉价手机我们不做。”余承东坦言。

这一说法似乎是对华为CEO任正非此前对终端业务警示的回应——华为开始向中高端的精品战略迈进，未来会停掉一些低端产品线。同时，华为今年在终端业务的专利和技术研发上将投入超过10亿美元。

“其实从去年我们就开始和苹果公司互换专利，在有些项目上，苹果是付费给我们的。”华为公司一位内部人士向记者透露。

不过，前有苹果与三星两大巨头，华为终端的“加减法”能否助其弯道超车，冲刺全球第二的市场份额依然待解。

摆脱低端追求高利润

对于P7的市场预期，余承东表示销售目标至少是1 000万部。

去年P6发布时，余承东也提出了同样的业绩目标，不过这一目标并未实现。截至目前，P6共销售400多万部，中国市场贡献了60%以上的销售额。

余承东表示，P6的1 000万部目标没有实现，主要是受到4G市场的影响。“P6作为一款3G手机，上市时受到4G概念的影响。我们以为3G手机销量会下降，所以减少了备货，但是没有想到，后续需求量持续增加，由于缺货延误了销售。”

目前运营商正在不断降低对苹果和三星等高价机型的补贴。余承东表示："对我们来说，这是一个很好的机会，没有了补贴，苹果的售价会提升，消费者可能会选择一些具备性价比的中端机型。"

此外，除了在价格、硬件上与苹果、三星全面碰撞，华为每年的研发投入中超过60%的预算被投入到软件和系统中。

由此看出，华为正在借助P7全力使自己从低端的品牌队列中脱离出来，投入到高端产品和生态链的竞争中去。不过，提高品牌溢价与品牌影响力依然是横亘在诸多国产品牌面前的最大难题。

资深通信行业人士曾韬在接受笔者采访时认为，未能重视品牌建设，并过度依赖运营商渠道将是华为提高盈利亟须突破的瓶颈，也是导致国内品牌利润率过低的重要原因。

"华为终端真正独立出来也就是2011年，以前我们都是做白牌机，帮运营商做两三百块的便宜手机，还不能印上华为的Logo，完全没有任何知名度。"说到这一历史，余承东颇为不平。

不过，华为很快放弃了ODM策略（俗称"贴牌"）。在一些早期放弃ODM策略的地区，目前华为的市场份额已占到25%以上。

"华为在手机研发上每年投入超过10亿美元，持续的高投入必须要有良好的利润作为支撑，而华为终端每年只有几亿美元的利润。"余承东向记者透露，这也是华为终端策略发生改变的根本原因。

"要利润，不要销量。"这成为华为终端上下贯彻的一个终极思路。

品牌建设生死攸关

对于目前流行的互联网手机品牌营销模式，余承东表示："华为在去年独立了荣耀品牌，进行互联网营销。总的来说，基本是线上猛炒作，线下加价卖。"

记者了解到，经历几轮低价产品的销售后，荣耀获利并不多，有的机型一台甚至只赚30元。而终端这几年能够持续高投入研发主要来自华为传统运营商业务的补贴，这样的模式随着时间的推移势必遭到摒弃。

华为的最新财报显示，华为消费者业务2013年营收首次突破90亿美元，盈利能力达到历史最好时期。不过，余承东透露，终端的净利润尚不足10亿美元。

对于华为消费者业务未来的战略，华为轮值CEO徐直军此前也表示，华为终端不做大规模宣传，通过口碑进行传播，核心是质量、体验、服务。

曾韬认为，华为去年独立荣耀电商品牌，很大程度上是受到了小米的冲击。"小米的技术特长和技术核心与华为不同，二者的盈利模式也不同。小米的模式更偏向互联网，而华为模式的优势在于全球化的渠道和技术储备，后者可能走得更远。"但是，他认为，在全球智能手机市场进入增长放缓局面这一时期，国产品牌手机会面临更大的挑战。

市场调查机构IDC的数据显示，今年第一季度全球共售出约2.82亿部智能手机，比2013年第四季度的2.9亿部有所下降。包括功能机在内，第一季度全球共售出4.49亿部手机，这个数字也比去年第四季度的4.93亿部有所下降。其中，首当其冲下降的是三星，今年第一季度，三星仍然毫无压力坐稳全球智能手机市场老大的位置，不过 30.2%的占有率略低于去年同期的 31.9%。第二位仍然是苹果公司，iPhone 拥有 15.5%的市场份额，同比下降 1.6 个百分点。华为以 1 370 万部智能手机发货量占据 4.9%的全球市场份额，排名第三，同比增长 47.3%。

"这两年对华为终端来说可谓生死攸关，未来只有两条路，要么快速成长，要么死亡。要快速成长，需加快品牌度建设，今年华为全球品牌度目标是 60%，明年是 80%，只有这样才不会死亡。"余承东给华为终端定下了这样的指标。他透露，今年华为终端出货量做到 8 000 万部没问题。

资料来源：《揭秘华为"诡异"定价策略：玩价格战是作死?》，OFweek 电子工程网，http：//ee.ofweek.com/2014-05/ART-8600-2817-28807203.html。

讨论题

1. 哪些因素会影响华为 Ascend P7 的定价?
2. 华为 Ascend P7 运用了怎样的定价方法?
3. 你觉得 Ascend P7 的定价是否"诡异"? 请详细阐述理由。

第12章

分销渠道选择——竞争新热点

20世纪80年代，家乐福、麦德龙等一批外资大卖场率先进入中国，以其“实惠”的形象与动作迅速打动了中国消费者的心。90年代，国美电器、永乐电器等一批家电卖场出现了，其发展之迅猛令人瞠目结舌。于是消费者逐渐改变了原先在百货店购买电器的习惯，“逛逛家电卖场”成了他们的第一选择。随后，以连锁形式发展的渠道遍地开花，从超市、便利店、家电专卖店、药店、书店等品类店到洗衣店、服装专卖店、汽车4S店等产品或服务专营店，都有着连锁的身影。进入21世纪，蓬勃发展的互联网对传统的分销渠道产生了巨大的冲击。新的分销模式不断兴起，比如网上零售、网上采购、在线拍卖、E物流公司等如雨后春笋般涌现出来。分销渠道的不断发展，给我国经济带来了深刻的影响，改变着我国不同行业的游戏规则。但归根结底，消费者力量的不断增强，才是引导分销渠道变革的根本原因。只有拥有能够充分代表消费者利益的分销渠道，才能在日趋激烈的市场竞争中脱颖而出。

第1节 分销渠道的作用与构成

商品经济条件下，生产和消费在时间、空间、产品数量、品种结构上相分离，商品必须通过交换，完成所有权和实体的转移，才能从生产者抵达消费者。我们将承担这一任务，实际完成将产品或服务送达目标顾客的一系列机构组成的通道，称为分销渠道。分销渠道决策的内容就是对这些中介机构的选择和管理。

分销渠道由一系列市场中介机构或个人组成。渠道的起点是生产者，终点是消费者或用户，中间环节有各类批发商、零售商、代理商和经纪人。

在现代商品经济条件下，大部分生产企业并不直接把产品销售给最终用户或消费者，而要借助于一系列中间商的转卖活动。由于商品本身兼具价值和使用价值的双重属性，因此，商品在流通领域的转移，实际上包括由商品交易活动完成的商品所有权转移过程和由商品储存、运输等完成的商品实体转移过程两个方面。相应地，在定义分销渠道时也有广义与狭义之分。广义的分销渠道包括了提供商品储存、运输等物流服务的辅助企业，而狭义的分销渠道一般仅指由参与商品所有权转移或商品交易活动的中间商（它们中的大多数也同时承担商品储存、运输等实体转移活动）组成的商品流通渠道。这里关于分销渠道的含义是狭义的。虽然从性质上看，代理商和经纪人并不对商品拥有所有权，但它们帮助完成了商品的买卖交易活动，因此也应算作分销渠道的一员。

为什么大多数生产者选择通过分销渠道而不是自己直接将商品出售给消费者？原因主要有以下两点：

（1）大多数生产者缺乏将商品直接销售给最终顾客所必需的资源与能力，而这些正是中间商与中介机构所擅长的。作为社会分工的产物，中间商由从事市场营销职能的专业人员组成，他们更了解市场，更熟悉消费者，各种营销技巧掌握得更熟练，营销实践经验更丰富，并握有更多的营销信息和交易关系。因此，由他们承担营销职能，工作将更有成效，营销费用相对较低。另一方面，中间商有自己独立的投资。如果生产企业自己承担营销职能，它必须为此投入资金、人力和设备；如果将营销职能转给中间商，不仅可利用专业人员的工作效率，还能相应地节省资金投入，或将这笔资金用于技术开发和扩大生产规模。这与企业在其他方面购买的专业服务，如金融服务、医疗服务、清洁服务、安全保卫服务等十分相似。

（2）中间商的介入起到了经济节约的作用。如图 12—1 所示，（a）部分表示 3 个生产者分别对 3 个顾客直接销售，整个过程需要进行 9 次交易；（b）部分表示 3 个生产者通过一个中间商完成交易，交易次数减至 6 次，这样，中间商的介入帮助减少了工作量。依此类推，卖者和买者数量越多，中间商介入所减少的交易次数及节约的社会总劳动就越多。这是中间商最重要的贡献。

从完成的职能看，一方面，中间商分担了生产企业的市场营销职能。一般来说，中间商更了解市场需要，有更广泛的市场业务联系面，尤其在企业打算进入某个陌生的地区市场时，中间商的帮助更为重要，这就是中间商的所谓“眼长、手长、腿长”。现代商品社会，生产规模日益集中，这决定了企业市场的辐射面扩大，即潜在顾客分布在更广的地理区域内。这样大范围的营销活动，一般规模的生产企业很难顾及，因此需要大批当地的中间商帮助宣传商

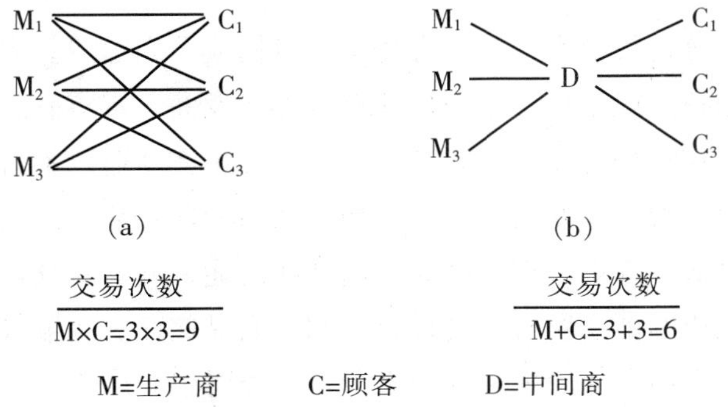

图 12—1 中间商节约社会总劳动示意图

品、开拓市场、组织销售。另一方面，对消费者或用户而言，中间商又充当了采购代理，将大批量购进的产品分解成适合消费者购买的多品种、小批量，送达便于消费者购买的地点，为他们提供各种服务，并在生产者和消费者之间调和矛盾。

当然，并不是所有分销系统都需中间商介入。面对产业市场的制造商，尤其是当其产品专业性强、用户面窄或用户采购批量很大时，通常可建立直接渠道。在消费者市场上，一些财力雄厚、品牌知名度极高的大公司也可能自己组建高度垂直一体化的销售公司或专卖店。但对大多数规模不太大、市场又分散的企业来说，利用中间商组建分销渠道必不可少，经济上也更为合理。

一般而言，消费者市场和产业市场分销渠道的构成不同，如图 12—2 所示。

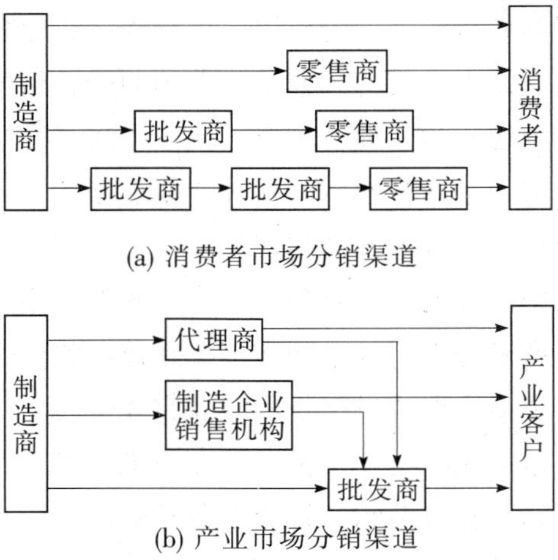

图 12—2 消费者市场与产业市场分销渠道对比

总的来说，消费者市场分销渠道所含中间商的数目比产业市场多；消费者市场分销渠道的出口是零售商，而产业市场分销渠道的成员中没有零售商。

我们通常从有无中介环节、环节的多少及每一环节含中间商数量的多少等几方面对分销渠道进行划分。

一、直接渠道与间接渠道

根据商品在从生产到消费的流通过程中是否经过中间商转卖，一般将分销渠道分为直接渠道和间接渠道。生产企业直接将产品卖给用户，没有中间商介入的情况，称为直接渠道。在产业市场上，许多生产设备和原材料都采用直接销售的方式。过去消费者市场上直接销售很少见，因为个人消费者过于分散，销售成本高昂。现在，随着电视直销、网上销售的发展，直接销售在消费者市场上也有了很大的发展。

间接渠道指含有一层或多层中介机构的分销渠道，是消费者市场上占主导地位的渠道类型。

二、长渠道与短渠道

根据商品在流通过程中所经中转环节的多少，将分销渠道分为长渠道和短渠道。显然，没有中间环节的直接渠道最短；中间层次或环节越多，渠道越长。一般来说，在同样情况下，短渠道比长渠道节省周转时间和费用。但同种产品，由于市场地理位置不同，将产品送达远处的市场需要长渠道，近处的可用短渠道；在市场远近相似的情况下，中间商规模大小的不同也会影响渠道长短，如一种产品通过大型零售店销售，渠道可相对较短，通过小型零售店销售，渠道可能较长。因此，长短渠道孰优孰劣不能一概而论。实际上，企业往往采取多种分销渠道销售产品。

三、宽渠道与窄渠道

渠道的宽与窄取决于商品流通过程中每一层次选用中间商数目的多少。如生产洗发水的企业通常选择由许多批发商和零售商组成的分销渠道，以便分散的顾客都能方便地买到商品；反之，经营钢琴的企业在一个城市也许仅选择一家特约店，因为其目标顾客不在乎购买是否方便。前者称为宽渠道，因为每一层次有众多的同类中间商；后者称为窄渠道，因为每一层次中间商的数目少到了极限。当然，除了独家经销的情况，宽窄都是相对而言的。

在传统分销渠道中，渠道的每一个成员，如生产者、批发商、零售商等，都作为一个独立的单位参与到渠道整体中，但每一成员均有自己的经营目标和利益，任何一个层次的成员都无法对其他成员进行实质性的控制。渠道之所以存在主要是基于成员间的互利关系，当任何一方都无法从中获利时，这种渠道就会消失。各层次的渠道成员之间的关系没有正式的规定，各成员之间基于对自身利益的考虑建立这种关系。

现代企业倾向于建立一种垂直分销系统。在这种分销系统中，各个层次的成员，如生产者、批发商、零售商之间形成一种更密切的联系。系统中的成员或拥有专卖特许权并将其授予其他成员，或拥有某种权力可以迫使其他成员合作。在垂直分销系统中，生产者、批发商或零售商都可能处于支配地位。

垂直分销系统的出现是竞争激化的结果，是企业为了形成自身的竞争优势，控制各渠道成员行为，消除渠道成员为追求各自目标所引起的冲突的产物。

垂直分销系统有三种主要形式：

（1）直营式垂直分销系统。这种形式是在单一所有权下把生产和分销这两个阶段结合在一起，实际上是一种一体化经营，通过前向或后向垂直一体化完成。

（2）支配式垂直分销系统。这种形式不是通过共同的所有权，而是以某一方的规模和权力来协调生产和分销。如拥有优势品牌的生产企业柯达、吉列、宝洁等公司可能争取到中间商在产品陈列、货架空间、促销和价格政策等方面不寻常的合作。

（3）契约式垂直分销系统。这是指由不同生产和分销层次的独立生产商和中间商以契约形式将它们的经营计划融为一体。近年来契约式垂直分销系统发展得很快，已成为分销渠道系统最重要的发展趋势之一，特许联营、汽车制造商与其经销商之间的关系即属这种性质。

第2节　中间商的类型

中间商由专门从事商品流通经营活动的企业和个人组成，它们的基本职能是作为生产和消费之间的媒介，促成商品交换。中间商在很早以前就已出现，而且，随着社会分工的发展，中间商内部的职能分工也在细化，形成了批发和零售两大类。批发的功能是将购进的商品批量转售给各类组织购买者，包括生产企业、服务企业、零售商、其他批发商和各种社会团体机构；零售的功能则是将商品卖给最终市场上的个人消费者。以批发经营活动为主业的企业和个人称为批发商；以零售经营活动为主业的企业和个人则称为零售商。

还有一种中间商称为代理商，它们与商业批发商的本质区别在于它们对商品没有所有权，不是将产品买下来，而只是代表买方寻找卖方，代表卖方寻找买方，或在买卖双方之间牵线搭桥（如经纪人）。因此，它们在商品分销过程中不承担风险。它们赚取佣金，而非经营利润，佣金一般为销售额的2%～6%。当然，代理商和经纪人都是独立自主经营的企业或个人，不是所代理企业的雇员，所以它们的报酬是佣金，而不是薪金。

代理商的经营范围一般较狭窄，专业性较强，而且所承担的职能基本限于协助完成商品所有权转移，而不涉及商业批发商通常承担的实体分销、融资、风险承担等职能。很多代理商只需一间办公室、一台电脑及一台传真机。但在现代社会，代理商以其专业的市场、商品知识，行业内广泛的客户联系，迅速获取信息及强力推销和谈判的能力，为社会所需，为生产企业开拓市场、寻找客户所需，有效地提高了营销网络系统的效率。

一、商业批发商

商业批发商是有独立投资、自主经营的批发商业企业，它们买下所经销商品的所有权，然后出售。在不同行业里，对商业批发商的称呼有所不同，例如中间批发商、配销商、分销商、经销商或供应商。商业批发商是批发商中人数最多的一类，其业务占全部批发业务的 60%以上。

商业批发商的主要职能是将大批的货物分成小批销售出去。此外，商业批发商还提供仓储、运输、融资等服务。

商业批发商主要有以下特点：

(1) 业务主要是大批量采购，大批量销出，因此商业批发商的业务量一般较零售商大，业务覆盖的区域也较零售商广。

(2) 由于不直接面对个人消费者，因此商业批发商所处的地理位置是否接近商业中心并不重要。相反，由于要大量购销，因此所处位置的交通和通信条件可能更重要。

(3) 从营销学的角度看，商业批发商的用户均属于产业市场，因此促销方式主要是人员推销，很少做广告或几乎不做广告。

(4) 商业批发商大多专营一定范围的产品，并对这类产品市场有专门知识，可为经营范围较广泛的零售商提供与商品有关的咨询服务。

(5) 商业批发商在其专营的产品线内，通常经销多个甚至所有同类企业相互竞争的产品。商业批发商又可再细分为执行完全服务的批发商和执行有限服务的批发商；根据经营范围分为综合批发商和专业批发商；根据从事经营活动的市场范围分为全国性批发商和地区性批发商；还可分为进口批发商和出口批发商。

在专业批发商中，有一类可称为大宗商品的专业批发商。这类批发商的业务特点是将分散的货源组织起来，然后大宗地批发出去。它们的另一个特点是业务范围窄而专一，配置各种专用的仓库、运输设施，而活动范围或市场覆盖面却很广。如数十个大型专业批发商几乎垄断了世界谷物市场。石油、军火、木材等交易也有这一特点。

现代制造企业的销售机构承担了大量批发业务，它们组建有相对独立经营权的销售分公司，在国际和国内市场广泛从事本企业产品的批发经营活动。这一发展趋势与制造企业规模扩张、产品品种规格众多，以及力图更有效地控制产品销售过程有关。当生产企业认为自建销售分公司能更有效地承担营销职能时，就会部分或全部抛开专业中间商。

产业市场上那些专业性较强的商品，如生产设备、原材料、零配件，由于用户集中于某些行业及地区，制造企业的销售难度并不大。与之相反，消费者市场上，由于品种多样化和顾客非常分散，制造企业自组批发的比重就要低得多，但生鲜食品因需尽可能短的周转时间及特殊的储运条件，有不少制造企业直接批发给零售商。

其次，制造企业在所处行业竞争相对集中、企业规模相对庞大的情况下，采取自组分销网的情况较多。如美国的石油和汽车行业，虽然用户相对分散，但生产高度集中。制药业也是一例，美国医药卫生材料行业中，制造企业销售组织的批发额占到45%，这并非因为客户集中，而是由于制造企业规模庞大并占据垄断地位。这种地位使制造企业寻求通过自组分销网加大对最终市场的控制，加强与竞争对手的对抗，更有效地通过内部计划来协调生产与销售各环节的矛盾。

最后，各种新型商业组织与所有权形式，以及高度发达的社会分工也使制造企业控制自己产品的分销途径变得更容易，如代理制度的发展、零售连锁的发展、特许经营的发展及专业物流公司的发展。如在汽车行业，汽车制造公司通常赋予专业汽车零售商以特许经营权，专营本公司生产的汽车及零配件的销售；又如石油行业中的冶炼公司，实际上是通过授予特许经营权来控制成百上千的路边加油站，完成产品从生产者到最终消费者的转移。

制造企业销售机构的规模有大有小，独立程度也不同。有的接近独立的销售公司，有自己的仓库和庞大的销售网，几乎承担了企业全部的营销职能。如巨型的汽车制造厂商，在世界各地设置成百上千的汽车销售商店和维修服务站，几乎控制了产品销售的全过程。IBM公司在世界各地都设有销售办事处，不仅向计算机商店、办公用品经销商推销产品，还直接与政府机构、科研院所、大学打交道。中国目前多数大型家电企业组建了自己遍布全国的销售分公司，在许多城市直接向零售商推销产品。一些空调企业、名牌服装企业还直接开设了零售专卖店，如科龙、杉杉、鄂尔多斯。

上述三类批发企业中，商业批发商约占整个批发销售额的50%～60%；其次是制造企业的销售机构，占20%～30%；最后是代理商和经纪人，约占10%。

未来批发商业的发展将继续面临制造商自建销售公司、大型零售企业直接向制造商采购、连锁店自营批发的挑战。从现代技术在流通领域应用的角度看，计算机和现代通信网络的广泛应用，使制造企业与产业用户、零售商之间的直接联系变得更容易；物流与商流的分离，则使提供完全职能的传统商业批发商面临投资少、费用低的有限职能批发商，甚至代理商、经纪人的挑战；

B2B，B2C 商务网站的发展，可能进一步吞噬批发商甚至传统零售商的生存空间。

二、零售商

作为个人消费者，我们在市场上很少注意到批发商，我们接触的主要是零售商。

零售商由以零售经营为其主业的企业和个人组成。零售业务与批发业务的本质区别在于零售面对的是消费者市场，因此，是整个营销网络系统的出口，是商品流通的最后环节。零售业面对的顾客十分分散，其经营形式也更加多样化。在商品经济发达的国家，零售是庞大的行业，企业数量和就业人数通常超过生产企业与批发企业之和。

凡以零售经营活动为主业的企业或个人均称为零售商。零售商是将商品送达个人消费者手中的商品分销渠道的出口。零售企业数量多，形式也多。由于竞争激烈，零售业被公认为经营形式经常发生变化的行业。改革开放 30 多年来，我国零售业的变化同样巨大：一方面，传统百货公司朝超大型、超豪华型方向发展；另一方面，形形色色的食品超市、仓储店取代了过去的副食店、菜市场、粮店，各种品牌专卖店如雨后春笋，将过去的综合型专业店细化……总的看来，在零售经营形式上，我国正走向与世界各发达国家类似的道路。

从经营形式看，零售首先可分为有门店和无门店两类。有门店零售即大家熟悉的零售商店。无门店零售从邮购开始，消费者通过邮寄的商品目录、报刊、电话、电视、计算机网络获得商品信息，再通过电话、邮件、传真或网络直接向厂商订购商品或服务。无门店零售还包括上门推销和自动售货机等。有门店零售主要有以下几种经营形式：

1. 百货公司

百货公司起源于 19 世纪中叶的欧美，商店规模较大，经营商品范围广且深，商品档次较高，属大型综合性商店。内部按照服装、家庭日用品、洗涤化妆品、五金商品、文化用品等分为不同的商品部。每一大类商品部经营许多品种、规格的商品。通常在城市的最大商业中心都有 2～3 家大型百货公司，经营商品可达数万种到数十万种。在城市二三级商业中心或郊区购物中心，则有规模较小的 1～2 家百货公司。不过，目前无论中国还是发达国家的传统百货公司都面临着新型零售业态的巨大竞争压力，不得不调整自己的经营战略和商品结构。

2. 专业商店

专业商店的特色是经营单一大类花色、品种、规格齐全的商品，例如妇女服装商店、鞋店、体育用品商店、电子产品商店、音像制品商店等。这类商店通常以经营该类商品中各具特色的中高档品种为主，价格偏高，但能为消费者提供广泛的选择余地，可以满足各种特殊需求，服务项目齐备。

专业商店规模可大可小、经营品种可多可少。随着商品品种的丰富和人们需求的多样化，专业商店获得了迅速发展，在各商业中心和购物中心均扮演主要角色。它们在商店选址上的一大特色往往是经营同类商品的若干家专业商店聚集在一起，生意反而更兴隆。专业商店的数量众多，规模、档次相差甚远，与综合型商店总是处在某种竞争中。未来最有可能发展的是大型专营店和品牌专卖店。

3. 超市

超市起源于20世纪30年代，但直到第二次世界大战后才在美国迅速发展起来，随后被推广到很多国家。超市是一种大规模、低成本、低毛利、消费者自我服务的零售经营方式，主要经营食品，后来发展到经营洗涤用品、家庭日用品、药品、小五金等众多种类的小包装商品，以进一步扩大销量、降低成本。

我国在80年代初开办了超市，因主要突出开架售货，故又称自选商场。但那时的自选商场大多规模很小，经营成本较高，普通居民的收入水平还难以承受各种小包装商品的高价位，因此大多数自选商场未能生存下来。到90年代初，超市又重新红火起来。短短几年间，城市居民已接受了这种新的购物方式，综合性的食品超市在大中城市逐步取代传统的副食店、粮店、菜市场，继而向大城市周边的中小城镇发展。

4. 折扣百货店

折扣百货店起源于20世纪五六十年代的美国，主要特点是商品售价便宜，开架售货，以中低档产品为主，鼓励大量购买。为降低成本，这类商店多开在租金较低的非中心商业区，提供尽可能少的服务和简单的销售设施。不过，商品售价低并不等于质量无保证，折扣百货店以经销全国性品牌商品为主，故既不必广做宣传，又能以低价让消费者买到质量可靠的商品。折扣百货店以连锁形式为主，市场占有率相当集中，其中以位居美国零售业第一的沃尔玛公司最为著名。

5. 便利店

这种商店的特点是规模较小，通常位于居民住宅区，顾客可以就近购买商品。便利店的营业时间长，必要时营业到深夜甚至通宵，一般在节假日也不休息，顾客随时都能买到商品，一般是饮料、面包、日用品、小食品、报纸杂志等，由于为顾客购买提供了便利，因而受到顾客的欢迎。小便利店深深扎根于顾客群之中，有雄厚的群众基础。

从商店自身看，虽然便利店小批量进货成本高，小批量销售商品周转慢，但是，因为它管理简单，没有专职管理人员，费用很低，所以，尽管劳动效率比大商店低，但仍然有一定的竞争力。

6. 批发俱乐部

批发俱乐部源于欧洲，起初主要面对小型公司、个体企业的批量购买，后来逐渐扩大到一般消费者，但采取会员制，需定期缴纳会费，凭会员卡进店采购。店的面积巨大（占地上万平方米），单店年销售额高达数亿美元，店址偏僻，经营的产品线宽，但每类商品品种不多，以周转快的全国性品牌商品为主。商品均直接码放在货架上，店内装修极为简单，商品包装较大，与一般零售店比，可称得上是批量购买。美国沃尔玛公司的山姆俱乐部和荷兰的万客隆是典型的批发俱乐部式商店，它们都已在我国京、沪、穗等大城市开有分店，带动了国内各种仓储俱乐部式商店的发展。

未来零售业发展呈以下明显趋势：

（1）不断强调顾客的自助服务。这样，顾客直接接触货架，一方面便于顾客挑选商品，另一方面可以减少营业人员，从而降低销售成本。但这种销售方式也给供应企业带来了新问题。例如，制造商必须加强广告宣传，还需改进包装以吸引顾客。

（2）电子计算机化。零售商广泛使用计算机，可以更有效地控制存货，将库存超储和库存短缺的情况减少到最低限度。利用电子计算机进行盈利分析，可及时淘汰无盈利的商品，进而降低成本。

（3）自有品牌迅速发展。自有品牌是指零售商对所经营的商品使用自己的商标，而不是采用制造商的商标。如西尔斯公司所销售的商品中使用自有品牌的达 80%；大西洋和太平洋茶叶公司销售的产品，使用自有品牌的超过 25%；许多超市也倾向于越来越多地销售自有品牌的商品。

（4）商品范围扩大。例如，药店销售化妆品、玩具、调味品等；超市销售药品；杂货店、百货公司销售汽车零件等。由于零售竞争的白热化，争夺商品目前十分流行，这使不同零售商之间的界限变得模糊，制造商也不得不考虑为其产品寻找新的零售形式。

（5）网上直销。许多专家认为这种形式将主宰未来的购物领域。随着家用电脑的普及、互联网的发展，越来越多的企业开始在互联网上注册。人们可以从网上收集到企业所提供的产品或服务的详细情况，包括图片和说明等，还可以在网上直接订购商品。许多零售商正试图寻找让顾客在家中通过互联网购物的方法。例如，当顾客在互联网上访问一些大零售商店的站点时，商店会提供本店目前经营商品的目录，顾客可以据此订货，货物会被直接送到顾客家中。很显然，随着家用电脑和互联网的发展，网上购物在未来必然会有很大的发展空间。

第3节 连锁商店与特许经营

一、连锁商店

零售业在20世纪的另一个重要发展是连锁商店。所谓连锁商店，即由同一公司所有，统一经营管理，经营相同或相似的商品大类，实行集中采购和销售，由有相似的建筑风格和标志的两个或两个以上分店组成的零售商店。连锁商店由于规模大，具有大量采购、大量销售的能力，能获得进货价格上的折扣，成本较低，因此售价也较低。连锁商店有标准的商店门面和平面布置，便于顾客识别和购物。由于连锁商店规模大，在进行业务洽谈时处于优势地位，能争取到较优惠的采购条件和较低的价格。

连锁商店可以是超市的连锁、专业商店的连锁、百货公司的连锁，也可以是酒店的连锁、快餐店的连锁。应该说，连锁是一种组织形式，而非经营方式。

由于各国法律规定不同，有些连锁商店的成员并不都属同一所有者，或服从相同程度的统一管理。根据所有权和集中管理程度的不同，连锁商店可分为直营连锁、自愿连锁和零售合作社几种。其中，直营连锁为同一所有者，统一店名，统一管理；自愿连锁是独立商店通过契约形式建立连锁关系，通常由一个批发商牵头，统一管理，统一采购；零售合作社主要是由一群独立的零售商组成的集中采购组织。

20世纪90年代以来，连锁商店在我国也获得了迅速发展。最初是超市和便民店，代表性的有上海华联超市、北京好邻居连锁，随后发展到众多行业，如餐馆、药店、鞋店、百货公司、书店等。

连锁的发展有助于突破零售企业由于顾客分散所造成的店址固定、单店规模小、经营成本高的限制，使企业可通过统一进货、统一的标准化管理和统一做广告形成规模效益。连锁经营无论对大公司还是小公司都适合，在未来很有发展前途。

二、特许经营

特许经营是指特许权授予人通过协议授权受许人使用特许人已经开发的品牌、商号、技术等。为此，受许人必须先付一笔首期特许费，此后每年按销售收入的一定比例支付特许权使用费，换得在一定区域内出售该商品或服务的权利，此外，还必须遵守合同中的其他规定。

现代特许经营起源于1851年的美国，胜家缝纫机公司在开始推销它的产品时建立了第一个特许零售系统。直到 20 世纪初，特许经营才较为普及，主要是汽车制造企业开始利用特许经营来扩大它们的分销系统。特许经营被誉为当今零售和服务行业最有潜力和效率的经营组织形式，特别适合那些规模小且分散的零售和服务业企业。与其他经营方式相比，它有如下特点：

（1）在特许经营中，受许人对自己的店铺拥有自主权，人事和财务均是独立的，特许人无权干涉。这与连锁商店不同。

（2）特许人根据契约的规定，在特许期间为受许人提供开展经营活动所必需的信息、技术、知识和培训，同时授权受许人在一定区域内独家使用其商号、品牌或技术等。

（3）受许人在特定期间、特定区域享有使用特许人的商号、品牌或技术的权利，同时又须按契约的规定从事经营活动。如麦当劳要求受许人定期到公司的汉堡包大学接受制作汉堡包及管理方面的培训；对所出售的食品有严格的质量标准和操作程序要求，以及严格的卫生标准和服务要求，如工作人员不准留长发，女士必须带发罩等。

（4）特许关系中明确规定的一点是受许人不是特许人的代理人或伙伴，无权代表特许人行事，受许人要明确自己的身份，以便在与消费者打交道时不致发生混淆。这使得特许经营关系与代理有本质的不同。

（5）在特许经营中，契约规定：特许人按照受许人营业额的一定百分比收取特许费，分享受许人的部分利润，同时也要分担部分费用。如麦当劳收取的特许费约为受许人营业额的 12%，同时承担培训员工、管理咨询、广告宣传、公共关系和财务咨询等责任。

特许经营可分为两种主要类型：

（1）产品、商标型特许经营。产品、商标型特许经营又称为传统特许经营方式。在这种形式中，特许人通常是一个制造商，同意授权受许人对特许产品或商标进行商业开发。特许人可能提供广告、培训、管理方面的帮助，但受许人仍作为独立的经销商经营业务。在美国，这种特许大约占所有零售特许的 70%。最典型的有汽车制造商、大型石油公司授权的加油站，以及可口可乐等饮料公司。

（2）经营模式型特许经营。又称为第二代特许经营，是最近一二十年发展较快的经营形式。这种形式的特许人与受许人之间的关系更为密切，受许人不仅被授权使用特许人的商号，还要接受全套的经营方式、指导和帮助，包括商店选址、产品或服务的质量控制、人员培训、广告、财务系统及商品供应等。这种经营方式常见于餐饮、旅馆、洗衣及照片冲印等行业。麦当劳就是特许经营形式中最成功的例子。

特许经营是一种回报较高的营销方式，但高回报伴随着高风险，即使在特许经营高度发达的美国，特许经营店的失败率也高达 45%。因此，在选择特许经营时，企业应注意以下几方面问题：

● 特许人应具有相当成熟的品牌、服务、技术等，能为受许人提供各方面的支持。

● 受许人自身的条件，包括：受许人必须愿意长时间地劳动；具有高水平的与人相处的技巧；有迫切的学习愿望；有充足的后备资金应对暂时的困难。

● 受许人应考虑自身条件是否与特许企业吻合，如受许人是否对该行业感兴趣，能否接受该特许企业的文化。

加盟特许经营体系是需要支付一定费用的。通过付费，加盟者获得特许经营的资格，并获得特许经营总部的指导与支持，特许经营总部则通过收费获得收入。

特许加盟费类似于入会费，用以反映加盟者的价值，并抵消总部的部分开支，包括对店铺和加盟者的评估、培训和监察，以及总部承担的商标注册费用、广告宣传费用、员工工资、办公费用、法律及会计服务费用等。因此，加盟店在加盟之初向总部支付的特许加盟费，实质上是总部提供特许加盟服务的成本。由于各特许经营系统的特许经营计划有所不同，特许加盟费的数量也各不相同，通常没有硬性规定或标准，并且经常波动。一般来说，特许经营系统在创建发展之初，特许加盟费的水平较低，在发展成熟之时，特许加盟费的水平较高；知名度高的大型特许经营系统的特许加盟费较高；业务兴旺的特许经营系统的特许加盟费较高，业务萧条的特许经营系统的特许加盟费较低。在特许经营的加盟合同中，通常会规定总部须为加盟店提供最初的设备及店铺的内部装修，这笔费用当然也须由加盟者承担，包括在首批费用之中。

特许经营费是特许经营公司定期向加盟店收取的费用，以弥补向后者提供服务与支援的成本。特许经营费占销售额的比例应当在特许经营合同中作出明确的规定。要评估特许经营费的适当水平通常十分困难，各个特许经营体系的收费取决于市场上的多种因素。其中，最主要的是总部提供的服务性质及其对加盟店的价值。从总部的角度看，特许经营费是未扣除支出的总收益，总部以这项收入支付营运费用并作为资本回报。从加盟店的角度看，则希望付出的费用物有所值，能够换回总部的服务与帮助，而且希望这笔费用控制在适当的范围之内。

一般来说，最初的特许经营费不会超过特许经营计划总成本的5%～10%，总部不能指望通过最初的特许经营费从加盟店获得丰厚的收益，特许经营费的水平可以在日后逐渐调高，以反映出经营权含金量的增长与效益。加盟店早期缴付的费用多半不能弥补总部的开支，但最初将加盟费维持在低水平，可以吸引更多的加盟者，为收入的未来增长奠定坚实的基础。

特许经营的优点在于：

（1）将经营失败的危险降至最低。对于一个缺乏经验的投资者来说，自己开一家店铺经营是很困难的，因此，加盟一个特许经营系统有时是明智的选择。根据国际经营协会的统计，国外普通企业第一年的破产率达 35%，5 年后的破产率达 92%；而加盟企业第一年的破产率是 4%～6%，5 年后也只有 12%。

（2）受许人通常还会得到全国性的品牌形象支持。对于加盟者来说，只要能拿出足够开店的资金，借助特许经营总部的商号、技术、服务等，便可以开展经营活动。加盟者由于继承了总部的商誉，在开业之前便拥有了良好的企业形象，容易给顾客带来亲切感，许多活动都可以在一个好的品牌和制度下展开。

创业阶段最艰难的一步，就是不知如何打开市场，树立形象。实力强大的经营者，可以尽量利用广告展开宣传攻势，力争在最短的时间内将自己的品牌留在消费者的印象之中。但是，一般的中小企业及个体经营者想做大规模的广告以一鸣惊人根本不可能。对于加盟者来说，由于想加盟的总部已有一定的知名度和市场占有率，所以开店的时候，各加盟店就可借助这种商誉和技术来发展自己。

（3）分享规模效益，将开业成本降至最低。

首先是采购规模效益。特许经营企业一般都实行联购分销，建立配送中心，所以采购成本较低，手续简便，货源充足。在这方面，特许经营比单店经营有着明显的优势。

其次是广告宣传规模效应。特许经营企业由于实力雄厚，有各加盟者的支持，因此往往财大气粗，广告费用惊人。近年来，麦当劳的年度广告支出一直保持在 10 亿美元的水平，在全美各大公司中名列前茅，但分摊到 28 000 多家分店和 400 多亿美元的销售额上，广告费用的负担并不重，各加盟店只需支付千分之一或万分之一的费用。当然，遍布各地的加盟店本身也是一种广告和促销，其作用不可忽视。

再次，分享企业技术开发的成果。特许经营企业为提高整个企业的声誉，通常会随时开发具有独创性、高附加值的商品和服务，以战胜竞争对手，各加盟店不必自设技术研究和开发部门就可分享这些商品或服务。

最后，加盟者还可以从总部获得其他方面的许多支持与服务。如通过参加总部的训练课程，加盟者可以弥补自身基础知识和专业知识的不足；总部通常会帮助加盟者选择店址，帮助加盟者获得资金，作为购买经营权的部分款项，帮助加盟者购买设备，挑选或购买供应品，帮助加盟者开业并顺利运作等。

那么，加盟是否就十全十美了呢？当然不是，企业取得上述利益是要付出代价或作出某种牺牲的。

（1）加盟店必须遵循特许经营总部的要求，很少有创新的余地。由于总部对全体加盟店的经营一致性有严格要求，以稳定由加盟店提供给顾客的服务或产品的质量，因此，各加盟店想完全自主经营是不可能的，接受总部的集中控制即是代价之一。

(2) 如果特许经营总部不擅长业务和管理，会使加盟店受到牵连，使那些满怀希望、准备开张的加盟店面临经营和资金风险。为了防止这种情况的发生，通常须以法律的形式，规定准备开展特许经营业务的企业有充分说明契约内容的义务。

(3) 投资者加入特许经营组织，无形中已将自己的投资得失与整个特许系统连在了一起，形成命运共同体。加盟特许经营组织会增强依赖性，几乎一切都要靠总部来安排和指导。过于依赖总部，加盟店就会失去独立性，放松经营和销售的努力。更为严重的是，一旦总部方面有所变化，加盟店会大受牵连，而且难以应变；如果个别加盟店失败，脱离组织，其他加盟店的形象和信用都会受到影响，而对总部来说，只是失去了一两个经营网点。

(4) 有条文限制经营业务的转让，这显然会阻止加盟者出售其业务。如果要中途终止合同，总部出于自身利益的考虑，往往不会轻易同意。如果店主欲将生意转卖给第三者，或者迁移他地，在未得到总部同意前，私自行动是不被允许的，即使该店的土地和建筑物都归店主所有。

(5) 总部的政策对加盟店的利润有很大的影响。例如，总部可能希望加盟店提高营业额（定期特许经营费正是从中提取的），但加盟者可能更想增加利润，而营业额的提高未必会带来利润的增加。

第4节　分销渠道选择

企业怎样为自己选择分销渠道呢？

首先，企业应该了解顾客的需要和购买行为。毕竟，分销渠道的基本职能是将商品送达顾客手中。例如，牙膏是顾客经常购买的商品，顾客最大的愿望是能方便地买到，因此制造商就需选择密集分销渠道，确保顾客随时随地能买到牙膏。反之，消费者在购买汽车前，已收集了大量信息，形成了对某个品牌的强烈偏好，这时，购买地点方便与否根本不在影响其购买决策的因素之列，他愿意去任何能让自己买到所追求品牌汽车的地点。在这种情况下，企业完全可以选择独家分销渠道。

研究顾客需求和购买行为与制定企业渠道决策的程序可分为以下四步：识别和了解顾客的需求与购买行为；按顾客的关键购买准则确定分销渠道结构；为顾客提供灵活多样的渠道选择；跟踪顾客购买行为的变化并采取相应对策。

这里，顾客的购买准则指顾客购买时优先考虑的因素。如有的顾客重视产品质量、售后服务；有的注重价格便宜、交易方便；有的重视商家信誉和直接接触。如戴尔公司渠道策略成功的原因就是，看准了一些客户购买计算机最重要的准则是按顾客要求定制、价格便宜，且交易便利。

为顾客提供灵活多样的渠道选择意味着多渠道。不同顾客对渠道的偏好可能不同，即使同一位顾客在不同环境下也可能选择不同的渠道。如一位顾客与朋友聚会时，可能愿意在餐馆就餐，而在家时，则愿意叫外卖。为此，餐馆需要提供两种分销方式：店内就餐和外卖。换言之，企业应采用多种分销渠道去满足不同顾客的需要。

其次，产品自身的特点也对渠道选择有重大影响。一般来说，鲜活易腐商品、时尚商品，渠道宜短，因这类产品在流通中时间因素特别重要，环节越少，从生产到达消费的速度越快；技术复杂、专用性强、客户集中的产品宜直销，因为中间商一般不具备所需的专业知识和技术；体积大、分量重、移动不方便的商品也适合直销，以减少中转的麻烦；制造成本与销售价格之间价差大，单价昂贵，需充分演示或较多附加服务的商品，亦可直销。

不过，产品特性对渠道选择的制约必须以顾客需求和购买行为为基础。如果顾客购买行为已经发生了变化，那么，即使产品没变，企业也需开辟新的分销渠道。

影响渠道选择的最后一个关键因素是盈利能力。再适合顾客购买行为或产品特点的渠道，如果无法获得利润，也不能长久。评价不同渠道盈利能力的常用指标是费用收益比，即每笔交易成本/每笔交易收入。

假定某制造企业通过零售商可以销出 1 万件产品，出厂价每件 10 元，估计单位成本 8 元，则净利润为 2 万元。如改为直销，假定也能销 1 万件，单价可增至 13 元，单位成本因流通费用的增加而增至每件 10.5 元，则净利润为 2.5 万元，在这种情况下，直销是更好的选择。但假如直销量到不了 1 万件，或单价卖不到 13 元，或流通加价不止每件 2.5 元，则可能出现不同的结果。总之，生产企业在作出采用何种分销渠道的最终决定前，务必先进行一番计算。

如果企业决定通过中间商分销其产品，就要决定所用中间商的类型：是批发商还是零售商？选择什么样的批发商和零售商？用不用代理商？

一个企业既可采用本行业传统类型的中间商和分销渠道，也可以开辟新渠道，选择新型中间商。如第二次世界大战前，钟表作为精密的工艺制品，在西方国家多通过珠宝店销售；第二次世界大战后，随着钟表工业大批量生产体制的发展，价格大幅降低，机械制作的中低档钟表已不被珠宝店接受，天美时公司转而开辟了杂货店的销售渠道，这种大批量生产体制与大批量流通和大众化消费相适应，终于取得了成功。

现代商品经济条件下，中间商的经营形式在不断变化，新的经营方式不断被创造出来，任何一家企业都不应囿于传统的渠道结构，不仅在产品上需要创新，在分销渠道决策上也要创新。

企业在具体选择中间商时还要考虑以下因素：

（1）市场覆盖面。中间商的市场覆盖面是否与生产企业的目标市场一致，如北京的某企业打算在西北地区开辟市场，所选中间商的经营区域就必须包括这一范围。

（2）中间商是否具有经销某种产品所必需的专门经验、市场知识、营销技术和专业设施。如经销计算机、照相机等高技术产品，要求中间商具备一定的技术人才；一些中间商在销售食品方面极富经验，另一些在经营丝绸呢绒方面历史悠久；有些产品需要人员推销，有些产品需要独具魅力的现场演示。总之，不同中间商的经营范围和经营方式不同，能够胜任的职能也不同，制造企业必须在根据自己的目标对中间商完成某项产品营销的能力进行全面评价之后才能作出选择。

（3）预期合作程度。有些中间商与生产企业合作得比其他中间商好，能积极主动为企业推销产品，并相信这也符合它们自己的利益。

（4）中间商的目标与要求。有些中间商希望制造商能为产品大量做广告或开展其他促销活动，扩大市场的潜在需求，使中间商更容易销售；有些中间商希望供需双方建立长期稳定的业务关系，制造商能为自己提供随时补充货源的服务，在产品紧俏时也保证供货；有些中间商则不希望与某一家制造商维持过于密切的关系。制造企业在做出选择前，对这些应有清晰的了解。

中间商类型的选择决定了分销渠道的长度。不同类型中间商承担的营销职能的范围不同，而每一产品在整个营销过程中所需完成的销售工作量是不变的。如果选择了能承担大部分职能的中间商，环节就可相应减少；反之，如果选择的中间商只能完成有限的营销职能，其他职能必须由另外的中间商承担，环节必然就多。如同样的软饮料，选择大饭店作客户和选择小杂货店作客户，所需环节就不同。大饭店有大量销售的能力，可由生产厂直接每日送货上门；小杂货店每日销量有限，又没有储存、运输能力，就需专业批发商介入，以满足这类小杂货店分散、小批量进货的要求。

分销强度或渠道宽度主要取决于产品类型：便利品显然需要密集分销，选购品一般适合选择分销，特殊品可选择独家分销。归纳起来，在渠道宽度决策上有三种策略可供选择：

（1）密集分销。是最宽的渠道。即选择尽可能多的批发商、零售商推销产品，重点在于扩大市场覆盖面或迅速进入某个新市场，让消费者能随时随地买到产品。特别适合消费品中的便利品和各种服务。缺点是分销成本较高，且不易控制。

（2）独家分销。是最窄的渠道。即在一地区范围内只选择一家中间商经销产品，通常双方协商签订独家经销或代理合同。独家分销对生产者的好处是有利于控制市场，加强对中间商的管理，并能改善产品形象，增加利润，但通常只适用于特殊品或专业性强的商品，对便利品、选购品会限制其市场覆盖面和销量。

(3) 选择分销。介于密集分销与独家分销之间，即有条件地选择几家最适合的中间商经销自己的产品。这种做法适合于各类产品，特别是选购品。一方面，它比独家分销面广，有利于拓展市场，增加销售；另一方面，它比密集分销节省费用，便于管理和控制，并可加强生产者与经销商之间的了解和联系。

第5节 渠道管理——协调冲突与实施控制

渠道建成后，企业还要决策如何管理渠道。一般来说，制造企业不可能像控制产品、定价和促销那样直接控制分销渠道，因为中间商是独立的经营者，它们有自身的利益，有权在无利可图或不满意时撤出。

客观上，制造企业和中间商之间存在诸多矛盾，如零售商希望存货尽可能少些，以节约空间和减少资金占用，一旦商品断档，又要求制造商提供紧急订货服务，以抓住市场机会；而频繁供货使制造企业增加了送货成本，特别是小批量的紧急送货。又如，制造商希望中间商全心全意地为自己推销产品，忽视或干脆拒绝经销其他企业的同类产品；中间商则希望多经销几种可供顾客选择的同类产品，而且要求制造商为自己的产品提供广告促销。这些矛盾导致制造商与中间商相互竞争，在双方的关系中力争取得更大的控制权。另一方面，从根本上来说，制造商和经销商的利益又是一致的，二者只有通过将商品顺畅地卖给消费者才能获得效益，因此要加强渠道内部各成员之间的协调与合作。

企业必须安排专人负责分销渠道的管理，其主要职责是：对每个渠道成员的工作效能进行评估；了解中间商的要求并加强与中间商的合作；减少与中间商在业务上的矛盾；保证对中间商的及时供货；必要时对分销渠道作出调整。

具体的管理程序包括以下主要内容：

(1) 确定中间商的要求。中间商总会对生产企业抱有这样或那样的希望，满足中间商的要求，是鼓励中间商与企业保持良好合作关系的重要措施。企业要了解中间商有哪些要求，然后确定满足中间商的哪些要求并使其满意。

(2) 激励渠道成员，减少生产企业与中间商的矛盾。生产企业应按“利益均沾，风险分担”的原则，加强与中间商的合作关系，共同搞好营销。有必要规定一些考核和奖罚办法，对中间商的工作及时考核，经营效果好的，给予奖励或优惠，并与之建立长期合作关系。

(3) 定期对渠道成员的工作进行评估，包括以下内容：

1）检查每位渠道成员完成的销售量、利润额。

2）查明哪些经销商积极努力推销本企业的产品，哪些不积极。

3）检查每位渠道成员同时经销多少种与本企业相竞争的产品。

4）统计每位经销商的平均订货量。

5）检查每位经销商为商品定价的合理程度。

6）检查每位渠道成员为用户服务的态度和能力，以及它们是否令用户满意。

7）计算每位渠道成员的销量在企业整个销量中所占的比重。

通过上述诸方面的评估，企业可鉴别出那些贡献较大、工作努力的渠道成员，对这些中间商，企业应给予特别的关注，建立更密切的合作关系。通过评估也可鉴别出那些不胜任的渠道成员，必要时做出相应调整。

□ 小　结

商品经济条件下，生产和消费在时间、空间、产品数量、品种结构上相分离，商品必须通过交换，完成所有权和实体的转移，才能从生产者抵达消费者。我们将承担这一任务，实际完成将产品或服务送达目标顾客的一系列机构组成的通道，称为分销渠道。分销渠道决策的内容就是对这些中介机构的选择和管理。

按不同的划分标准，分销渠道可以分成：(1) 直接渠道与间接渠道；(2) 长渠道与短渠道；(3) 宽渠道与窄渠道。

中间商由专门从事商品流通经营活动的企业和个人组成，它们的基本职能是作为生产和消费之间的媒介，促成商品交换。以批发经营活动为主业的企业和个人称为批发商；以零售经营活动为主业的企业和个人则称为零售商。还有一种中间商称为代理商，它们与商业批发商的本质区别在于它们对商品没有所有权。

企业选择分销渠道时应考虑：(1) 顾客的需要和购买行为；(2) 产品自身的特点；(3) 产品盈利能力。

企业在具体选择中间商时还要考虑以下因素：(1) 市场覆盖面；(2) 中间商是否具有经销某种产品所必需的专门经验、市场知识、营销技术和专业设施；(3) 预期合作程度；(4) 中间商的目标与要求。

在渠道宽度决策上有三种策略可供选择：(1) 密集分销；(2) 独家分销；(3) 选择分销。

□ 重点概念

1. 分销渠道——商品经济条件下，生产和消费在时间、空间、产品数量、品种结构上相分离，商品必须通过交换，完成所有权和实体的转移，才能从生产者抵达消费者。将承担这一任务，实际完成将产品或服务送达目标顾客的一系列机构组成的通道，称为分销渠道。

2. 直接渠道——生产企业直接将产品卖给用户，没有中间商介入的渠道。

3. 间接渠道——含有一层或多层中介机构的分销渠道，是消费者市场上占主导地位的渠道类型。

4. 传统分销渠道——渠道的每一个成员，如生产者、批发商、零售商等，都作为一个独立的单位参与到渠道整体中，但每一成员均有自己的经营目标和利益，任何一个层次的成员都无法对其他成员进行实质性的控制。渠道之所以存在主要是基于成员间的互利关系。

5. 垂直型分销系统——在这种分销系统中，各个层次的成员，如生产者、批发商、零售商之间形成一种更密切的联系。系统中的成员或拥有专卖特许权并将其授予其他成员，或拥有某种权力可以迫使其他成员合作。在垂直分销系统中，生产者、批发商或零售商都可能处于支配地位。

6. 中间商——由专门从事商品流通经营活动的企业和个人组成，它们的基本职能是作为生产和消费之间的媒介，促成商品交换。随着社会分工的发展，中间商内部的职能分工也在细分，形成了批发和零售两大类。

7. 批发商——批发的功能是将购进的商品批量转售给各类组织购买者，包括生产企业、服务企业、零售商、其他批发商和各种社会团体机构，以批发经营活动为主业的企业和个人称为批发商。

8. 零售商——零售的功能是将商品卖给最终市场上的个人消费者，以零售经营活动为主业的企业和个人称为零售商。

9. 代理商——与商业批发商的本质区别在于它们对商品没有所有权，不是将产品买下来，而只是代表买方寻找卖方，代表卖方寻找买方，或在买卖双方之间牵线搭桥（如经纪人）。因此，它们在商品分销过程中不承担风险。它们赚取佣金，而非经营利润。代理商的经营范围一般较狭窄，专业性较强，而且所承担的职能基本限于协助完成商品所有权转移，而不涉及商业批发商通常承担的实体分销、融资、风险承担等职能。

10. 连锁商店——由同一公司所有，统一经营管理，经营相同或相似的商品大类，实行集中采购和销售，由有相似的建筑风格和标志的两个或两个以上分店组成的零售商店。

11. 特许经营——特许权授予人通过协议授权受许人使用特许人已经开发的品牌、商号、技术等。为此，受许人必须先付一笔首期特许费，此后每年按销售收入的一定比例支付特许权使用费，换得在一定区域内出售该商品或服务的权利，此外，还必须遵守合同中的其他规定。

12. 密集分销——最宽的渠道，即选择尽可能多的批发商、零售商推销产品，重点在于扩大市场覆盖面或迅速进入某个新市场，让消费者能随时随地买到产品。特别适合消费品中的便利品和各种服务。

13. 独家分销——最窄的渠道，即在一地区范围内只选择一家中间商经销产品，通常双方协商签订独家经销或代理合同。

14. 选择分销——介于密集分销与独家分销之间，即有条件地选择几家最适合的中间商经销自己的产品。这种做法适合于各类产品，特别是选购品。

□ 思考题

1. 什么是分销渠道？分销渠道决策包括哪些基本内容？

2. 以你所熟悉的两种商品为例，说明商品销售过程是否一定要有中间商介入。如果有中间商介入，它们执行了什么功能？

3. 区分中间商、代理商、批发商、零售商等概念。

4. 区分传统分销渠道和垂直型分销系统。连锁商店属于哪一种？

5. 特许经营有哪些优点和缺点？如果你准备开一家冰淇淋店，你打算怎么做？

6. 密集分销、独家分销和选择分销各适合什么样的产品和企业？请举例说明。

案例分析

京东商城与“窜货”

“我几乎每天都能接到经销商投诉的电话，而总部却总说要从长远考虑。”创维一位大区总经理无奈地对记者说。

创维是国产彩电企业中对新兴渠道发力最早的企业，2009 年创维的销售收入突破 200 亿元，其中电子商务、团购等直销渠道的规模达到 5 亿元。创维不仅在淘宝、拍拍上开设品牌店，由总部直接供货，2008 年还与京东商城建立了长期的合作，目前京东是创维销售规模最大的电子商务渠道。

创维新兴渠道部总监董强告诉记者：“今年我们的合作规模大概在 8 000 万元，增幅很大，当然原来的基数比较小。”

创维与京东商城的合作主要由创维中国营销中心北京、上海两地的分公司负责，其他分公司有时配合京沪两地分公司在当地出货。“广州每月承接的京东配送的订单规模只有几万元，”广东创维总经理钟志峰对记者说，“对于我们来说可以忽略不计。”但他们很快发现，每月区区几万元的京东订单给当地线下市场带来的冲击却不能忽略。

“我们在广州番禺卖一台 42 寸液晶电视，价格是 6 000 元，但现在番禺的顾客在网上用 4 000 元就能买到而且还可以快递到家。”一位创维的经销商向记者抱怨，“如果京东的规模继续扩大，我们还怎么做？”

除了少数由当地配送的订单，在经销商看来，大量由京沪两地分公司直接处理的京东低价订单也会抢走他们的生意，而且京东此举犯了家电业之大忌——窜货。

中国家电市场一直存在区域间的价格差，这种价格差不仅出现在不同城市之间，即便同一城市的城区与郊区也存在差异，而一些经销商就采用跨区域供货的方式，利用价格差来牟利。这便是家电业所谓的窜货。

现在京东在网上销售一些低价产品，广州的消费者订购了，北京、上海直接将货发给广州，这其实就等同于将北京的货窜到广州了。

“对于传统渠道的窜货，我们可以通过售后安装等方式监控并加以管理。”董强说，但对于网络渠道，还没有完善的监控体系。他认为，“需要厂家与网络渠道更高层面的合作，通过制定具体的条文来解决销售业绩归谁所有、售后如何分配等问题”。

“其实与京东等的合作是从2008年才开始的，大家都需要探索，”董强说，“现在出现问题了，我们不会采取封杀或停止供货的模式，但是在公司内部我们会叫停跨区域供货的模式。”

一位彩电行业人士告诉记者，彩电企业与京东合作主要有两个原因：一是京东收取的返利与国美、苏宁相比要低；二是电子商务作为新兴渠道，增速快而且潜力巨大，各家都想先占领有利位置。

据记者了解，各彩电企业在国美、苏宁每年的销售额约为10亿～20亿元，双方合作模式为按照合同交纳返利。除了正常的月返利和年返利，如果达到双方约定的超额规模，还将支付超额返利，整体返利占销售额的比例平均为11%～14%。但是，在京东商城，供应商交纳的返利水平一般在5%左右。

显然返利高低是众多家电巨头选择与京东合作的主要原因，但是由于京东采取低价促销的模式，就连国美、苏宁这样的传统电器连锁店也不敢再忽视它的存在。

记者在京东商城上看到，一款型号为42M11HF的创维平板电视，售价仅为3 588元，并赠送百元电视挂架，而这款产品在线下的市场价格在4 000元左右。而另一款型号为C32GS80C的康佳液晶电视，京东价格为2 498元，而市场价格约3 000元。

“由于有风投资金支持，即便亏损，京东依然采取先低价圈地的模式，过去几年保持了150%～200%的规模增长。”TCL多媒体有关人士认为，由于没有房租等成本，京东的低价其实已经对传统渠道产生了影响。

“京东是做IT数码起家的，我们的价格的确更低，供应商原来的很多传统经销商自然不满，这主要是供应商内部的矛盾，”京东商城公关部媒体发言人王恩斌对记者说，“很多企业成立与传统营销并列的新兴渠道部门后，我们的合作就变得通畅起来，因为供应商会提供一些专门的资源。”他还表示，“其实家电行业传统的渠道模式也需要改变，否则在与电子商务对接时这样的冲突还会出现”。

然而，要改变传统渠道，对于家电企业来说谈何容易。

以TCL为例，其2009年在国美的销售规模超过30亿元，而在京东、淘宝等新兴渠道的销售规模只有2亿多元。“谁都不会为了新的渠道去放弃传统渠道，何况京东等B2C的市场几乎都在一线城市。”TCL多媒体一位市场负责人说。

“在我们区域，一个核心经销商每年的销售就达到几千万元，而京东与我们全国合作也只有几千万元，你说我们要如何平衡？”一位创维的销售老总告诉记者，就像当初格力与国美的对抗，面对几千家占收入85%的经销商和占收入不到5%的国美，格力选择了与国美决裂。

此外，京东销售比例的快速增长更可能直接威胁彩电厂家几千名营销人员的生计。几乎所有彩电公司都拥有动辄几千人的销售队伍，创维仅营销系统的人数就超过8 000，在营销驱动型的发展模式中，营销贡献了彩电巨头70%以上的利润，TCL电器销售公司每年为TCL创造的利润超过4亿元。而京东的快速成长让这支队伍面临失业的风险。

其实，对于京东等B2C网站扩张最为敏感的是国美、苏宁等电器连锁巨头，因为在一线城市它们承受的压力越来越大。有国美电器人士表示，过去两年，国美电器的增长主要是对现有一线城市门店升级改造及在二三线市场扩张带来的，传统的城市市场增长并不明显，这中间来自京东等电子商务公司的冲击是原因之一。

有消息人士透露，为了遏制京东的快速扩张，国美、苏宁等连锁巨头的各地分公司与对口的供应商分公司进行了沟通，有的甚至向供应商提出了减少向京东供货的要求，同时国美、苏宁通过总部与供应商签署年度大单的模式来保持采购价格的优势。

有业内人士透露，由于家电企业的供货不足，京东等B2C企业甚至会用其他渠道来补充货源。有消息人士告诉记者，京东其实有时会到国美等传统门店购买一些促销产品，再到网上销售，但随着国美等电器巨头加强对促销的控制，这种模式已经难以继续。

不过连锁巨头的封杀方法并非处处奏效。即便中国联通与苏宁签署了全国性战略合作协议，其中联通iPhone4的首发权也给了苏宁电器，但联通也与京东、卓越两家B2C网站签署了同样的合作协议。

在封杀未果后，电器连锁更多选择了自己开设B2C网站的模式，比如，2010年初上线的苏宁与IBM合作的苏宁易购，以及国美电器11月刚刚完成收购的库巴网，这些网站的优势就在于其供应链和物流基地。按照苏宁电器总裁金明的说法，“依靠实体店近40亿元的净利润和多个物流基地的支撑，以及最好的售后服务团队，苏宁易购将会有更好的表现”。

这些网站来势汹汹。近日，为了庆祝20周年，苏宁易购推出了“48小时疯狂秒杀活动”，其中就包括20台1 999元的iPhone4的秒杀。而国美电器在收购库巴网后也投入巨资进行了最大规模的促销，其中部分产品降价幅度超过40%。

然而对于电器连锁企业经营电子商务网站，有彩电行业人士表示，“实体店企业要革自己的命是很难的，不仅缺乏专业人才，其操作模式也需要彻底改变，电子商务交易的高峰是21点，但是国美传统门店到21点已经关门了，所以国美等要发力电子商务需要全新的模式”。

事实上，电器连锁巨头自身也面临线上线下的冲突，虽然国美电器总裁王俊洲在收购库巴网时曾表示，库巴网未来的竞争对手将是线上的其他企业，而不是国美的实体店，但是在外界看来，库巴网12月开始的大规模促销对国美实体店销售也造成了一定的冲击。

当然库巴网和苏宁易购的大规模价格战也起到了一定的效果。“京东的低价是难以为继的，因为它不仅没有采购价格优势，同时持续亏损不能被投资者接受。”广州国美总经理高集群对记者说：“国美则不同，我们可以用实体店的利润来支持线上交易的发展。”

资料来源：《京东商城“窜货”遭遇连锁巨头封杀》，载《21世纪经济报道》，2010-12-11。

讨论题

1. 京东商城的成本优势来自哪里？
2. 京东商城为什么会窜货？
3. 京东商城窜货的问题能否由生产商解决？为什么？
4. 京东商城窜货的问题能否由国美和苏宁解决？为什么？
5. 本案例中体现出的线上渠道与线下渠道之间的矛盾应当如何解决？

第13章 沟通整合——促成销售

伊利在优酸乳（双果奇缘）起初上市时，在超市门口不影响过路的显著位置摆上两张长桌，贴上双果奇缘的POP和试饮信息，活动方式是，促销小姐在桌后倒上两杯不同的牛奶，一杯是纯奶，一杯是优酸乳，让消费者品尝，猜出哪杯是优酸乳的人即可得到两份双果奇缘的奖励。由于活动具有趣味性，而且猜对了是以奖励的形式给予赠品，因此吸引了不少青少年和中青年消费者的兴趣，通过品尝，优酸乳的味道一下子在品尝者的心中定格，他们把奖品带回去之后，还可以拿给家里人或朋友喝，扩大了试饮群。当时河北地区一个超市的日派送量就达到了几百箱。该活动在新品推广上获得成功，使优酸乳拥有了一大批青少年铁杆消费者。伊利公司的上述行为，就是通过各种方式将产品的具有说服力的信息传递给目标顾客，促使其做出购买决策，从而实现企业的销售目标。

第1节　沟通的本质与作用

沟通，就是将企业设计的产品和服务的信息送达目标顾客，是企业营销活动的关键要素之一。显然，如果不能将有关信息传递给作为目标顾客的消费者，那么，企业所有的战略规划和设计都是徒劳。在今天这样一个信息爆炸、市场瞬息万变的时代，营销沟通显得格外重要。

具体而言，营销沟通是指企业为了扩大销售、占领市场，通过各种方式将产品或服务的具有说服力的信息传递给目标顾客，促使其做出购买决策，从而实现企业销售目标的过程。现实中，为了促进销售，企业不断地向消费者传递信息，以唤起消费者的需求，引起购买行为。

营销沟通过程用模型表示如图 13—1 所示。由图可知，该过程由九个要素组成：

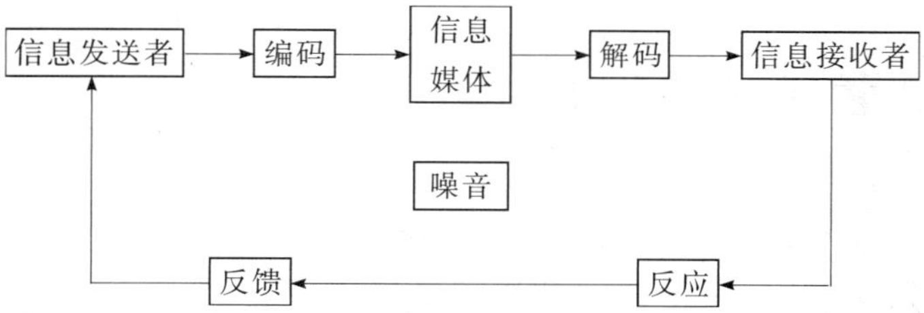

图 13—1　营销沟通过程

（1）信息发送者。也称信息源，在沟通活动中，信息发送者是卖方企业的营销人员。

（2）编码。指将打算传递的事实或意图转换成可供传播的信号。这些信号可以是语言、文字、音像、图片，视信息发送者的意图、设计者的选择和传递途径的不同而定。

（3）信息。即信息发送者传送的整套信号。

（4）媒体。指将信息从信息发送者传递到信息接收者所经过的渠道或途径，即信息的载体，如报纸、广播、电视等。

（5）解码。指信息接收者对信息发送者所传信号进行解释的过程。

（6）信息接收者。是接收信息的一方，也称目标受众。在营销沟通中则指目标市场上现实和潜在的顾客。

（7）反应。指信息接收者在受该信息影响后采取的有关行动。如目标顾客看到广告以后，决定购买某种产品。

（8）反馈。指将信息接收者的反应传递给信息发送者。反馈有些是信息接收者主动对信息发送者的反向沟通，如顾客向企业提出对产品的意见；另一些是信息发送企业通过市场调研收集到的顾客反应。

（9）噪音。指在信息沟通过程中发生的干扰，导致传递的信息部分失真，以致信息接收者收到的信息与信息发送者发出的信息不一样。

上述九要素中，信息发送者和信息接收者是营销沟通的两个主要方面：信息发送者是信息传递的主体，信息接收者是沟通的对象；媒体和信息是沟通的手段。为达到有效沟通的目的，信息发送者必须清楚他们打算将信息传递给谁，希望得到什么反应；在编制信息时，他们须考虑目标受众通常会如何理解信息，以免二者不吻合；他们还须熟悉通过何种媒体可使信息顺利到达目标受众；最后，他们还要广开信息反馈渠道，以尽可能多地了解信息接收者对信息的反应。

企业向消费者传递信息的形式有两种：一种是单向传递，即卖方发出信息，买方接受信息，如广告和各种营业推广方式；另一种是双向传递，即卖方和买方都是信息的发出者和接收者，如企业派遣推销员面对面地说服顾客购买产品。显然，能及时得到信息反馈是双向沟通方式的一个明显优点。

第 2 节 营销沟通组合

企业的营销沟通方式有多种：广告、人员推销、营业推广（也称促销）、公共关系、品牌宣传和直复营销等，将这些方式有选择地搭配起来使用才能达到最佳效果，这就是营销沟通组合或整合。它体现了整体决策思想，即将各种沟通方式有目的、有计划地组合起来，形成整体沟通决策。

现代企业处于复杂的市场信息沟通系统之中。企业要将信息传递给中间商、消费者和公众，中间商要与其顾客及各种社会公众保持信息沟通；同时，各组织、群体要对来自其他群体的信息予以反馈。整个营销大系统中各个单位之间进行着频繁的信息往来。现实中，各企业经营的商品不同，各种促销沟通方式各有长短，这在客观上就要求企业在营销实践中采用不同的沟通组合，即根据企业特定时期的经营目标，以一种沟通方式为主，综合运用其他方式，或者以某种方式之所长去弥补另一种方式之不足。

为此，我们首先应了解各种营销沟通方式的特点、适用性，以及影响沟通组合决策的主要因素。

（1）所有沟通方式中最广为人知的是广告。广告是企业通过各种付费传播媒体向目标市场和社会公众进行的一种非人员式信息沟通活动。作为一种高度大众化的媒体传播方式，广告具有传播范围广，速度快，重复性高，并因充分利用文字、声像和色彩而极富表现力的特点，特别适合向分散于各地的众多目标顾客传递信息。虽然有些媒体广告（如电视广告）单位时段收费很高，但就向单个受众传递信息的相对费用而言，其成本并不一定高。

（2）人员推销。即派销售代表与顾客进行面对面的交流，是最古老的营销沟通方式。由于是面对面的直接交谈，说服的效果最好。与广告相比，它有三个最显著的特点：一是灵活，由于是直接接触，传递信息量大，且可就近观察到目标顾客的态度和需要，有利于企业随时调整自己的应对策略；二是有助于促进买卖双方建立长期信任与联系；三是推销人员能及时得到对方购买与否的信息反馈，并完成全部销售工作。对某些产品来说，人员推销是最有效的营销沟通方式，特别在取得顾客信任、建立顾客偏好和促成购买决策方面，效果更加突出。不过，人员推销也是一种最昂贵的促销方式，而且受时间和人员限制，传递信息的速度较慢、范围较窄。

（3）公共关系。即通过制造新闻，以不付费的方式得到媒体的报道，达到宣传和推销产品或服务的目的，如体育和社会公益活动赞助、新闻发布会、专业研讨会等。公共关系是一种间接的促销方式，并不要求达到直接的销售目标，但它对企业仍具有特殊意义，主要是因为许多人认为新闻报道比广告更为客观、可信。通过公关宣传，企业可有效地将营销信息传递给那些避开推销员和广告的顾客。好的公关活动，可以很小的代价取得极大的效果。

（4）营业推广。是企业在某一段时间内采用特殊的手段或方法对消费者或中间商进行强烈刺激，以激励他们较快或较大量地购买特定的产品或服务。与其他促销方式不同，营业推广多用于短时期的特别促销。可以说，广告提供的是购买的理由，而营业推广提供的是购买刺激，促使顾客快买多买。营业推广有多种具体做法，包括针对消费者的促销工具（样品、优惠券、以旧换新、减价、免费试用、示范、竞赛等）；针对中间商的促销工具（购买折扣、免费样品、商品津贴、合作广告、展示津贴、经销商销售竞赛等）。营业推广一方面对消费者和中间商产生强大的吸引力，使他们有“机不可失，时不再来”的紧迫感，促使其当机立断、马上购买；另一方面，营业推广的许多做法也显示出卖者急于出售商品的意图。过于频繁的营业推广有可能降低商品的身价，所以，企业在具体运用营业推广时须慎重。

（5）品牌宣传和直复营销（含在线营销）。现在也常常被看作沟通策略的一种，因为它们同样起到了向顾客传递公司及其产品信息的作用。但在本书中，我们仍按照传统做法把它们分别放在产品策略和分销策略中去讨论。

除了解各种沟通方式的特点以外，企业制定沟通组合决策时还需考虑其他一些基本的影响因素。

1. 产品种类及市场类型

各种沟通方式对不同产品的促销效果有所不同。如对消费品来说，最重要的促销方式一般是广告，其次是营业推广，然后才是人员推销。而对生产资料来说，企业分配促销预算的次序，首先是人员推销，其次是营业推广，然后才是广告。换言之，广告比较适用于价格较低、技术不太复杂、买主多且分散的消费品市场；人员推销比较适用于价格较高、技术性强、买主少而集中的产业市场和中间商市场；促销和公共关系是相对次要的促销方式，在对两类产品的适用性方面差异不大。

各种沟通方式又具有补充作用。如在产业用户的市场营销中，尤其对较复杂的产品，人员推销通常比广告效果更佳；但广告传播信息的范围广，在扩大产品知名度和树立企业形象方面作用很大，因此也是一种不容忽视的沟通方式。同样，在消费品的营销过程中，有效的人员推销也能够增强说服力，劝说消费者最终做出购买决策。

2. 沟通目标

企业在既定时间和既定市场环境下进行的沟通活动，都有其特定的沟通目标。具体有以下三种：

（1）以告知为目标。当一种新产品上市时，将信息告诉目标顾客，引起顾客对产品的初始需求。这种目标的沟通组合一般以广告和营业推广为主。

（2）以说服和提示为目标。着眼于说服和提醒顾客购买本企业的产品。这种目标的沟通组合以广告和人员推销为主。

（3）以树立品牌和企业形象为目标。即大力宣传产品品牌和企业本身，努力树立品牌形象和企业信誉，从而帮助企业提高市场占有率。这种目标的沟通组合应以公共关系和广告为主，适当配合人员推销。

由于企业在采用相同的沟通方式实现不同的沟通目标时支出的费用和所得的成效不同，因此，各种沟通目标所对应的沟通组合有其不同的侧重点。

3. 沟通的策略

企业的营销沟通活动有“推式”和“拉式”两种策略（见图13—2）。“推式”策略，就是以中间商为主要促销对象，把产品推进分销渠道，再由中间商推向市场。此策略的目的着眼于使中间商产生利益分享意识。而“拉式”策略则以最终顾客为主要促销对象，首先设法引起潜在购买者对某种产品的需求和兴趣，由最终顾客向中间商询问该产品，中间商自然会向制造商进货。

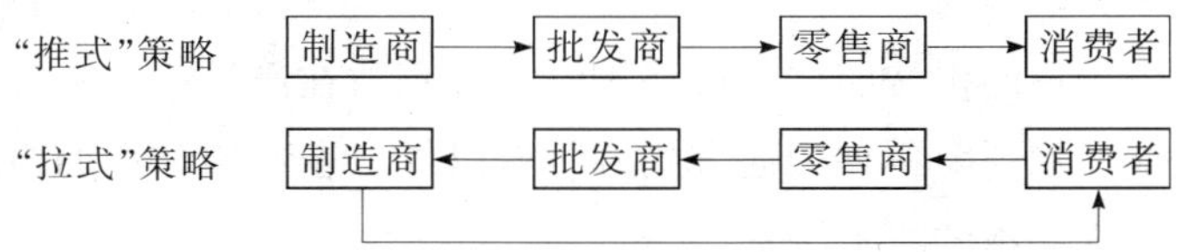

图13—2 “推”和“拉”两种沟通策略

不同企业对“推式”和“拉式”策略的偏好有所不同，这种策略选择会影响沟通方式的选择，进而影响资金的分配。例如，企业采用“推式”策略，会比较重视人员推销；若企业采用“拉式”策略，则会对广告比较重视。

4. 产品所处的生命周期阶段

对处于生命周期不同阶段的产品，企业的促销目标不同，所采用的沟通方式亦有所不同。

当产品处于引入期时，企业需要提高产品的知名度，采用广告和公共关系可获得最佳效果，营业推广也有一定的作用。在快速成长期，企业应着重宣传产品的特色，树立品牌形象，因而需进一步加强广告和公共关系，营业推广可相对减少。在成熟期，消费者已了解企业的产品，因此可减少广告，但为了保持市场份额，营业推广又逐渐发挥重要的作用。当产品进入衰退期，企业应把沟通支出规模降到最低限度，以保证正常的利润。此时，广告仅起提示作用，人员推销减至最少，营业推广可以继续开展，至于公共关系则可完全停止。

第3节 制定沟通组合策略

制定沟通组合策略的第一步是确定谁是目标受众。目标受众通常包括产品的实际使用者、影响者、购买决策者等与购买活动有关的人员，他们都是企业沟通活动的目标受众。发送信息的企业应了解谁参与购买决策，以及他们的需要、偏好、态度等，做到有的放矢。

第二步，发送信息的企业要确定自己希望从目标顾客那里得到什么反应，即沟通的目标。当然，最好的反应是购买行动，但我们通过研究消费者购买决策的心理活动过程就可知道，实际的购买行为是一个漫长决策过程的最终结果，企业不能指望顾客初次接触有关某种商品的信息就马上决定购买。所以，沟通活动的目标是使潜在顾客从目前的心理准备层级进入更接近做出购买决策的下一个层级。为此，信息发送者首先要了解目标顾客现在处于购买准备过程的哪一个层级，促使其转入下一层级便成为首要的目标。

一般认为，消费者购买决策的准备过程包括五个阶段。

（1）认知。如果大多数目标顾客对企业或其产品还一无所知，那么，促销的任务就是使他们知晓。换言之，建立认知度也是要花时间的，如企业可以将消费者对品牌的认知度从10%提高到40%作为沟通目标。

（2）了解。目标顾客可能仅仅是知晓某公司及其产品的名称，而对进一步的情况了解甚少，企业此时的沟通目标是使目标顾客对产品性能、特点等有清楚的了解或认识。

（3）偏好。如果目标顾客对产品有了足够的了解，此时企业最关心的是他们的感觉如何，是喜欢还是不喜欢，并展开促销活动，着重宣传本企业产品的特色和长处，使目标顾客形成对某一特定企业产品的特殊偏好。

（4）确信。目标顾客已经形成了对某个企业产品的偏好，但不一定会下决心购买，此时的沟通目标是促使目标顾客建立或强化购买的信念。

（5）购买。下了购买决心的目标顾客不一定会马上购买，他们可能还要观望一段时间再采取行动，这时的沟通目标应是促使购买行为实现，如提供试用、打折、分期付款等促销优惠。

第三步，设计信息。理想的设计应能引起目标顾客的注意，产生兴趣和购买欲望，直至采取购买行动。信息的设计需要解决以下问题：要有一个极富感染力和说服力的主题；表达要合乎逻辑；表达的形式要引人注目；选择可信度高的专家或名人担任信息发送者，如请名人做广告。

第四步，选择信息传播媒体。包括人员、公共关系、促销、包装物和各种广告媒体，还可以设计新闻发布会、开幕式、展销会等。

第五步，编制预算。即决定在沟通方面花多少钱。这是企业难度最大的营销决策之一。一位著名的企业总裁说过："我知道我有一半的广告费是白花的，问题在于我不知道是哪一半。"

下面是几种常见的预算制定方法：

（1）量力支出法。即根据企业的财务承受能力确定沟通预算的方法。其缺点是每年的广告预算可能有很大差异，不利于企业制定长期的市场发展计划。同时，完全忽视了沟通支出作为一种投资对销售收入的支撑作用。

（2）销售额百分比法。即企业按照某一期间的销售额或单位产品售价的一定百分比计算和决定沟通开支的水平。其优点是使费用支出的增减与企业销售收入的增减相一致，并促使企业管理人员根据单位成本、产品售价和销售利润之间的关系考虑企业的经营管理问题。如果竞争者都以这种方式确定促销预算，可使竞争趋于缓和。该方法的缺点是颠倒了促销与销售之间的因果关系，有时是不符合实际需要的。预算按照每年销售额的增减而变化，也不利于企业制定长远发展计划。而且，百分比系数也很难确定，多是参考过去的习惯或竞争者的比率。

（3）与竞争者保持平衡法。即企业参照竞争者的预算来决定本企业的沟通预算，以保持竞争优势。如在市场营销管理实践中，不少企业都喜欢根据竞争者的广告预算来确定自己的广告预算，从而维持竞争均势，以避免企业之间的广告战。但是，由于竞争对手的广告预算并不一定合理、有效，竞争者广告预算的可靠信息难以取得，而且企业与竞争对手之间在资源、目标等方面存在差异，所以，以竞争对手的广告预算作为依据存在一定的局限性。

（4）目标任务法。这种方法是最科学的方法。做法是先确定通过沟通要达到的销售增长率、市场占有率、品牌知名度等目标，然后确定为达到这些目标所要做的沟通工作，再根据工作量估算所需费用。这种方法将沟通费用与所要达到的目标联系在一起，进行成本效益分析，逻辑上最合理。但前提是企业须对市场情况和各种沟通方式的效果有充分的了解，方能制定出合理、可靠的沟通目标，确定沟通的工作量和预算水平。

第六步，制定沟通组合。即将人员推销、广告、促销和公共关系几种沟通方式既经济又有效地配合起来，发挥最大作用。

第七步，沟通计划付诸实施之后，企业还须对其效果进行评估，即评估沟通策略是否达到了预期效果。评估主要通过向目标受众或沟通对象询问获得一手资料，如询问他们是否注意到这则信息，见过几次；能否识别或记起这则信息；对该信息的感觉如何；接收信息前后对该企业及其产品的态度是否发生了变化；有多少人买了该产品，有多少人向其他人谈到了该产品，等等。总之，对沟通效果进行评估是一项十分复杂的工作，需要根据实际情况制定适当的方案。

第 4 节　企业广告运作要点

广告是利用大众传媒进行信息传递的沟通方式，是诸多沟通方式中运用得最普遍的一种。随着大众传媒的发展并深入社会生活的各个角落，广告正以空前的速度发展。

广告是公司用以对目标顾客和公众进行直接说服性传播的主要工具之一。相对于其他沟通方式，广告显示出下述鲜明的特性：

（1）公开展示性。广告是一种高度公开的信息沟通方式，它的公开性赋予产品合法性。

（2）普及性。普及性使广告具有突出的“广而告之”的特点，在很短的时间内可以与众多的目标顾客进行沟通。

（3）夸张的表现力。广告可以借用各种艺术形式、手段与技巧，提供将一个企业及其产品感情化、性格化、戏剧化的机会，增大其吸引力和说服力。

（4）非人格化。广告是非人格化的沟通方式，这种非人格化决定了在沟通效果上，广告不能使消费者直接作出反应。在广告被消费者接收与消费者完成购买之间往往存在时间差，在这一段时间里，消费者将受到其他广告的冲击，有改变购买意图的可能。

广告的上述特性决定了：一方面，广告适用于创立一个企业或产品的长期形象；另一方面，它又能促进销售。从其成本费用看，将广告传达给处于广阔地域的分散的广大消费者，每个显露点相对只需较低的成本，因此广告是一种较为有效并被广泛使用的沟通方式。

企业的广告运作主要包括以下阶段：首先须确定目标顾客的购买动机，然后据此做出五项主要决策，即 5M：广告目标（mission）、广告预算（money）、传送的信息（message）、媒体（media）和评估效果的方法（measurement）。

一、确定广告目标

广告的最终目标无疑是增加产品销量和企业利润，但它们不能笼统地被确定为企业每一具体广告计划的目标。广告目标不仅取决于企业整体的营销组合战略，还取决于企业面对的客观市场情况，如目标顾客处于购买准备过程的哪个阶段。换言之，企业在实现其整体营销目标时，需一步一步往前走，在每一阶段，广告起着不同的作用，即有着不同的目标。归纳起来，可供企业选择的广告目标有以下几类：

（1）告知性广告。即以提高产品知名度为目标的广告，主要用于产品的市场开拓阶段，目的在于刺激初始需求。

（2）说服性广告。主要用于产品的成长期。这个时期的消费者还没有形成品牌偏好，可在不同品牌中进行选择。它的目的在于建立对某一特定品牌的选择性需求，使目标消费者从需要竞争对手的品牌转向需要本企业的品牌。

（3）提示性广告。提示性广告在产品生命周期的成熟期十分重要，它的目的是保持消费者对该产品的记忆。

广告目标制约着广告预算、信息策略和媒体策略，不同目标的广告有着不同的要求，需要投入的成本也不同。

二、广告预算决策

企业广告决策的第二个步骤，就是为每种产品制定广告预算。广告预算是企业为从事广告活动而投入的资源。由于广告预算的收益只能在市场占有率或者利润率的提高上最终反映出来，因此，一般意义上的广告预算，是企业从事广告活动而支出的费用。

企业在制定广告预算时要考虑五方面的因素：

（1）产品生命周期。对处于生命周期不同阶段的产品，广告预算应有所不同。例如，引入期产品的广告预算较高，而成熟期产品的广告预算就应按销售比例有计划地减少。

（2）市场份额。市场份额大的产品，企业只求维持其市场份额，因此广告预算在销售额中所占的比重较低；当企业想通过竞争扩大某种产品的市场份额时，则需要大量广告投入的支持。

（3）竞争。当市场竞争激烈时，广告预算应较高，否则，企业将无法维持市场份额。

（4）广告频率。向消费者传递广告信息的重复次数与广告预算有直接关系。重复次数较多，广告预算也会相对较高。

（5）产品替代性。如果产品与其他同类产品极为相似，就需要较高的广告预算，以树立不同的形象；如果产品可提供独特的物质利益或特色，广告预算可相对少些。

企业制定广告预算的方法很多，如量力支出法、销售百分比法、竞争对等法和目标任务法。

三、广告信息决策

广告信息决策的核心是怎样设计有效的广告信息。信息应能引起顾客注意，使其产生兴趣并采取行动。

广告信息决策一般包括三个步骤：

（1）信息的产生。广告信息可通过多种途径获得，例如，许多创作人员从顾客、中间商、专家和竞争对手的交谈中寻找灵感。创作者通常要设计多个可供选择的信息，然后从中选择最好的。

(2) 广告信息的评价和选择。应由广告主评价各种可能的广告信息。信息首先要突出目标顾客对产品感兴趣的地方，并表明该产品有别于其他同类产品的独到之处。而且，广告信息必须是可信的，真实性是选择广告信息的一条极其重要的标准。

(3) 广告信息的设计与表达。在广告设计中，广告主题和广告创意是最重要的两个要素。广告主题最重要的是突出产品能够给消费者带来的利益。如人们购买软饮料时期望获得的利益包括：营养、卫生、有利健康；口感好，是一种享受；符合潮流，被认为是现代生活方式的一个侧面，等等。不同的顾客强调的利益可能有所不同，这正是市场细分的基础。一种产品不可能满足所有顾客的需求，因此一则广告最好只突出一种顾客利益，强调一个主题，即使产品涵盖不止一种利益，广告也必须分清主次。

一个广告有了明确的主题后，如果缺少表现主题的创意，仍不会引人注目，自然也就很难取得良好而又广泛的宣传与促销效果。

广告的影响效果不仅取决于它说什么，还取决于它怎么说。不同种类的产品，其表达方式是有区别的。如巧克力的广告往往与情感相联系，着重情感定位；而洗衣粉的广告更侧重于理性定位。特别是对那些差异性不大的产品，广告信息的表达方式显得更为重要，在很大程度上决定广告效果。

广告制作中要特别强调创造性的作用。不少学者花时间研究广告预算对销售的影响，但忽略了许多公司的广告预算相差不多，却只有少数公司的广告给消费者留下了深刻印象的事实。正如一位学者所说："光有事实是不够的……不要忘记莎士比亚曾使用了一些陈旧而拙劣的故事情节，但他的生花妙笔却将腐朽化为神奇。"研究表明，在广告活动中，创意比资金投入更重要，因为只有给人以深刻印象的广告才能引起目标顾客注意，进而增加产品销量。

在表达广告信息时，应注意运用适当的文字、语言和声调，广告标题尤其要醒目易记、新颖独特，以尽可能少的语言表达尽可能多的信息。此外，还应注意画面的大小和色彩、插图的运用，并将效果与成本加以权衡，然后做出适当的抉择。

四、选择广告媒体

确定了广告信息以后，下一步是选择适当的传播媒体，力争以最低的广告费用支出达到最佳的沟通效果。广告必须通过适当的媒体才能抵达目标顾客，而且，广告媒体常常占用了大量预算，因此，媒体的选择至关重要。

企业选择广告媒体时，需要在以下几个方面做出决策：

1. 确定广告媒体的触及面、频率及效果

为了正确地选择广告媒体，以达到广告目标，企业必须首先确定媒体的触

及面、频率和效果。

- 触及面——在一定时期内，某一特定媒体一次最少能触及的不同个人与家庭数目。
- 频率——在一定时期内，平均每人或每个家庭见到广告信息的次数。
- 效果——使用某一特定媒体的展露质量。

2. 广告媒体种类的选择

广告媒体的种类很多，主要有报纸、电视、直邮、广播、杂志、户外、网络和卖场等。为了实现广告的触及面、频率和效果的目标，必须选择最适当的媒体种类，首先应了解各种媒体的特点。

报纸广告的优点是灵活性大、迅速及时、成本较低、传播面广、可信度高；主要缺点是时效短、传阅读者少。

电视广告的优点是形象、声音、色彩和动作紧密结合，易引人注意，送达率高；缺点是绝对成本高，展露时间短而不易记忆，对观众的选择性较差。

直邮广告的优点是沟通对象已经过选择，具有灵活性，无同一媒体的广告竞争；缺点是成本较高，回应率较低。

广播广告的优点是地理选择性好，适应性强，成本较低；缺点是仅有音响效果，展露瞬间即逝。

杂志广告的优点是针对性强，时间长，传阅读者多；缺点是成本较高且灵活性差。

互联网是最新的广告媒体，因其成本低，针对性强，得到迅速发展。随着上网人数的增加和网上购物的兴起，将有较大发展。

除了上述广告媒体，还有其他一些广告媒体，可分成以下几种：户外广告，如广告牌、招贴广告、广告标语、霓虹灯广告等；交通广告，如车身广告、车内广告、站牌广告及车站、码头、机场、卖场广告等；空中广告，如利用气球或其他悬浮物带动的广告。这些广告多利用灯光、色彩、艺术造型等手段，集中于闹市区、交通要道或公共场所，故一般显得鲜明、醒目，引人注意；又因内容简明、易记，使人印象深刻，展露重复率高，成本低。缺点是传播范围有限，传播内容不宜复杂，且难以选择目标受众。

在选择媒体种类时，除了考虑各种媒体的主要优缺点外，还应考虑以下几个因素：

（1）目标受众接触媒体的习惯。各种媒体对不同性别和不同年龄段的顾客，效果有很大差别。有针对性地选择广告对象易于接受的媒体，是增强广告沟通效果的有效办法。如对于学龄前儿童，电视和广播是最有效的广告媒体。

（2）产品性质与特征。选择广告媒体时，应当考虑企业所推销的产品或服务的性质与特征，因为各类媒体在展示性、解释性、可信度、吸引力等方面具有不同的特点。

（3）广告内容。广告媒体选择还受到广告内容的制约。例如，要宣布明日的销售活动，必须在今天的电台或报纸上做广告，信息的传播才及时有效。

（4）媒体成本。各类媒体所需的成本差别很大，如电视广告的绝对成本高昂，而报纸广告则比较便宜。当然，依据媒体成本选择，最重要的不是看绝对成本的差异，而是看媒体成本与广告接收人数之间的相对关系。若看电视的人数大大超过看报纸的人数，那么，按每千人成本来计算，可能在电视上做广告会比在报纸上做广告更便宜。

3. 媒体的选择

企业的下一步就是选择一个成本效益最佳的媒体工具。例如，企业决定在杂志上做广告，但全国有几千种杂志，究竟采用哪一种，还需根据对成本和效果的综合考虑做出选择。

可依靠广告公司或咨询公司进行媒体选择，这类机构可提供目标受众规模和媒体成本的估计。

对目标受众规模有几种可行的衡量尺度：

（1）发行量——登载广告的实物的发行数量，如报纸、杂志的发行量。

（2）目标受众——可接触到媒体的人数（若媒体可传阅，受众比发行量大得多，如杂志）。

（3）有效目标受众——接触到媒体的目标受众人数。

4. 播出广告的时机选择

许多产品的销售是有季节性的，所以企业没有必要全年平均投放广告，在销售旺季前一个月到旺季结束后一个月左右集中投放广告，效果会更好。有些产品的销售随经济形势的变化而变化，例如，在经济形势好、投资踊跃时，高档电器的销路好。此外，对广播、电视广告来说，每天的不同时段播放，其效果和费用均不同，如电视广告的“黄金时段”是每晚七点至十点，这个时间段的广告费最高。

现代企业面对的广告决策如此复杂，以致企业大多寻求外部专业性广告代理公司的帮助，但企业仍应自己制定广告目标和战略，并对代理商提出的各种备选方案最后拍板。

广告代理是指专门从事广告经营活动的机构，包括广告公司、广告代理商和广告制作部门，是广告市场中最基本的组成要素之一。

广告代理的主要职能是为广告主提供以策划为主导，以市场调查为基础，以创意为中心，以媒体选择为实施手段的全方位、立体化服务，并负责对广告实施过程进行监督，对广告反馈的信息进行再度收集整理的工作。

企业广告活动的增加使广告代理机构数量不断增加。随着企业促销活动愈演愈烈，广告在各类促销手段中的地位不断提高，广告主对广告的要求也就越来越高。广告代理机构为广告主代理市场调查、广告策划、创意、设计制作、实施和效益测量等一切广告业务活动，成为广告主与广告媒体之间的桥梁和纽带。

五、评价广告效果

企业制定广告决策的最后一个步骤是评价广告效果。广告计划是否合理，很大程度上取决于对广告效果的衡量。广告效果评价是完整的广告活动过程中不可或缺的重要内容，是企业上期广告活动结束和下期广告活动开始的标志。

广告效果是广告信息通过媒体传播之后所产生的影响。评估内容一般包括两个方面：

（1）广告传播效果评估——广告对于消费者知晓、认知和偏好的影响。这方面的评估在广告推出前后都应进行。广告推出前，企业可邀请专家和具有代表性的目标顾客对制作的广告进行评估，了解广告的整体影响和不足之处。推出后，企业可再对顾客进行抽样调查，了解顾客对广告的具体反应。

（2）广告销售效果评估——广告推出后对企业产品销售的影响。一般来说，广告的销售效果较之传播效果更难评估，因为除了广告因素以外，销售还受到价格或竞争者等许多因素的影响。通常，影响因素越少，效果越容易控制，广告对销售的影响也就越容易评估。采用邮寄广告时，销售效果最易评估，而在建立企业形象时，销售效果最难评估。

第5节　人员推销——效果最佳，管理最难

人员推销是最古老的沟通方式，直至今天仍是主要的促销手段。许多国家广告业的经营额虽扶摇直上，但总量仍不如人员推销的开支大，特别是在产业市场和中间商市场上。

一、人员推销的优点和作用

人员推销之所以长盛不衰，是因为它具有其他沟通方式不可替代的优点和作用。

（1）人员推销是面对面的双向信息沟通，有很大的灵活性。一方面，推销人员可将有关产品特性、用途、使用方法、价格等方面的信息传递给潜在的目标顾客；另一方面，又可将顾客对产品性能、规格、质量、价格、交货时间等的要求及时反馈给企业。推销人员还可根据每位潜在客户购买动机、要求和问题的不同，随时调整自己的策略和方法，有针对性地进行推销，充分地说服顾客，使客户的要求得到最大的满足。

（2）人员推销的选择性强。推销员大多一次访问一位潜在客户，完全可以根据目标顾客的特点选择每位被访者，并在访问前对其作一番研究，拟定具体

的推销方案，而广告对目标顾客的选择性就差得多。所以，尽管广告的覆盖面远较人员推销大，但成功的概率却比后者小得多，因为广告的受众中有相当部分的人根本不可能购买该产品。

（3）人员推销具有完整性。推销人员的任务不仅包括访问客户，传递信息，说服顾客购买，还包括提供各种服务，达成交易。如签订购买合同，协助安排资金融通，准时交货，甚至承担安装、调试、技术指导、维修的任务，特别是一些结构复杂的产品，人员推销的效果更优。此外，推销员大多还承担为企业收集市场信息的任务。

（4）人员推销具有公关作用。好的推销员善于与客户建立起超出单纯买卖关系的友谊和信任，能为企业赢得一批忠实的客户，这实际上起到了企业公关的作用。

不过，人员推销并非处处适用，它的最大问题在于访问客户的数量受到时间和费用的限制，因此主要用于买主数量有限、分布区域集中或购买批量大的情况。而在买者众多、分布范围广的消费者市场上，显然不可能大量采用人员推销的方式。

二、推销人员的任务

推销人员的任务可归纳为六个方面：

（1）寻找潜在顾客，确定访问对象，培养新客户。

（2）向目标顾客传递有关企业和产品的信息。

（3）推销产品，包括接近顾客，回答顾客的问题，解除顾客的疑虑，促成交易达成。

（4）提供服务。推销员有责任为顾客提供各种服务，包括咨询、技术帮助、安排交货事宜等。

（5）收集信息，主要是为企业进行市场调研和情报收集工作。

（6）分配货源，主要是在货源短缺时，根据顾客的信誉和急需程度，合理分配货源，调剂余缺。

三、企业对推销人员的管理

1. 招聘推销人员

理想的推销员应具备什么特质？一般认为他们应该自信、精力充沛、工作热情、性格外向、能说会道。但实际上，也有很多成功的推销员性格内向、温文尔雅、不善言辞，故关于特质问题的研究还在继续。不过，企业在招聘推销员之前还是应根据工作职责的要求制定若干标准，如工作经历、业绩、学历、仪表、年龄、性别等。

2. 培训推销人员

应聘的推销员仅有较好的个人素质还不够，企业在推销员上岗前还须对他们进行系统的知识和技能培训。培训的内容主要有：

（1）公司的情况，如公司的历史、目标、职能机构、财务状况、主要产品和设施等。

（2）产品的情况，如产品的性能、结构、质量、制作过程、用途和使用方法等。

（3）市场的情况，包括目标顾客的类型、需求特点、购买动机与购买行为等。

（4）竞争对手的情况，如竞争者的产品、实力、营销策略等。

（5）推销技巧，包括了解推销员的工作任务，推销工作的程序，如何制定推销计划，如何分配工作时间，如何选择访问对象，如何介绍产品、说服顾客、揣摩顾客心理和讲究语言艺术等。

（6）必要的法律知识和商务知识。

3. 推销人员的配置

推销人员的配置即如何将推销人员分配给特定地区、产品或客户。有三种主要的配置方式：

（1）按地区配置。即按地理区域配置推销队伍，这是最常见、最简单的推销人员结构。通常给每位推销员划分一个地区，全面负责该地区内所有客户和产品的推销。不过，由于不同地区的顾客密度、销售潜量和工作量不等，每位推销员负责地区的面积并不相同。今天，企业可利用计算机来划分销售区域，力图在工作量、销售潜量、出差时间和费用的匹配方面达到最佳。

（2）按产品配置。地区式组织主要适用于产品和市场都较单一的企业。当企业经营众多各不相同的产品，且这些产品的技术性较强时，较好的选择就是产品式组织，即由一位或几位推销员负责一种产品在所有地区的销售。

（3）按顾客配置。对采取多元化经营战略的企业来说，产品式组织不一定是最好的选择，如果该企业生产的多种产品都被相同的顾客买去了，按产品分工，就会出现分属不同部门的推销员都跑到同一位客户那里去推销产品的情况。此时，按用户行业或为某个大用户单独组建销售队伍更合理。如联想电脑公司分别为金融、税务、教育等客户配置了销售人员；IBM公司在底特律专为通用汽车公司设立了一个销售处，在附近的迪邦又为福特公司设立了另一个销售处。

有时企业还可采取复式推销结构，即混合运用上述三种方式，并根据市场和经营范围的变化，重新配置推销人员。

更新的配置方式还有功能式组织和团队式组织。前者会在企业销售组织上实行更专业化的分工，如分别配有销售代表、服务代表和技术代表，销售组织中设有大客户部、市场推广部和呼叫中心，分别承担部分销售任务。这种配置方式的优点是分工细致，各尽其才，理论上效率最高。缺点是内部的沟通和协调难度大，弄不好反而会降低效率。团队式组织更适合重点客户的复杂购买。如一家大型企业购买 IBM 的信息系统解决方案；一家跨国公司购买某广告公司的全球广告服务。这种购买通常需要双方的团队在长达数年的时间里共同合作，完成项目并做好售后维护。

现实中企业通常会将多种配置方式混合使用，以适应不同客户的需要或达成企业不同的目的。

4. 推销人员的监督与评估

对推销员的管理不仅包括招聘、培训、分配销售区域，还有日常工作的监督和业绩评估。

企业可从以下方面督促推销员的工作：

（1）规定客户访问次数的标准。一般来说，销售量的增长与访问客户的次数成正比，企业可根据购买潜力将客户分类，然后规定一定时期内对各类客户的访问次数。

（2）规定访问、发展新客户的数量。企业只有不断发展新客户才能有效地增加销售，若听其自然，推销员可能会把大部分时间用于访问老客户，因此有必要给推销员规定发展新客户的任务。

（3）制定一定期间内访问客户和组织专门活动的时间表，如一年组织两次研讨会，以督促推销人员提高时间利用率。

由于给推销人员的报酬建立在对其工作业绩做出正确评估的基础上，因此，需建立有效的评价标准。常见的评价标准有：完成的销售额、毛利、销售访问次数、访问成功率、每次访问成本、平均客户数、新客户数、丧失客户数、销售总费用与费用率等。不过，由于各销售区域的销售潜力及单个客户购买规模、分布状况不同，很难用同一标准衡量不同推销员的工作，因此，通常配合使用以下方法：

- 横向比较，即将不同推销员在同一时期完成的销售额等进行比较，但只有在他们各自负责区域的市场潜量、工作量、竞争情况、公司促销努力程度均差别不大的情况下，这种比较才有意义。
- 纵向比较，是将同一推销员现在与过去达到的销售额等指标进行比较。这种比较能反映出该推销员工作的改进程度。
- 对推销员的工作态度、品行、素质等进行评价，包括他对本公司、产品、顾客、竞争对手、所负责区域与工作职责的了解程度，言谈举止是否合乎要求等。

5. 推销人员的激励与报酬

推销员自身的积极性对其工作成效有极大的影响，适当的激励将使他们更努力地工作。企业有必要规定奖励的方式和标准，使推销人员认识到，通过更加努力地工作，他们将获得额外的奖励，包括加薪、晋升、给予某种头衔、表扬、添置更好的办公设施、带薪假、公费旅行等。

推销人员的报酬有三种形式：

（1）薪金制。即固定工资制，适用于非推销工作占很大比重的情况。这种形式的优点是便于管理，给推销员以安全感，容易根据企业需要调整推销员的工作。缺点是激励作用差，容易导致效率低下，能人离开。不过，由于企业现在越来越依靠广告树立企业形象和产品形象，推销人员的个人努力在促成销售中的作用趋于减小，固定工资制有扩大的趋势。

（2）佣金制。即推销员按销售额或利润额的一定比例获得佣金。佣金制可最大限度地调动推销人员的工作积极性，形成竞争机制。缺点是可能造成推销员只顾追求高销售额，忽视各种销售服务和企业长期利益等短期行为，以致损害企业声誉。而且，完全佣金制在对推销人员工作进行监督方面也面临较大的困难。一些小企业和新建企业常采用佣金制，随着企业规模的扩大和管理正规化，将逐渐从完全佣金制转为薪金与佣金混合制。

（3）薪金与佣金混合制。此形式将薪金制和佣金制结合起来，力图避免两者的缺点而兼有两者的优点。至于两者各占多大比例，则依具体情况而定。资料显示，美国约50%的企业采取这种混合制。

□ 小　结

沟通，即将企业设计的产品和服务的信息送达目标顾客，是企业营销活动的关键要素之一。营销沟通是指企业为了扩大销售、占领市场，通过各种方式将产品或服务的具有说服力的信息传递给目标顾客，促使其做出购买决策，从而实现企业销售目标的过程。企业向消费者传递信息的形式有两种：一种是单向传递；另一种是双向传递。

企业的营销沟通方式有多种：广告、人员推销、营业推广、公共关系、品牌宣传和直复营销等，将这些方式有选择地搭配起来使用才能达到最佳效果，这就是营销沟通组合或整合。为此，我们应了解各种营销沟通方式的特点、适用性，以及影响沟通组合决策的主要因素。

除了解各种沟通方式的特点以外，企业制定沟通组合决策时还需考虑其他一些基本的影响因素：（1）产品种类及市场类型；（2）沟通目标；（3）沟通的策略；（4）产品所处的生命周期阶段。

制定沟通组合策略的步骤是：（1）确定目标受众；（2）确定沟通的目标；（3）设计信息；（4）选择信息传播媒体；（5）编制预算；（6）制定沟通组合；（7）对沟通效果进行评估。

□ 重点概念

1. 营销沟通——企业为了扩大销售、占领市场，通过各种方式将产品或服务的具有说服力的信息传递给目标顾客，促使其做出购买决策，从而实现企业销售目标的过程。

2. 营销沟通组合——企业的营销沟通方式有多种：广告、人员推销、营业推广、公共关系、品牌宣传和直复营销等，将这些方式有选择地搭配起来使用才能达到最佳效果，这就是营销沟通组合或整合。

3. 广告——企业通过各种付费传播媒体向目标市场和社会公众进行的一种非人员式信息沟通活动。

4. 人员推销——派销售代表与顾客进行面对面的交流，是最古老的营销沟通方式。

5. 营业推广——企业在某一段时间内采用特殊的手段或方法对消费者或中间商进行强烈刺激，以激励他们较快或较大量地购买特定的产品或服务。营业推广多用于短时期的特别促销。

6. 公共关系——通过制造新闻，以不付费的方式得到媒体的报道，达到宣传和推销产品或服务的目的。

7. “推式”策略——以中间商为主要促销对象，把产品推进分销渠道，再由中间商推向市场。此策略的目的着眼于使中间商产生利益分享意识。

8. “拉式”策略——以最终顾客为主要促销对象，首先设法引起潜在购买者对某种产品的需求和兴趣，由最终顾客向中间商询问该产品，中间商自然会向制造商进货。

9. 广告代理——专门从事广告经营活动的机构，包括广告公司、广告代理商和广告制作部门，是广告市场中最基本的组成要素之一。广告代理机构为广告主代理市场调查、广告策划、创意、设计制作、实施和效益测量等一切广告业务活动，成为广告主与广告媒体之间的桥梁和纽带。

□ 思考题

1. 简述营销沟通过程。

2. 如何制定促销预算？你认为哪种方法更可行？

3. 家电企业在为洗衣机和微波炉产品确定沟通组合时应考虑的因素有差别吗？为什么？

4. 什么是广告？如何选择广告媒体？

5. 简述推销人员的工作。

6. 如何督促推销人员的工作？薪金制和佣金制的适用性有何不同？

7. 分别举一个给你印象最深、印象最差、你认为最成功及最不成功的广告实例，并说明原因。

案例分析

南航与微信

“对今天的南航而言，微信的重要程度等同于 15 年前南航做网站！”中国南方航空公司（以下简称“南航”）总信息师胡臣杰说道。2013 年 4 月 26 日，在《商业价值》杂志联合 ITValue 举办的“2013 制造业转型升级中国行系列论坛”之深圳站研讨会上，胡臣杰首次公开讲授南航微信的秘密，揭开了南航微信的神秘面纱。

在 2013 年 6 月 5 日的腾讯“把脉”沙龙上，微信产品总监曾鸣讲述了腾讯眼中微信公众平台的七个精品案例——南航微信位列其中，并被称为“整个行业的样本”。

“你如何使用微信决定了微信对你而言到底是什么。”腾讯公司副总裁、微信团队总负责人张小龙在接受《商业价值》杂志记者采访时如此表态。那么，对于南航而言，微信到底是什么？曾鸣在介绍南航微信公众账号时表示，亮点是“微信值机手续，业务查询办理，提供个性化服务”。

2013 年 1 月 30 日，南航微信发布第一个版本，并在国内首次推出微信值机服务。随着功能的不断开发完善，机票预订、办理登机牌、航班动态查询、里程查询与兑换、出行指南、城市天气查询、机票验真等通过其他渠道能够享受到的服务，用户都可通过与南航微信公众平台互动来实现。

2013 年 4 月 25 日，南航微信用户达到 20 万人，其中有 2 万～3 万人通过微信绑定了明珠会员卡，绑定后，用户还可以直接通过微信获取里程查询、里程累积等会员服务。随着微信用户数量的上升，这一比例将进一步提高。这意味着南航又多了一个会员沟通渠道。

微信用户从零到 2 亿仅用了 14 个月，今年年初已经突破 3 亿。截至 2013 年 6 月 18 日记者采访时，南航微信公众账号已经有超过 50 万用户，且以每天 4 500～5 000 人的速度增长。“面对这样一个量级的应用，没有理由不去重视。”胡臣杰说道，而且有报道称，随着微信的进一步商业化，未来有 50%的 APP 可能会消失，这并不是危言耸听。

正是由于对微信的重视，如今微信与网站、短信、手机 APP、呼叫中心一并成为南航五大服务平台。为什么微信平台会如此受重视？“微信拥有包括短信、网站、呼叫语音、手机 LBS 等所有特性，拥有广大的用户资源，而且大家每天都会看。”南航信息公司技术总监龙庚如此解释。

当然，重要并不意味着可以独大，未来五大服务平台仍将并存。“与原有的沟通平台相比较，微信更强调一对一的沟通。”龙庚认为，“不同的用户会有不一样的选择。”对用户来说，微信的意义在于多了一种可选择的沟通渠道。南航曾经做过这样的统计：当微信用户达到 30 万的时候，其中有 9 000 多名会员是抛弃了 APP 转而使用微信的，大部分用户还是微信和 APP 同时使用。

“微信的起点就是一套消息系统。”张小龙进一步解释说，“这个消息系统的核心就是‘对象’和‘信息’，其最关键的使命是沟通。”南航显然深谙微信的出发点，并没有大张旗鼓地做微信营销。

微信只出现在应该出现的地方，比如，当用户通过短信邀约办理值机时，才会提示用户关注南航官方微信号。此外，只是通过南航的官方微博、官网、机上杂志等方式进行展示推广。而且，南航对于群发消息会特别慎重，以避免对用户造成骚扰。龙庚笑言，最开始测试时就发现，经常群发一次就会“丢掉 100 个粉丝”。

“微信不是营销工具，它可能会侧重服务化和精品化的路线。”曾鸣公开给出了对微信公众平台的官方态度。恰好南航也一直按照精品化的路线来发展微信，完善其大数据时代的体验式服务。

早在2009年南航从“以产品为中心”向“以客户为中心”转型时，就对旅客旅行过程中的行为进行了剖析，分解出12个关键步骤：制定旅行计划—订座出票—值机—两舱服务（头等舱、商务舱）—机舱服务—行李服务—到酒店—酒店入住—离开酒店—到机场—值机—个性化互动，再到下次旅行计划，并且针对每个步骤进行服务的优化和改进，打造了一个围绕旅客旅行过程的“全行为链”服务网络。

“在南航看来，微信承载着沟通的使命，而非营销。”胡臣杰表示，南航同样希望用户在旅行的过程中能够感受到微信始终陪伴在身边。6月27日，南航上线一个新的微信版本，新增并完善了包括机票预订、订单管理、出行指南等核心功能。通过以客户为中心的沟通和服务方式，开发差异化产品、提供个性化服务，可以让南航保持一直以来的同业竞争优势。

作为移动互联网的“超级入口”，用户可以在微信上订阅各种内容和服务，不管是去APP还是网站，都会从微信直接跳转——微信俨然已经成为一种生活方式。

如果将这种方式延伸至工作中，南航不担心员工在工作时间用微信休闲娱乐而耽误工作吗？龙庚坦言毫不担心。以空乘为例，相较于电脑，手机才是他们获取信息和交流的主要工具，通过微信应用展开工作方便快捷，而且他们本身也非常喜欢玩手机，这种社会信息化带来的IT红利，为何不用呢？

“在具体的工作场景中，微信更是一种工作方式。”龙庚总结道。这与张小龙的表达具有异曲同工之妙——“微信的价值开始进一步提升到新的层次，那就是降低信息输入和输出的成本，增加信息的总量和流动效率。”

资料来源：秦丽：《南航：微信到底是什么?》，http：//content. businessvalue. com. cn/post/12278. html。

讨论题

1. 与传统电视、报纸、户外广告等相比，微信对营销沟通有哪些独特的影响？
2. 微信是一种什么样的营销沟通方式？
3. 你认为企业在使用微信时应更多地宣传企业品牌还是产品品牌？

第 14 章

企业营销组织与计划

2004 年 9 月，长虹集团在新任领导赵勇的带领下，进行了组织架构的改革。为应对更为激烈复杂的市场竞争，长虹集团将所有的机构分为三类：总部职能机构、各产业公司以及服务平台和销售平台。总部职能机构包括战略发展体系（规划发展部、资本运作部）、综合管理体系（经营管理部、公司办公室、人力资源部、审计法务部、财务部）、职能服务平台（企业策划部、物资部、质量部）和销售管理体系（海外营销部、对外经营部和营销管理部），这些职能机构将和公司领导层一起成为公司总部。公司总部将退出具体的产品经营，由过程管理转向目标管理，各职能部门也将以规划、监控、服务为重点。各产业公司分为前端公司和终端公司，在以前的基础上独立自主地发展各自领域的产业。服务平台（包括技术中心、物流公司、设备动力部、基础管理公司和保卫部）和销售平台（总共分为 19 个区域销售公司）则主要为集团内的产业公司服务。长虹集团为什么要这么做呢？这就要从企业营销组织与计划开始讲起。

第 1 节　企业营销组织

20 世纪七八十年代，由于营销环境不断发生变化，欧美企业的营销经理人员受到营销战略的吸引，认为正确的战略决策最重要，也远比组织和实施具体事务更能检验一个人的能力。但到了 80 年代末 90 年代初，调查表明营销经理人员的观念出现另一种趋势——越来越强调不断改进战略实施能力的重要性。高级经理反映现在遇到更多的是“如何做”方面的问题，即“执行”问题。现代管理，包括营销管理在内，变得更关注组织和实施方面的基础环节。

的确，再好的营销战略也要靠具体的企业组织去实施，才能产生效果。而这个组织的构成及运行方式应符合现代市场营销观念的要求，具有灵活性、适应性和系统性，即企业组织能够根据营销环境和企业资源、目标、策略的变化，适应需要，调整自己，且企业内各职能部门均能相互配合，整体协调，共同为实现企业目标和计划而努力。

现代营销观念的确立，要求企业重新考虑组织设计的指导思想，使市场导向的原则不仅贯穿于经营战略规划、日常管理业务中，而且贯穿于组织设计中。组织设计中的一个要点是组织结构要适应环境、企业目标和战略、策略变化的要求，而不是反过来，由组织结构、管理制度决定企业的目标和战略。二者的区别如图 14—1 所示。

环境机会 2010 年 ← 企业目标 2008 年 ← 营销策略 2007 年 ← 企业组织 2005 年 ← 制度 2002 年

(a)

环境机会 2010 年 ← 企业目标 2010 年 ← 营销策略 2010 年 ← 企业组织 2010 年 ← 制度 2010 年

(b)

图 14—1　企业组织与环境机会的关系

在图 14—1（a）中，企业面对 2010 年的市场机会，组织结构、管理制度却还是 2005 年的，甚至是 2002 年的。企业此时即使发现了环境变化带来的机会，也可能因原有组织和管理体制的束缚，无法调整自己的目标和策略，以致坐失良机。理想的情况如图 14—1（b）所示，根据市场机会制定企业营销目标、营销策略，再据此设计组织结构、工作流程和管理制度。

企业内营销部门的构成是随着企业规模和营销业务量及范围的扩大长期演变而来的。同时，企业经营观念的转变对营销部门的设置及其在企业中地位的提高起了不可低估的作用。

一、简单的销售部门

当企业规模很小时，销售职能多由业主本人或雇用一两位推销员承担，还谈不上什么职能部门。因为此时的销售是否顺畅关系到企业能否生存，加上客户关系往往是企业除技术诀窍之外最重要的资源（甚至是头号资源），所以业主通常会亲自主持或从事销售工作。

后来，企业内有了简单的销售部门——一位销售主管领导几位推销人员，同时兼顾其他营销职能，如图 14—2（a）所示。

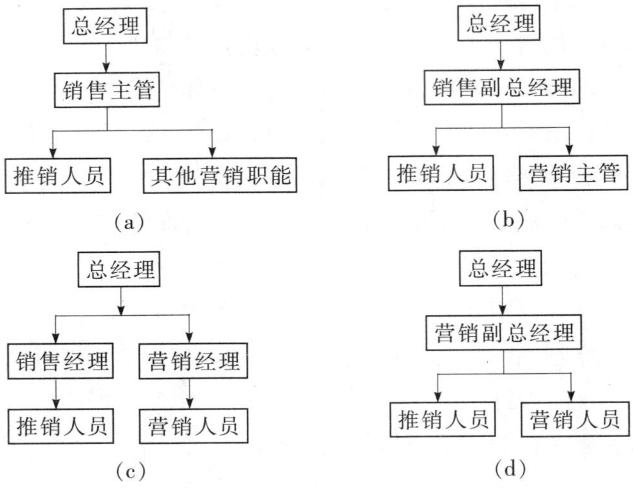

图 14—2　市场营销部门的演进过程

二、兼具营销职能的销售部门

随着业务范围的扩大，除销售外，企业需要更经常地处理市场调查、广告宣传和顾客服务等工作，再由销售主管兼顾这些工作已很困难，因此，需聘请有经验的营销主管来承担这些新职能，营销组织结构也调整为如图 14—2（b）所示。不过，现实中处于这一阶段的许多企业的销售部门虽兼具其他一些营销职能，但工作的重心仍是销售，以及与销售最密切相关的售后服务等。

三、独立的营销部门

企业继续发展，除销售外其他营销职能的工作量和重要性日益增加，而销售副总经理（他们通常是从销售职位提拔上来的）容易过分偏向推销职能，而将较少的资源和人力分给其他职能。久而久之，总经理会发现，将销售与营销职能分为两个部门，分设两位经理，以平等的地位直接受自己领导是更好的办法，这种组织结构将保证营销职能不致被忽视，参见图 14—2（c）。

四、现代营销部门

以上几种模式中的营销部门与销售部门必须互相配合、密切联系才能做好工作，但现实中许多企业的这两个部门之间的矛盾冲突颇多，都想把自己摆在更重要的位置。一般来说，营销经理更注重把握总体市场变化和整体营销组合策略的综合运用，而销售经理更注重实地的一线推销。于是总经理会派一位常务副总经理处理两部门的矛盾，协调二者的工作，或者任命一位营销副总主管所有营销工作，包括销售，这就是图 14—2（d）显示的情况。

当然，一个设置了现代营销组织的企业，只有同时真正接受了以满足顾客需要为导向的现代营销观念，才算得上是一家现代企业。

第 2 节　营销部门内的组织分工形式

营销部门内部的组织分工有多种形式，大致可归纳为按职能、地理区域、产品和市场划分，即按这四种分工方式设置相应机构。

一、职能式组织

职能式组织是最常见的结构（见图 14—3），即按职能分工，在营销经理下分设主管销售、市场研究、广告、市场推广等职能部门。下设的职能部门的数量根据企业需要可多可少，分工可粗可细，其中人数最多、分量最重的无疑是销售部门。

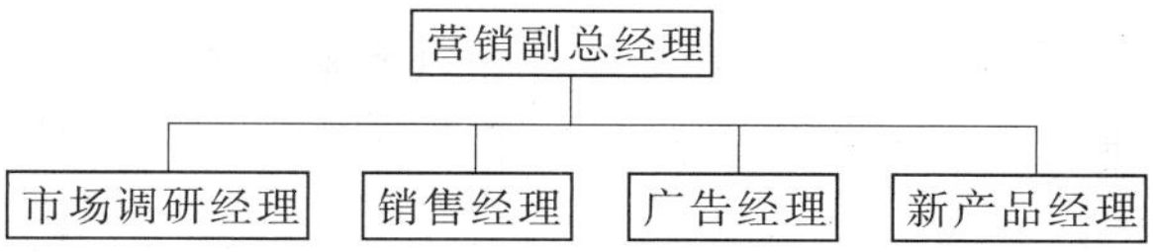

图 14—3　职能式组织

职能式组织的最大优点是简便易行，分工明确。缺点是当企业规模和经营范围扩大到一定程度时，会显得分工过粗，因为没有人专门为某个具体的产品或市场制定独特的计划，负完全的责任。

二、地区式组织

地区式组织（见图 14—4），即销售人员按地区划分工作范围，每位销售人员分别负责一定地域范围内的商品销售工作。这种组织模式适合市场地理位置分散的企业。如一家在全国若干省区市场上均销售其产品的企业，仅有一位销售经理直接管理所有推销人员显然是不可能的，这就需要按地区分派销售代表，甚至在某些顾客集中的地区设置销售办事处或分公司。这种模式的好处是可以使销售人员更了解当地市场的特点，与当地客户建立较长期、稳定的业务关系，并且相对节省出差费用。对地区需求差异大的产品或从事全球营销的企业，这种组织模式还有助于推动员工队伍的本地化。

在这种组织模式中，地区销售人员的工作不仅是推销产品，还要负责分析该地区的市场情况、营销机会，为该地区市场制定营销年度计划和长期规划，并负责计划的贯彻实施。如果企业的市场分布足够广，还需按地域设置地区经理或国别经理。

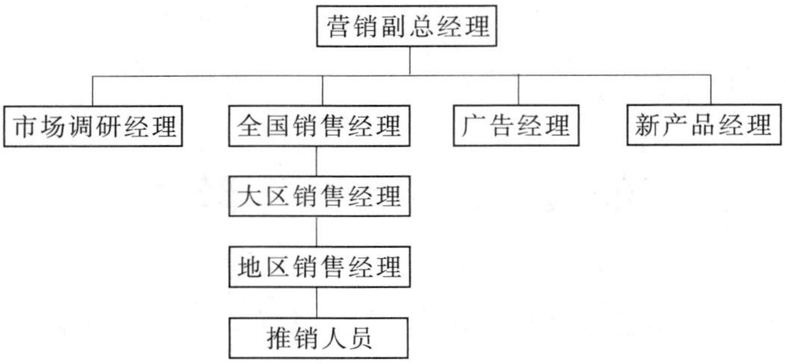

图 14—4　地区式组织

最后还要补充的一点是，这种组织模式仍以职能式结构为基础，只是由于市场范围广、任务重，需要对销售部门的人员配置做进一步的细化。

三、产品式组织

产品式组织（见图 14—5）即销售人员按产品划分职责，每位销售人员分别负责特定产品或品牌的营销工作。这种组织模式适合经营多种品牌或产品的企业，或者采用多元化经营战略的企业。这类企业同时从事多种不同系列、不同品牌产品的经营，产品之间的差异有大有小。当产品差异较大时，它们很难适用同一套营销策略和计划，因此由不同的人分别对它们负责也就顺理成章。有些产品间的差异虽然不大，但企业为它们做出了不同的营销定位，建立了不同的品牌，因此也需要分别制定不同的营销组合策略。显然，在这种情况下，如果没有专人为特定的产品负责，有些产品肯定会被忽视。

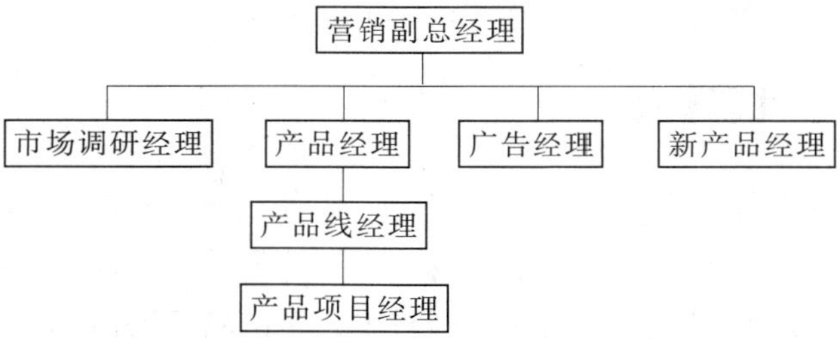

图 14—5　产品式组织

产品式组织在产品组合深且宽的食品、洗涤用品、化妆品和药品等企业里最常见。这种模式的创建者——著名的美国宝洁公司、通用食品公司几十年来一直遵循这种产品式组织结构，发展为年销售额达数百亿美元的巨型公司，管理着数千种产品的生产与营销。图 14—6 就是通用食品公司的一家子公司的组织结构图。

在产品式组织中，由于产品经理负责一项产品从市场调查、预测，制定营销组合策略、计划，到实施、控制的全过程，因此也给培养年轻经理人员，使其获得全面工作经验提供了较好的环境。通常，刚毕业的工商管理硕士都从产

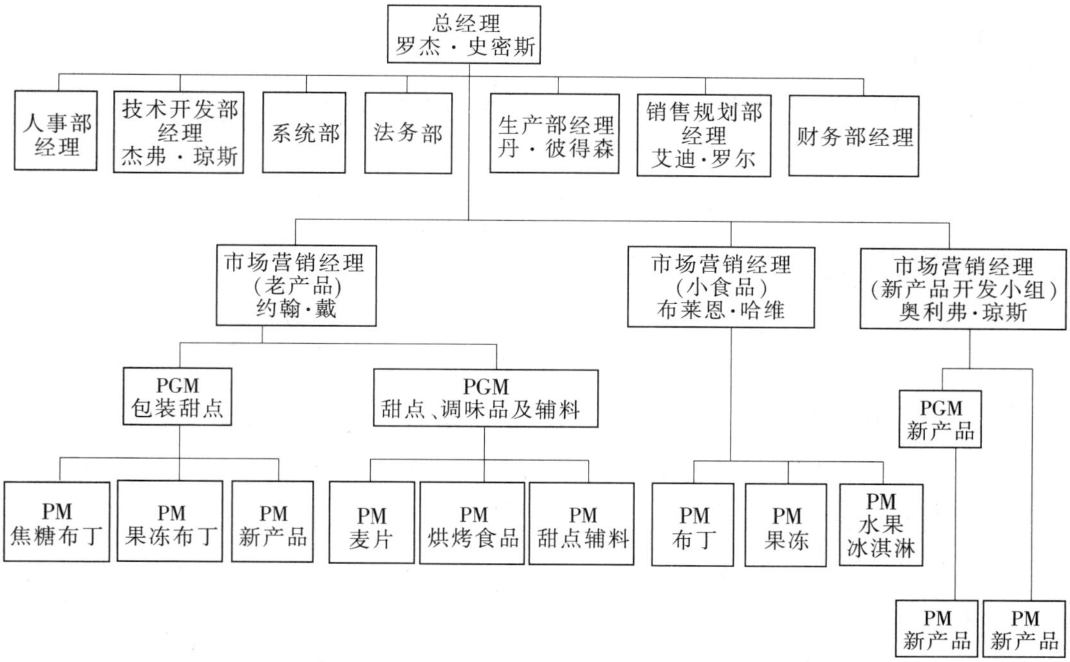

图 14—6　通用食品甜点分公司的组织结构图

品经理助理做起。

四、市场式组织

市场式组织（见图 14—7）与产品式组织的结构类似，由一位总市场经理管辖若干分市场经理，每位市场经理的职责是为自己负责的市场制定长短期营销计划，分析市场发展趋势，组织实施计划。如著名的食品制造商亨氏公司原来采用以产品为中心的组织形式，设有调味品、布丁等产品经理。但亨氏公司产品的客户既有食品杂货商，也有各类组织团体，如医院、餐馆、学校，因此每位产品经理要同时负责这两类市场的销售——前者面对的是消费者市场，而后者面对的是产业市场。后来，公司发现组织市场的需求比食品杂货商市场的需求发展得快，而产品经理往往看不到这一点。为此，公司为组织市场设置了一个独立的营销组织，下设中学、大学、医院、餐馆等市场经理。

不少大公司都以市场或客户为中心重新调整了营销组织。由于这些公司在各种不同类型的市场上出售自己的产品，按市场或行业分工的组织模式有助于企业将各种营销手段通过市场经理之手协调配合起来，更好地满足不同顾客群的需要。

现在还有一种变通的形式是在地区式或产品式结构的基础上，另建一个大客户部，专门负责行业或大机构的营销。

上述地区式、产品式、市场式组织都是在企业规模和经营范围扩大的情况

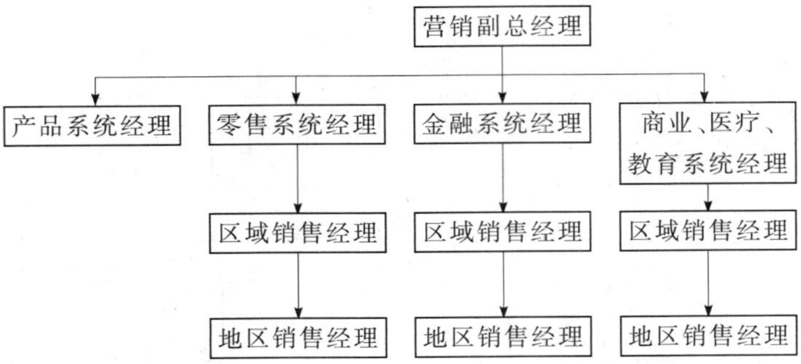

图 14—7　市场式组织

下，为加强管理，将分工划分得更细的组织模式，它们都没有取代职能式组织，只是在销售管理方面增加了一两个管理层次。这三种组织模式面临一个共同的问题——各级销售经理如何与各职能部门协调合作。

五、产品/市场式组织

这是一种矩阵式组织，即将产品式和矩阵式结构组合起来（见图 14—8）。产品经理负责为产品制定营销规划和利润指标，并监督实施；而市场经理则负责现有和潜在市场的开发，以及把握市场的长期发展趋势。

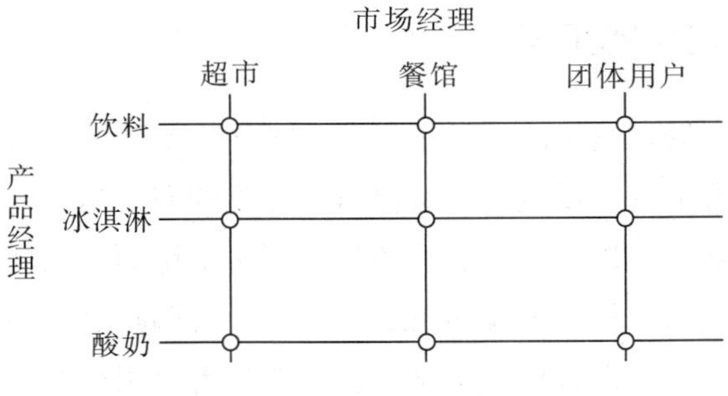

图 14—8　产品/市场式组织

这种组织模式显然是经营范围广、客户分散、规模大的公司所需要的。好处是分工很细，各司其职；不足之处是容易发生职责重叠，因权力和责任界限不清产生冲突，而且费用较高。

六、事业部式组织

从事多元化经营的大公司发展到一定规模后，有时将较大的产品式组织改为独立的事业部，这些事业部各设独立的职能部门，由此产生了营销职能如何在公司总部与各事业部之间分工的问题。企业通常从以下几种模式中选取一种：

（1）公司总部不设营销部门，营销职能完全由各事业部自己负责。

（2）公司总部设一规模很小的营销部门，只具备极少的营销职能，如为最高管理部门进行总体市场机会评估，应事业部之邀提供咨询等。

（3）公司总部设一较大规模的营销部门，为事业部提供各种营销服务，如组织全公司的广告、公关活动，提供市场研究、推广、政策咨询、人员培训等服务。

（4）公司一级设有强大的营销部门，直接参与各事业部的营销规划及实际业务工作，甚至部分控制它们的销售经营活动。

第 3 节　营销计划的制定过程与内容

企业营销管理的实施过程从制定营销计划开始，因此每位营销管理人员都应了解如何制定一项营销计划，具体包括以下内容：

（1）谁参与计划的制定？谁负责监督计划制定的全过程？谁负责批准计划？谁负责执行计划？

（2）多长时间做一次计划？是按固定的时间表，还是随每次新产品推出或市场开发行动制定营销计划？如果按固定的时间表，计划期定多长？1 年、2 年、3 年，还是 5 年？

（3）计划的详细程度如何？要不要具体规定由谁负责什么事项，以及时间、地点、方法和预算等内容？

（4）由谁审查和批准预算？

企业营销的实践证明，计划是企业内各层人员间十分有效的一种沟通手段，而且是高层管理人员检查、评价各单位行动与合作的依据，还是各层管理人员做出承诺的正式记录。

营销计划还有助于企业管理者将注意力集中在重要的问题上，不致因各种应急事项影响企业经营的主线。

最后，含有定量指标的书面计划还是准确评估企业业绩的前提和依据。

企业营销计划有许多可能的模式，因各个企业的类型、所处竞争环境、面对的顾客而不同。另外，企业若同时经营若干种不同的产品，也可根据需要，分别为每种产品、品牌或市场制定营销计划。

计划的制定过程正是企业管理者认识市场、思考未来，然后制定出现实可行的行动计划的过程。将这一工作程式化后会发现，营销计划应包含以下内容或步骤。

一、分析营销现状

通过事实陈述，表明企业的营销现状是什么。主要包括与外部市场需求、顾客、竞争对手和营销环境变化有关的各种背景材料，以及对企业内部资源、技术和能力的描述。

如一家空调机制造商在计划书的“营销现状分析”部分可能写道：国内市场规模约为每年 1 500 万台套，预计会以每年 10%的速度增长，但生产能力增长更快。南方主要城市的家庭空调保有率已经很高，要想进一步提高市场增长潜力，或提高本企业的市场份额，恐怕会遇到相当大的困难。然后，可采用表格列出过去几年该企业各主要产品的销量、价格和收益情况，附上简单的分析说明。对竞争者的分析则侧重它们的销售规模、市场占有率、目标市场、营销策略等。

二、分析机会与威胁、优势与劣势

根据上述有关营销现状的资料，计划人员要找出本企业或某种产品面临的主要机会与威胁，作为下一步采取措施的依据。这里要注意的一点是，市场机会可能很多，但如果依照企业的资源与能力只能利用其中的两个机会，就没有必要把其他机会都列上。

例如，上述空调机制造商面临的主要机会可能有：

● 随着新房装修数量的增加，一般收入家庭对空调机的需求将稳步上升。

● 部分在 20 世纪 90 年代购买的空调机面临更新。

● 随着空调厂商竞争的加剧以及新品牌、新品种的推出，消费者在选择购买何种产品及品牌时感到困惑。

该企业面临的主要威胁可能是：

● 本企业产品过去主要在南方城市出售，缺少将产品送抵偏远地区的有效渠道。

● 2010 年春节一过，业内将有竞争者挑起价格战，大幅压低售价，迫使本企业也不得不降价应对。

除了上述机会与威胁的分析外，计划书还需进一步分析本企业的优势与劣势。机会与威胁主要针对外界因素，优势与劣势则是内在因素。优势指企业可以利用的要素，如高质量的产品、出色的服务和分销网、极富感染力的广告；劣势指企业应加以改进的部分，如价格偏高、公关宣传不足、产品的市场定位不如竞争对手明确等。

三、表述营销目标

对机会、威胁、优势、劣势的分析表明企业“现在何处”，接下来是确定企业要“向何处去”，即确定营销目标。目标是营销计划的核心与制定下一步营销策略和行动方案的基础。目标分为两类：财务目标，包括即期利润指标、长期的投资收益率等；营销目标，主要包括销售额、市场占有率及广告效果、分销网点、定价等方面的具体目标。所有目标都应以定量的形式表达，并具有可行性、一致性，能够分层次地加以说明。

例如，上述空调机制造商可能为自己制定了以下营销目标：

（1）2010 年实现销售额增长 12%，略高于行业增长水平。

（2）重点开发北京、西安、太原、天津等北方大城市的市场，北方地区的销售额增长率要达到 30%。

（3）在 3 月份销售旺季到来之前，将第一批 50 000 台空调机运交上述城市的分销商。

（4）4—5 月，在上述地区组织开展一场营销推广活动，由公司市场推广部派人协助当地销售科具体组织实施。

四、列出主要的营销策略

每一目标都可通过多种途径去实现，营销管理者必须对企业营销组合策略做出决策，然后在计划书中简明扼要地列出，内容包括：目标市场、产品市场定位、产品策略、定价策略、沟通策略、渠道策略、研究与开发、市场调研计划等。

五、制定行动方案

营销目标与策略要通过具体的行动来实现。行动方案表明企业为达到营销目标具体做什么，什么时间做，谁来参与，预计花费多少等，按时间顺序列成表，即是未来实际行动的计划。

六、编制预算

制定行动方案时必须依据企业可利用的资源，所以，还要根据行动方案编制相应的预算，表现为盈亏报表。收入方为预计的实物销售量和平均价格，二者相乘得出预计的销售收入；支出方包括生产、销售、广告、物流配送等费用；收支之差即预计的利润。企业领导者审查批准或修改预算，一旦得到批准，该预算便成为安排采购、生产和营销活动的基础。

七、预测结果及进行主要的风险分析

这一步是对实施行动方案的结果进行测算，要计算关键资源的使用成本和预期收益。典型的业绩指标包括：

（1）销售量。

（2）销售收入。

（3）产品销售成本。

（4）产品毛利率。

（5）关键客户购买情况。

（6）重点开发市场上的占有率。

计划中还应关注执行过程中可能遇到的风险，并制定相应的控制措施，以防患于未然。最简单的是年度计划控制，即将目标和预算按月或按季分解，企业领导定期检查完成情况，若未达到，部门经理必须做出解释并采取补救措施。

第 4 节　营销计划的贯彻实施

实施是一个将计划转化为具体行动并达到既定目标的过程。对计划中的行动方案还须制定一个具体的实施方案，该方案也许要形成文字，也许只存在于管理者的头脑中。它规定了由“谁”在“什么时间”、“什么地点”及“怎样”去执行哪一项具体的任务。如计划规定了要组织一次与社会公益有关的公关活动，也分配了预算，这时就要安排人员具体组织完成这项任务。

为有效地执行计划，管理人员还须掌握一些相关的技能：

（1）分配资源的能力。即根据计划规定的工作量和难度，在不同任务间合理分配时间、人员和资源的能力。

（2）控制能力。包括建立和管理一个对计划实施过程进行有效监督的控制系统，并在发生意外时迅速采取补救措施的能力。

（3）组织能力。主要是处理好组织内集权与分权以及正规组织与非正规组织的关系、建立合理制度、协调各部门关系的能力，以使组织效率达到最高。

（4）影响他人的能力。组织的效率除取决于组织的结构、制度、传统、风格等，还取决于管理者推动、影响他人努力将事情办好的能力。管理者不仅要善于推动组织内的同事努力工作，还应善于影响组织之外的其他企业和个人更有效地工作或减少阻力，以达到企业的计划目标。

□ 小　结

再好的营销战略也要靠具体的企业组织去实施，才能产生效果。现代营销观念的确立，要求企业重新考虑组织设计的指导思想，使市场导向的原则不仅贯穿于经营战略规划、日常管理业务中，而且贯穿于组织设计中。企业内营销部门的构成是随着企业规模和营销业务量及范围的扩大长期演变而来的，经历了简单的销售部门、兼具营销职能的销售部门、独立的营销部门、现代营销部门四个阶段。

营销部门内部的组织分工有多种形式：（1）职能式组织；（2）地区式组织；（3）产品式组织；（4）市场式组织；（5）产品/市场式组织；（6）事业部式组织。

营销计划应包含以下内容或步骤：（1）分析营销现状；（2）分析机会与威胁、优势与劣势；（3）表述营销目标；（4）列出主要的营销策略；（5）制定行动方案；（6）编制预算；（7）预测结果及进行主要的风险分析。

□ 重点概念

1. 职能式组织——最常见的结构，即按职能分工，在营销经理下分设主管销售、市场研究、广告、市场推广等职能部门。

2. 地区式组织——销售人员按地区划分工作范围，每位销售人员分别负责一定地域范围内的商品销售工作。这种组织模式适合市场地理位置分散的企业。

3. 产品式组织——销售人员按产品划分职责，每位销售人员分别负责特定产品或品牌的营销工作。这种组织模式适合经营多种品牌或产品的企业，或者采用多元化经营战略的企业。

4. 市场式组织——与产品式组织的结构类似，由一位总市场经理管辖若干分市场经理，每位市场经理的职责是为自己负责的市场制定长短期营销计划，分析市场发展趋势，组织实施计划。

5. 市场营销计划——企业营销活动的规划或方案，具体包括分析营销现状，分析机会与威胁、优势与劣势，表述营销目标，列出主要的营销策略，制定行动方案，编制预算，预测结果及进行主要的风险分析等内容。

□ 思考题

1. 简述企业营销组织的演变过程。我国企业的营销组织结构目前大多处于哪个阶段？
2. 简述职能式组织、产品式组织、市场式组织、地区式组织各自的模式及适应范围。
3. 营销计划包括哪些主要内容？
4. 为什么说了解营销计划制定过程应在了解营销计划的内容之前？
5. 为确保营销计划的实施，企业营销人员应掌握哪些重要技能？

案例分析

中国电信九江分公司的“6＋1”营销组织新模式

2009 年，中国电信九江分公司面对电信市场产品多、套餐杂、竞争激烈的现实情况，依托“天翼”3G 业务上市之际，对自身营销组织进行了改革，构建出“6＋1”的营销组织新模式。该模式指的是根据渠道细分原则，结合工种的差异性，将所有前端员工细分为六大团队方阵。“6”分别为政企方阵、家客分部方阵、家客 10 000 方阵、农客方阵、个客方阵、综合信息运营方阵；“＋1”为对 6 个团队方阵的支撑服务和营销工作的奉献，并在“＋1”中开展“我爱我家”员工营销活动、党员“一面旗帜”营销活动。

（1）设定先锋、潜力、蜗牛三类方阵和员工。在各团队方阵中，完成时序进度并排名前20%的方阵为先锋方阵，未完成时序进度并排名后20%的方阵为蜗牛方阵，其余方阵为潜力方阵。与此类似，在各团队方阵中完成时序进度并排名前20%的员工为先锋员工，未完成时序进度并排名后20%的员工为蜗牛员工，其余员工为潜力员工。

（2）勤通报勤点评。前期由前端与后端沟通好，将所有产品、套餐及相应的分值加入到后端，每天凌晨由后端进行数据运算，将各人的积分统计关联到团队方阵中，按完成比例进行高低排名。各团队方阵同样按积分完成比例进行高低排名。每天通报一次，在办公OA网上自动弹出通报界面。市分公司各客户群要求隔日一点评，将营销成功的经验和做法进行上传和交流，对蜗牛团队和人员进行分析和帮扶。通报初期，因产品、套餐统计不全面，每天有近200位员工提出咨询，说明广大员工十分关注“非常6+1”全业务营销竞赛活动，并且十分关注自己在全市的排名情况。市分公司领导经常参与各个渠道的点评工作，针对在竞赛活动各个阶段出现的问题进行点评。在市分公司领导点评或网上留言后，各团队和员工们高度重视，人人都有不当蜗牛、当先锋的愿望和行动。

（3）定期电视电话通报会。每周一晚上，市分公司召开全市电信“非常6+1”营销竞赛活动电视电话通报会，首先通报竞赛活动情况，再通报竞赛奖励表彰情况，受到奖励的先锋队员和先锋团队统一身穿黄色Polo衫，分别登台发表获奖感言，场面催人奋进。接着，会议进入娱乐环节，由“金童玉女”主持节目，或正确回答问题后以“砸金蛋”方式获得相应的奖品，或通过翻幸运牌获得相应的奖金。整场会议别具一格，形式生动活泼，内容寓教于乐。

（4）及时激励。在市分公司召开动员大会以后，各团队方阵不等不靠，早动作，召开启动大会；早学习，召开培训班；早营销，组织营销小分队，参与市分公司“非常6+1”营销竞赛活动。公司采用阶段与季度相结合的方式进行激励，及时给员工鼓劲加油，促进团队业务发展不减速；在各活动阶段，每月给完成时序进度并排名靠前的员工安排省内踏青活动。在季度末，对各团队方阵中的先锋队员，分别给予价值2 000元、1 500元、1 000元不等的旅游奖励。公司开展“非常6+1”全业务营销竞赛活动仅一个月，全市电信已有21人超额完成了二季度的全部积分计划，210个员工（支局所）超时序进度。“天翼”营销和预存话费业务名列全省第二。

资料来源：改编自何宝明，赵新建：《非常时期，非常6+1——九江电信创新全业务营销组织模式》，载《信息网络》，2009（5）。

讨论题

1. 为什么中国电信集团九江分公司要提出“6+1”的营销组织新模式？请详细谈谈你的看法。

2. 这种新的营销组织模式在长期是否仍然能起作用？

第 15 章

市场营销绩效的测量与监控

第 1 节　营销绩效评估

营销绩效评估，是指探索营销活动对企业绩效的影响并且对营销生产力进行测量，以了解营销活动对企业造成怎样的影响和影响的大小，其最终目的是要探索营销活动是否影响企业的财务绩效和企业价值。

一、营销理论及营销绩效评估

20 世纪 50 年代，随着市场环境的变化和企业营销活动的发展，营销观念的重点逐渐从企业转向顾客，从强调企业利益与交易实现转为强调顾客价值和相关者利益的实现。与营销理论的发展相对应，营销绩效评估也经历了由生产到产品，再到以消费者市场为主导的整体评价等不同的发展阶段。

在市场营销发展的初期，市场营销管理的思想是生产观念（production concept）。其认为：企业生产什么就卖什么，只要扩大生产量，就可以获得最高利润。因此，这一时期企业市场营销工作的目标和评价的标准是企业的销售利润。

之后出现了产品观念（product concept）。其认为：顾客喜欢高质量、有特色、多功能的产品，因此，只要产品好就会拥有很多顾客。在以生产观念和产品观念为主流的时代，企业最主要的关注点是生产，市场营销只是辅助生产。在这一时期，市场营销所具有的大部分功能并没有发挥出来，对市场营销的评价主要是对销售额的扩大和利润增加的评价。

20 世纪 30 年代，资本主义世界爆发空前的经济危机，出现经济大萧条，社会购买力急剧下降，企业产品大量积压，推销观念（selling concept）随之产生。其认为：顾客不会主动购买产品，更不会主动购买数量较多的产品，企业只有采用强有力的推销措施，顾客才会购买更多的产品。因此，企业的产品能否销售成功，取决于它的推销能力。在这一时期，市场营销绩效不仅表现在销售量的扩大和利润的增加上，也表现在推销术的综合应用效果上。

50年代以后，随着第三次科学技术革命的发展，逐步形成了以顾客为中心的现代市场营销观念（marketing concept）。企业营销工作的目标不再是仅仅追求销售量的扩大和利润的增加，而是追求产品市场占有率和顾客满意度的提高，重视扩大忠诚顾客群的数量等。随着营销活动的不断深入，企业不仅从产品质量出发寻求增加顾客满意度，而且从客户关系、服务、利益相关者等多角度通过全方位的整体活动提高顾客感知价值和满意度。

二、营销绩效评估指标

市场营销绩效评估大致包括四种测评结构：简单财务结果测评、非财务结果测评、投入测评以及多维测评。

（1）简单财务结果测评是计算其他测量指标的基础，主要包含三个最基本的财务指标：利润、现金流和销售额。“中国加入WTO后企业市场营销绩效评价研究”课题组的一项调查显示，销售额、销售量是我国企业营销绩效评估中采用率最高的两项指标，分别达到86%和82%；它们的重要性也排在前三位，分别得到86%和81%的企业的认同。财务绩效无论是在认识上还是在实践中都得到了企业的高度重视。然而财务报表的业绩评估制度已经不能适应获得长期竞争优势的需求，其局限性主要表现为滞后性、片面性、短期性。

（2）非财务结果测评包含的指标有：顾客满意、市场份额、顾客忠诚、服务质量、品牌资产。在营销生产力中存在许多调整因子，这些因子包括市场占有率、适应性、服务质量、顾客满意和顾客忠诚，它们的存在使得营销投入在转换成营销产出时具有极大的随机性。

（3）投入测评包括的内容有：营销资产、营销审计、市场导向。越来越多的企业把它当做加强市场营销管理的一个有效工具，并通过系统测评引出市场定位的概念。市场定位是市场营销战略体系中的重要组成部分，对于满足顾客的需求偏好，树立企业及产品的鲜明特色，从而提高企业竞争力具有重要的意义。

（4）多维测评包括的内容有：营销效果测评、营销效率测评、多变量分析测评。营销效率是营销结果与努力的比率，用来测量和评价营销部门运作的情况。从组织的角度来讲，效率要通过企业内部的专业化和程序化实现，它与效果的区别就在于，迅速取得的结果并不一定会有效地满足企业目标。例如，企业很容易销售出去的产品却未必能获得最大盈利。这四种测评结构之间的关系可以用图15—1表示。

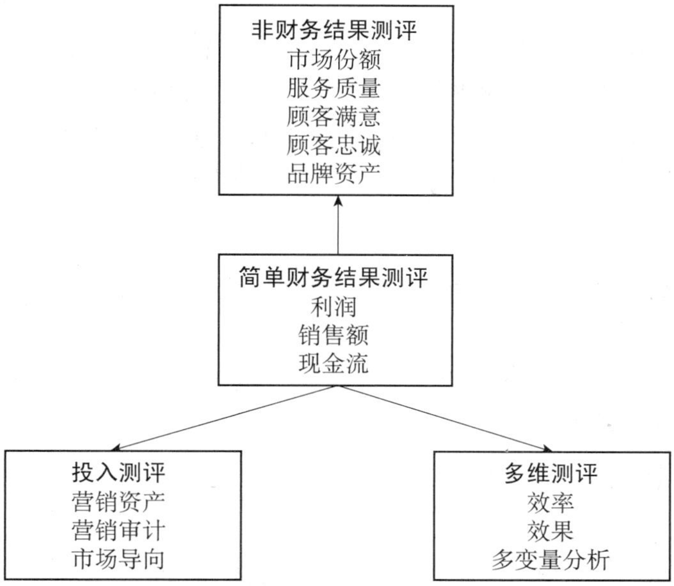

图 15—1　四种测评结构之间的关系

三、营销绩效评估步骤

营销绩效评估属于企业绩效评估的一部分，既带有绩效评估活动的共同特征，又有着自己的特点。营销绩效评估活动应包含以下步骤：(1) 设计评估指标；(2) 选取评估指标；(3) 收集数据；(4) 选取评估方法；(5) 实施评估；(6) 分析评估结果（如图 15—2 所示）。

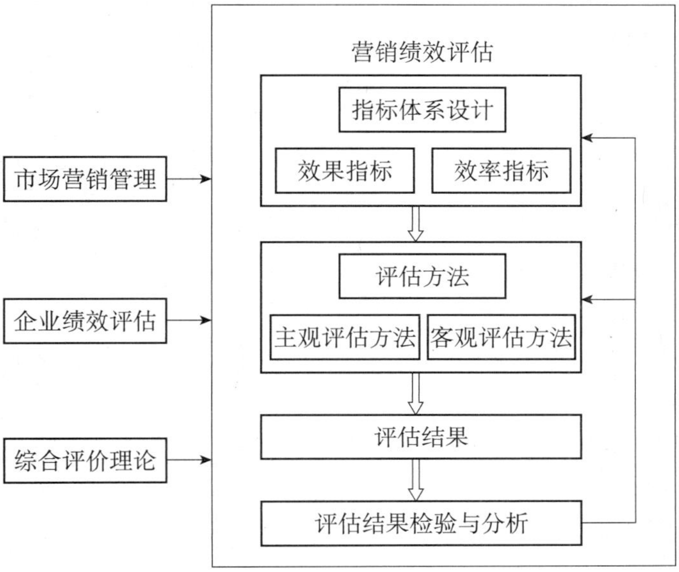

图 15—2　营销绩效评估

营销绩效评估分为对营销效果、营销效率的评估，所以要建立营销效果指标体系和营销效率指标体系，之后针对指标体系的特点和评估的目的选择主观或者客观的综合评估方法，然后运用选取的评估方法进行评估得到营销绩效评估结果，并对评估结果进行检验和分析，之后对指标体系和评估方法进行修正，得到合适的营销绩效评估指标体系和评估方法，并用评估结果指导企业的营销决策。

四、营销绩效评估的实际应用

KPI 绩效管理是国内已经操作多年的一种管理模式，因其目标化、数字化，以及在具体操作中的流程化、表述化，在很多行业得以运作实施。现附上某公司的营销组织的绩效管理方案，以供参考。

案例

绩效管理及薪酬分配方案

一、适用范围

销售部各区域营销组织（分公司）及所属人员（含经理、销售行政经理、业务主管、业务代表、策划员、计划员、会计、信息员，不含促销员）。

二、绩效原则

1. 综合绩效原则

分公司的综合绩效由主指标回笼、开单，辅指标网络开发、网点达标、应收账款清理及雷区激励等内容组成。

2. 即时激励原则

每月进行分公司综合绩效考核，激励先进，鞭策后进，实现即时激励。

3. 二次分配原则

该方案涉及对分公司和分公司对所属员工两个管理层面。分公司经理绩效考核按公司既定方案执行；针对业务代表及其他人员，各分公司可制定适合自身特点的内部方案，报销售部长批准，计划科备案后方可执行。

三、薪金标准及人员编制

1. 分公司的分类（A，B，C 三类）

2. 各类人员年薪标准

3. 分公司人员编制及标准年薪表

四、绩效评价

1. 销售当量（略）

销售当量系数

$=\sum$(月度某型号产品销量×该型号产品销售当量)/月度总销量

2. 分公司经理 2000 年年薪绩效考核评价办法

3. 分公司其他人员的薪酬计算（分公司综合考评以分公司经理 2000 年年薪绩效考核评价办法为标准）

分公司其他人员月薪合计

=分公司其他人员标准年薪合计/12×分公司月度绩效综合考评得分/100×销售当量系数

(1) 分公司实际在编人数≥定编人数，按定编人数计算标准年薪。

(2) 分公司实际在编人数≤定编人数，按实际人数计算标准年薪。

4. 分公司业务代表及批发客户经理 2000 年年薪绩效考核评价办法

五、薪酬的分配

1. 分公司经理根据利用上述方法得出的分公司其他人员月度薪酬总额作出二次分配（分公司经理不参与分配）

2. 分公司制定的二次分配方案须报销售部确认并备案

3. 分公司的二次分配方案应贯彻的原则

（1）公开、公正原则。

（2）业务人员分级原则。

1）根据分公司的市场状况，可设置专职从事批发的客户经理，负责 1～3 个大型批发商的回笼、开单及应收账款的清理工作；设置有明确回笼计划、主管 8～10 项零售业务的业务代表；设置无明确回笼计划、主管 8～10 个核心分销商的业务代表。

2）按地域和网点数量配备业务代表。

3）业务主管、业务代表应设置不同的年薪标准。

4）同是业务主管或业务代表，亦可设置不同的年薪标准。

（3）销售行政经理、策划员、会计、信息员以日常考评为主、业绩挂钩为辅的考核办法进行薪酬分配。

六、执行

（1）分公司根据 2000 年的销售目标，将每个月的目标分解到每个区域及每个业务员，建立相对稳定的绩效考核办法，并于 2000 年 1 月 10 日之前将业务员销售目标分解表及绩效考核方案报销售部主管副部长批准，行政科备案。

（2）销售部销售计划科负责分公司的绩效考核及薪酬分配管理工作。

（3）每月 20 日之前分公司提交下月月度营销工作计划（包括回笼、开单、网络开发、网点达标、应收账款清理计划等）及下月产品需求计划。

（4）每月 26 日之前销售部财务科根据各分公司应收账款账龄分析情况下达分公司下月应收账款清理计划，报计划科。

（5）每月 27 日之前销售计划科根据年度销售目标及各分公司月度计划下达分公司下月月度营销工作计划（内容同上）。

（6）每月 1 日之前各分公司提交上月月度营销工作总结。

（7）每月 5 日之前计划科根据各分公司实际完成情况进行综合考评，排出名次，确认金牌与黄牌得主，同时对业务代表进行绩效考评，排出名次。

（8）根据各分公司实际完成情况，每月 10 日之前计划科核算各分公司经理及其他人员上月应得薪金，报主管部长批准，并反馈至分公司。

（9）根据薪金核算情况，每月 20 日之前各分公司做出上月内部薪金二次分配计划，报计划科审核，主管部长批准（分公司当月薪酬可作提留，留存于计划科）。

（10）财务科于每月 30 日之前发放上月薪金至各分公司指定薪金存折。

（11）分公司需建立详尽的薪金管理台账，严格遵守考评、分配及签收制度。

（12）薪金不得挪作他用，其他分公司费用不得与薪金混用。

七、解释

（1）本方案解释权属销售部。

（2）如有调整，将充分考虑与本方案之衔接。

第 2 节 营销控制类型与方法

现代营销管理越来越重视营销控制的作用。这是因为，从总体上说，计划建立在对未来发展预测的基础上，而在计划执行期间总会遇到各种意外，这时就需要采取适当措施，以确保企业营销活动获得效率与效益。概括地说，营销控制是企业用于跟踪营销活动过程的每一环节，确保按计划目标运行而实施的一套工作程序或工作制度。

营销控制有助于管理者及早发现问题，采取措施防患于未然，并对营销人员起着监督和激励的作用。但相当多的企业对营销控制的重要性还缺乏足够的认识，也没有建立起一套有效的控制制度。

下面是四种主要的营销计划控制方法。

一、年度计划控制

年度计划控制的目的是确保企业达到年度计划规定的销售额、利润及其他指标。

年度计划控制由四个主要步骤组成：

● 将年度计划指标按月或季分解为次一级指标。

● 管理者随时掌握营销活动的进程和绩效。

● 如果营销活动的实际情况与计划不符，立刻找出产生偏差的原因。

● 针对问题采取修正措施，以缩小实际业绩与计划之间的差距，若是计划的问题，就修改计划；若是实施的问题，则重新修订行动方案。

可见，年度计划控制的实质是随时检查年度计划的执行情况，考察的指标主要有以下四项：

（1）销售额与销售量分析。包括总量差额分析和单类产品分析。

（2）市场占有率分析。有三个分析指标供选择：

1）总体市场占有率。用本企业销售额占整个行业销售额的百分比表示。使用这一指标要考虑两方面：一是使用销售量还是使用销售额；二是确定行业的界限。如一家生产分体式空调机的企业将自己所属行业范围确定为所有空调设备，其市场占有率自然很低；如果它将自己的行业定位为家用柜式和分体式空调机，市场占有率自然会提高不少。

2）有限地区市场占有率。指企业在某一有限区域内的销售额占全行业在该地区市场销售额的百分比。如某空调机生产厂家空调机的销量占北京市场销量的 40%，我们大体可以判断该企业在北京市场占有竞争优势。一家企业可能在有限地区的市场占有率达 100%，但其总体市场占有率却很低。多数企业会首先努力取得局部市场的最大占有率，然后进占新的地区市场。

3）相对市场占有率。即将本企业的绝对市场占有率与行业内领先竞争对手的绝对市场占有率进行对比，大于 1，表示本企业在行业内处于领先地位；等于 1，表示本企业与最大竞争对手平分秋色；相对市场占有率不断上升，表示本企业正接近领先的竞争对手。

市场占有率比销售额更能反映出企业在市场竞争中的地位，但要注意，有时市场占有率下降并不一定就意味着公司竞争地位下降。如某一新企业加入本行业，行业中每个原有企业的市场占有率都会下降；又如，企业有时可能放弃某些不获利或获利很低的产品以降低成本，增加利润，也会使市场占有率下降。

（3）费用与销售额之比分析。假定某企业规定的费用/销售额比为 20%，即每销售 100 元货物，就会发生营销费用支出 20 元。又假定总营销费用中推销费用 8 元，广告费 7 元，市场调研开支 1 元，管理费 4 元，则它们与销售额之比分别为 8%，7%，1%和 4%。不过，各种目标比率会因随机因素的影响产生波动，通常也允许存在一个正常的偏差值，但当波动超过正常范围时就应引起关注。企业应根据自身情况随时进行分析。

当费用与销售额的比率失去控制时，可按不同项目分列费用，然后利用费用/销售额偏差图进行分析。图 15—3 是将不同地区费用和销售目标完成情况进行比较的例子。图中的横坐标是销售目标实现情况（百分比）；纵坐标是费用目标完成情况（百分比）；斜线是一条等比例线。显然，越靠近斜线的位置，其费用/销售额的实施情况越符合计划要求；位于斜线左上方的地区，费用开支的增长超过了销售额的增长；位于右下方的地区，则销售额的增长超过了费用开支的增长。图中，J 地区情况最糟，C 地区情况最好。

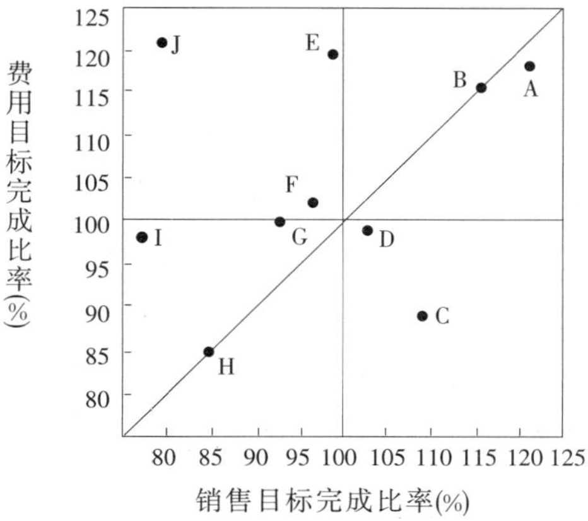

图 15—3　费用/销售额偏差的比较

（4）顾客满意度跟踪。上面都是采用定量分析的控制手段，定性分析也同样重要，顾客满意度跟踪指标既包含定性分析也包含定量分析。

顾客满意度跟踪可通过建立以下制度实现：

1）投诉和建议制度。通过设意见簿、建议卡等，鼓励顾客反馈意见，增加顾客反馈意见的途径，了解顾客对本企业产品及服务的反应，并认真予以答复。

2）典型户调查。公司可与某些顾客建立长期固定的联系制度，定期通过电话或邮寄意见征求表征求他们的意见和建议。这种方法因访问对象具有连续性，所得资料更完整、更全面。

3）随机调查。公司还可定期通过随机抽样方式了解顾客对企业产品及服务的满意程度，做出定量分析。

顾客满意度分析是近年受到欧美企业特别重视的一项指标，尤其对于许多顾客反复购买的产品和服务而言。对企业来说，赢得一个新客户的成本不断上升，保住老客户就显得格外重要，而保住老客户的关键就是提高顾客满意度。

二、获利性控制

获利性控制用于分析企业不同产品在不同地区、不同市场、通过不同营销渠道销售时的实际获利能力。尤其当企业在若干地区市场上经营多种不同产品时，仅了解总体盈利水平是不够的，这种分地区、分产品、分市场的盈利能力分析将帮助企业就哪些产品或市场该扩展，哪些该收缩以至放弃等做出正确决策，因此极具实用价值。我们结合下面的例子介绍获利性分析的步骤。

例：假定某企业分别经营 A，B，C 三种产品，根据资料可编出下述每种产品经营情况的损益平衡表（见表 15—1）。

表 15—1　　某企业三种产品的损益平衡表　　单位：万元

项目＼产品	A	B	C	总额
销售收入	3 000	2 500	2 000	7 500
销售成本	2 000	1 700	1 400	5 100
毛利	1 000	800	600	2 400
费用：推销	100	250	250	600
广告	500	400	100	1 000
包装运输	100	300	150	550
总费用	700	950	500	2 150
净利	300	－150	100	250

三、效率控制

效率控制是用一系列指标对营销各方面工作进行日常监督、检查的控制方法。这些指标包括：

1. 评价推销人员工作效率的指标

（1）每位推销员每周平均访问客户次数。

（2）每次推销访问的平均收益。

（3）每次推销访问的平均成本。

（4）每百次推销访问获得订单的百分比。

（5）每期获得的新增客户数和失去的客户数。

对上述资料的分析可使企业发现一些问题：每次访问的成本是否过高？每百次推销访问的成功率是否太低？如果访问成功率太低，应考虑是推销人员推销不力，还是选择的推销对象不当，或许应减少访问对象，增加对购买潜力大的目标顾客的访问次数。

2. 评价广告效率的指标

（1）各种广告媒体接触每位目标顾客的相对成本。

（2）注意、收看或阅读了广告的受众占整个目标受众的百分比。

（3）目标顾客在收看广告前后态度的变化。

（4）目标顾客对广告内容与形式的看法。

（5）消费者受广告刺激增加对产品询问的次数。

3. 评价营业推广效率的指标

（1）按优惠价售出的产品占总销量的百分比。

（2）赠券回收的百分比。

（3）每单位销售额的商品陈列成本。

（4）现场展示或表演引起顾客询问增加的次数。

四、战略控制

战略控制也称市场营销审计，是定期对企业营销环境、经营战略、目标、计划、组织和整体营销效果进行全面、系统审查和评价的过程，是最高等级的控制。

战略控制的目的是确保企业战略、目标、政策和策略与市场营销环境和企业内部资源的变化相一致。现代企业面对的营销环境变化极为频繁，企业原有的战略和目标经常很快因环境的变化而过时，因此，每个企业都有必要建立营销审计制度，定期对影响企业经营的方向性问题作出评价和判断，及时发现问题和机会，提供给企业最高决策部门作参考。

营销审计不是只审查哪里出了问题，而是全面审计，但侧重方向性、战略性、全局性的问题。审计内容包括六个主要方面：

（1）营销环境审计。主要分析宏观和微观环境中与企业目标相关的因素，如竞争对手、经济形势、消费者行为、中间商。

（2）营销战略审计。考察企业营销战略、目标与当前及预期环境变化相适应的程度。

（3）营销组织审计。考察营销组织结构、工作效率及实施企业战略、计划的能力。

（4）营销系统审计。分别考察营销信息、计划、控制、新产品开发等系统的工作情况及效率。

（5）营销效率审计。考察各营销单位的盈利情况及成本与销售额之比。

（6）营销组合要素审计。包括对产品、定价、促销、分销策略及实施效果的审查。

营销审计最好由企业外部的独立机构承担，原因在于：一方面，专业咨询公司有与大量同类型企业合作的丰富经验；另一方面，这样更能保证营销审计的客观性和独立性。

营销审计是一项庞大的工程，要花费一定的时间、人力和资金，但带来的好处也是巨大的：保证企业至少不犯大的错误；不致在错误的道路上走得太远；为陷入困境的企业带来希望；使卓有成效的企业更上一层楼。总之，可帮助企业抓住机会，防止大的失误。

第 3 节　营销审计

一、营销环境审计

1. 宏观环境

（1）人口环境。人口环境中有哪些重大的变化和发展趋势可能会给企业带来机会或造成威胁？为适应这些变化和发展趋势，企业采取了哪些行动？

（2）经济环境。在居民收入、物价、储蓄和信贷等方面有哪些主要的变化和发展趋势会影响企业？为应对这些变化和趋势，企业采取了哪些行动？

（3）生态环境。企业所需要的自然资源和能源的成本及其可获取性的前景如何？企业在环境污染和保护方面扮演什么样的角色？企业采取了哪些措施？

（4）技术环境。在生产技术和加工技术方面发生了哪些主要变化？企业在这些技术领域的地位如何？

（5）政治法律环境。法律和政治方面的哪些变化将会影响企业的营销战略和策略？在污染控制、就业机会均等、产品安全、广告、价格控制等领域发生了哪些会影响企业营销战略的新变化？

（6）文化环境。公众对企业和企业产品持何种态度？在消费者的生活方式和价值观念方面发生了哪些对企业有影响的变化？

2. 任务环境

（1）市场。在市场规模、成长性、区域分销等方面发生了哪些变化？有哪些主要的细分市场？

（2）顾客。顾客的需要和购买程序如何？在企业声誉、产品质量、服务、销售队伍和价格等方面，顾客和潜在顾客是如何评价本企业及竞争对手的？不同的顾客群是如何作出购买决策的？

（3）竞争者。谁是企业的主要竞争者？它们的目标、战略、优势、劣势、规模和市场份额如何？有哪些趋势将影响企业的竞争者和企业产品的替代品？

（4）分销商和经销商。通过哪些主要的商业渠道向顾客配送产品？各种商业渠道的效率和成长潜力如何？

（5）供应商。关键原材料的可获取性的前景如何？在供应商方面存在哪些变化趋势？

（6）营销中介。运输服务、仓储设施和财务资源的前景如何？公司的广告代理商和市场营销调研公司的效率如何？

（7）公众。对企业来说，哪些公众代表营销机会，哪些代表问题？企业采取了哪些措施以有效地应对每一位公众？

二、营销战略审计

（1）企业使命。企业使命是否用市场导向的术语明确表达出来？是否可行？

（2）企业目标和营销目标。企业目标和营销目标是否被清晰地表达出来，用以指导营销计划的制定和业绩的评价？营销目标是否与企业的竞争地位、资源和机会相适应？

（3）战略。企业管理层能否清楚地说明用来达成营销目标的营销战略？该营销战略是否具有说服力？该营销战略是否适应产品在生命周期中所处的阶段、企业的战略以及经济状况？企业是否采用最恰当的变量进行市场细分？企业是否采用可靠的标准评价细分市场，并且选择若干最适当的细分市场作为自己的目标市场？企业是否对每个目标细分市场进行详细的描述？企业是否为每个目标细分市场开发出一套有效的产品定位和营销组合策略？营销资源是否分配给营销组合的构成要素？用于完成营销目标的资源是否足够？

三、营销组织审计

（1）正式结构。对那些影响顾客满意度的企业活动，营销副总裁是否有足够的权力并承担相应的责任？企业是否按职能、产品、细分市场、最终用户和地区对营销活动进行有效的组织？

（2）职能效率。营销部门和销售部门之间是否保持良好的沟通和工作关系？生产管理系统是否有效地运作？产品经理能否计划利润水平，还是只能确定销售量？是否有营销小组需要进一步的培训、激励、监督或评价？

（3）跨职能效率。营销部门与生产、研发、采购、财务、会计以及法律等部门之间存在哪些问题？

四、营销制度审计

（1）营销信息系统。营销信息系统能否提供有关顾客、潜在顾客、分销商和经销商、竞争者、供应商等方面真实、足够和及时的信息？决策者是否要求进行充分的市场调研？他们是否利用了这些调研结果？企业是否运用最好的方法进行市场和销售预测？

（2）营销规划系统。营销规划系统的建设情况如何？是否得到有效的利用？营销者是否有决策支持系统可以利用？营销规划系统能否给企业带来过得去的销售目标和销售额？

（3）营销控制系统。控制程序是否足以确保年度计划目标的实现？企业管理层是否定期分析各产品、市场、销售地区和分销渠道的盈利情况？企业是否定期进行检查？

（4）新产品开发系统。企业的组织方式是否合理，以利于新产品创意的产生、收集和筛选？企业在向新产品创意投资之前是否进行充分的调研和分析？企业在推出新产品之前是否进行充分的产品和市场测试？

五、营销效率分析

（1）盈利率分析。企业各产品、市场、销售区域和分销渠道的盈利情况如何？企业是否要进入、扩大、缩小或放弃若干细分市场？

（2）成本效益分析。哪些营销活动看起来花费过多？能否采取一些降低成本的措施？

六、营销职能审计

（1）产品。企业的产品线的目标是什么？现有产品线能否支持这些目标？产品线能否延伸或收缩？哪些产品应该逐步淘汰？哪些产品应该增加？购买者对本企业产品和竞争者产品的态度如何？产品和名牌战略的哪些方面需要改进？

（2）价格。定价的目标、政策、战略和程序分别是什么？定价在多大程度上取决于成本、需求和竞争等标准？顾客是否认为产品的价格与其价值相符？有关需求的价格弹性、经验曲线效应以及竞争对手的价格和价格政策等，企业管理层了解多少？企业的价格政策与分销商、经销商和供应商的要求以及政府法令一致的程度如何？

（3）分销。企业的分销目标和分销战略分别是什么？企业的市场覆盖面和服务是否足够？分销商、经销商、制造商代表、经纪人、代理商等渠道成员的效率如何？企业是否考虑过改变其分销渠道？

（4）广告、销售促进、宣传和直销。企业的广告目标是什么？广告支出是否合理？广告费用是否适宜？广告主题及其文稿是否有效？顾客和其他社会公众对本企业的广告有何看法？广告媒体是不是经过精心筛选后确定的？企业内部的广告人员是否足够？销售促进的预算是否足够？是否充分有效地利用了各种销售促进工具，如赠品、赠券、展销和销售竞赛等？公共关系部门的职员是否精明强干并且富有创造性？企业是否充分利用了直销、在线营销和数据库营销？

（5）销售队伍。销售队伍的目标是什么？销售队伍的规模是否足以完成企业目标？销售队伍是否按适当的专业原则（地区、市场、产品等）组织？是否有足够的销售经理指导现场销售代表？销售报酬水平及其构成是否提供了足够的刺激和报偿？销售队伍是否表现出很高的士气、能力和努力？确定销售定额和评价销售业绩的程序是否合适？与竞争对手的销售队伍相比，企业的销售队伍有何特点？

□ 小　结

市场营销绩效评估大致包括四种测评结构：简单财务结果测评、非财务结果测评、投入测评以及多维测评。

营销绩效评估属于企业绩效评估的一部分，既带有绩效评估活动的共同特征，又有着自己的特点。营销绩效评估活动应包含以下步骤：（1）设计评估指标；（2）选取评估指标；（3）收集数据；（4）选取评估方法；（5）实施评估；（6）分析评估结果。

营销控制有助于管理者及早发现问题，采取措施防患于未然，并对营销人员起着监督和激励的作用。四种主要的营销计划控制方法分别是：年度计划控制、获利性控制、效率控制和战略控制。

营销审计包括营销环境审计、营销战略审计、营销组织审计、营销制度审计、营销效率分析和营销职能审计。

□ 重点概念

1. 营销绩效评估——探索营销活动对企业绩效的影响并且对营销生产力进行测量，以了解营销活动对企业造成怎样的影响和这些影响的大小，其最终目的是要探索营销活动是否影响企业的财务绩效和企业价值。

2. 营销控制——企业用于跟踪营销活动过程的每一环节，确保按计划目标运行而实施的一套工作程序或工作制度。

3. 年度计划控制——年度计划控制的实质是随时检查年度计划的执行情况，目的在于确保企业达到年度计划规定的销售额、利润及其他指标。

4. 获利性控制——用于分析企业不同产品在不同地区、不同市场、通过不同营销渠道销售时的实际获利能力。

5. 效率控制——用一系列指标对营销各方面工作进行日常监督、检查的控制方法。这些指标包括：评价推销人员工作效率的指标、评价广告效率的指标和评价营业推广效率的指标等。

6. 战略控制——也称市场营销审计，是定期对企业营销环境、经营战略、目标、计划、组织和整体营销效果进行全面、系统审查和评价的过程，是最高等级的控制。

□ 思考题

1. 简述营销绩效评估的几种方法。

2. 市场营销控制的主要方法有哪些？去某企业调查一下它是否采用了某种营销控制方法，效果如何？

案例分析

某公司营销部与市场部关键绩效考核指标对比

某公司对营销部和市场部分别制定了关键绩效考核指标，如下所示。

1. 营销部关键绩效考核指标表

序号	KPI 指标	考核周期	指标定义/公式	资料来源
1	销售额	月/季/年度	考核期内全部销售收入总计	营销部
2	销售量	月/季/年度	考核期内全部销售数量总计	营销部
3	营销计划达成率	月/季/年度	$\frac{\text{营销实际完成销售额或销售量}}{\text{营销计划完成销售额或销售量}}\times 100\%$	营销部
4	销售增长率	年度	$\left(\frac{\text{当期销售额或销售量}}{\text{上期（或去年同期）销售额或销售量}}-1\right)\times 100\%$	营销部
5	市场占有率	月/季/年度	$\frac{\text{当期企业某种产品的销售额或销售量}}{\text{当期该产品市场销售总额或销售总量}}\times 100\%$	市场部
6	实际回款率	月/季/年度	$\frac{\text{当月实际回款金额}}{\text{当月计划回款金额}+\text{往期应收欠款}}\times 100\%$	营销部
7	销售费用预算	月/季/年度	在销售过程中发生的、为实现销售收入而支付的各项费用	财务部
8	坏账率	年度	$\frac{\text{坏账损失}}{\text{主营业务收入}}\times 100\%$	财务部

续前表

序号	KPI 指标	考核周期	指标定义/公式	资料来源
9	促销效果评估	月/季/年度	通过一般综合投入产出比评估法、销售增量回报比评估法、效益增量回报比评估法进行评估 1. 投入产出比评估法促销效果$=\frac{\text{促销费用}}{\text{促销产出}}\times 100\%$ 2. 销售增量回报比评估法促销效果$=\left(1-\frac{\text{促销费用}}{\text{促销前后的销售差值}}\right)\times 100\%$ 3. 效益增量回报比评估法促销效果$=\left(1-\frac{\text{促销费用}}{\text{促销前后的毛利差值}}\right)\times 100\%$	营销部
10	新品（重点推介商品）销售收入百分比	月/季/年度	$\frac{\text{新品（重点推介商品）销售回款金额}}{\text{实际回款金额}}\times 100\%$	营销部

2. 市场部关键绩效考核指标表

序号	KPI 指标	考核周期	指标定义/公式	资料来源
1	市场拓展计划完成率	月/季/年度	$\frac{\text{市场拓展计划实际完成量}}{\text{计划完成量}}\times 100\%$	市场部
2	策划方案成功率	月/季/年度	$\frac{\text{成功方案数}}{\text{提交方案数}}\times 100\%$	市场部
3	市场推广费用控制率	年度	$\frac{\text{实际推广费用}}{\text{计划推广费用}}\times 100\%$	财务部
4	推广活动效果	年度	$\frac{\text{活动效果得分之和}}{\text{活动次数}}\times 100\%$	市场部
5	推广活动销售增长率	月度	$\left(\frac{\text{活动后当月销售额或销售量}}{\text{活动前当月销售额或销售量}}-1\right)\times 100\%$	营销部
6	市场调研任务达成率	月/季/年度	$\frac{\text{实际完成市场调研数量}}{\text{计划完成市场调研数量}}\times 100\%$	市场部
7	品牌市场价值增长率	年度	品牌市场价值数据经第三方权威机构测评获得	市场部
8	广告投放有效率	年度	$\frac{\text{广告费用增长率}}{\text{销售收入增长率}}\times 100\%$	市场部
9	媒体正面曝光次数	年度	在公众媒体上发布宣传公司的新闻报道及宣传广告的次数	市场部
10	媒体满意度	年度	接受调研的媒体对市场部工作满意度评分的算术平均值	市场部

讨论题

1. 你觉得该公司同时设立营销部和市场部这两个部门的原因可能是什么？
2. 认真分析两部门关键绩效考核指标的差异，并解释产生这一差异的原因。

第 16 章

在线营销——市场的新宠

中国东方航空股份有限公司的微博@东航凌燕（t. sina. com. cn/ceair）目前拥有将近 48 万名粉丝。东航凌燕召集了最能代表航空公司形象的空姐，每位空姐都真实署名，前面加上"凌燕"二字。微博的主要内容多是空姐在世界各地拍摄的风景照片，或者是平时旅客看不到的飞机驾驶舱等，整体风格朴实、有亲和力。除东航外，海航集团（t. sina. com. cn/hnagroup）、北京首都航空（t. sina. com. cn/capitalairlines）、港龙航空（t. sina. com. cn/dragonair）、厦门航空（t. sina. com. cn/xiamenair）等十几家航空公司都在新浪微博开了账号，通过微博方式举办各式活动，发布各类促销信息、机场关闭或者飞机延误信息、网站新功能上线信息、与本公司相关的新闻等。航空公司纷纷开微博，正是在线营销的真实写照。

第 1 节　在线营销的产生

网络改变了人类的交流方式、空间概念以及价值观，它创造出新的购买方式并极大地改变着人们的生活方式，一种新的经济模式——在线经济应运而生。2014 年 7 月 21 日，中国互联网络信息中心（CNNIC）在京发布第 34 次《中国互联网络发展状况统计报告》（以下简称《报告》）。《报告》显示，截至 2014 年 6 月，中国网民规模达 6.32 亿，其中，手机网民规模 5.27 亿，互联网普及率达到 46.9%。网民上网设备中，手机使用率达 83.4%，首次超越传统 PC 整体 80.9%的使用率，手机作为第一大上网终端的地位更加巩固。2014 年上半年，网民对各项网络应用的使用程度更为深入。移动商务类应用在移动支付的拉动下正历经跨越式发展，在各项网络应用中其地位越发重要。互联网金融类应用第一次纳入调查，互联网理财产品仅在一年时间内使用率超过 10%，成为 2014 年上半年表现亮眼的网络应用。

在过去，企业通过市场调查和自身分析来开发产品，开展营销活动。但是随着在线技术的发展和信息系统的广泛应用，顾客的意见反馈逐步发挥更大的影响力。过去与消费者相比企业总是保有更多的信息，因此通常是由企业制定价格，消费者只能被动地去顺应它。而今在网络上，消费者可以获得大量的信息，拥有更大的影响力。

在线经济以网络为中心将经营环境进行重新组合，以产生网络效果。也就是说，一个人所持有的产品的价值是由使用这个产品的其他人的数量决定的。因此，当一个企业达到一定的有效规模时，既有可能加速其发展，也有可能加速其失败，其原因是消费者总是尽可能选择那些可能成为标准的技术和网络。在线经济中除了要在生产方面实现规模经济，还要在需求方面实现网络效果的最大化。为了将网络效果最大化，企业必须在初期构筑有效规模的网络，进而利用网络实现范围经济。在构筑网络时，实现技术的标准化，强化与顾客之间的关系，积极发掘合作伙伴实现战略合作等是非常有效的做法。

在线经济模式下，为了使企业能够继续生存下去，迫切地要求一种营销新范式，即以理解网络和信息革命带来的新经济以及由此产生的企业竞争战略的变化为基础，能够对传统市场营销进行补充完善的整合型的在线营销范式。

基于上述讨论，在线营销可以定义为，在网络环境下，为了组织或个人能够创造交换并维持交换，以市场知识为基础，定义和管理市场的过程。

第 2 节　在线营销概述

一、在线营销的基本特征

● 公平性。在线营销中，所有的企业都站在同一条起跑线上。公平性只是意味着给不同的公司、不同的个人提供了平等的竞争机会，并不意味着财富分配上的平等。

● 虚拟性。互联使得传统的空间概念发生变化，出现了有别于实际地理空间的虚拟空间或虚拟社会。

● 对称性。在线营销中，互联使信息的非对称性大大减少。消费者可以从网上搜索自己想要掌握的任何信息，并能得到有关专家的适时指导。

● 模糊性。互联使许多人们习以为常的边界变得模糊。其中，最显著的是企业边界的模糊、生产者和消费者的模糊、产品和服务的模糊。

- 复杂性。在线营销的模糊性使经济活动变得扑朔迷离，难以分辨。
- 垄断性。在线营销的垄断是由创造性破坏形成的垄断，是短期存在的，新技术的不断出现会使新的垄断者不断取代旧的垄断者。
- 多重性。在线营销中，一项交易往往涉及多重买卖关系。
- 快捷性。互联使经济活动具备快速运行的特征，消费者可以迅速搜索到所需要的任何信息，对市场作出即时反应。
- 正反馈性。在线营销中，由于信息传递的快捷性，人们之间产生了频繁、迅速、剧烈的交互作用，从而形成不断强化的正反馈机制。
- 全球性。互联使得整个世界的经济活动都紧密联系在一起。信息、货币、商品和服务的快速流动，大大促进了世界经济一体化的进程。

二、在线营销的竞争优势

1. 成本费用控制

开展在线营销给企业带来的最直接的竞争优势是企业成本费用的控制。在线营销采取的是新的营销管理模式。它通过互联网改造传统的企业营销管理组织结构与运作模式，并通过整合其他相关部门如生产部门、采购部门，实现企业成本费用最大限度的控制。利用互联网降低管理中交通、通信、人工、财务和办公室租金等成本费用，可最大限度地提高管理效益。在网上创办企业也正是因为其管理成本比较低。

2. 创造市场机会

互联网上没有时间和空间限制，它的触角可以延伸到世界每一个地方。利用互联网从事市场营销活动可以触及过去靠人工进行销售或者传统销售所不能达到的市场，在线营销可以为企业创造更多新的市场机会。

3. 让顾客满意

在激烈的市场竞争中，没有什么比让顾客满意更重要。企业可以将产品介绍、技术支持和订货情况等信息放到网上，顾客可以随时随地根据自己的需求有选择性地了解有关信息。这样就克服了为顾客提供服务时的时间和空间限制。

4. 满足消费者的个性化需求

在线营销是一种以消费者为导向，强调个性化的营销方式；在线营销具有企业和消费者极强的互动性，从根本上提高了消费者的满意度；在线营销能满足消费者对购物方便性的需求，省去了去商场购物的精力和时间的消耗，提高了消费者的购物效率；在线营销能为企业节约巨额的促销和流通费用，使产品成本和价格的降低成为可能，从而实现以更低的价格购买。

三、在线营销的竞争原则

在线营销中，企业必须顺应环境的变化，采用新的竞争原则，才能在激烈的竞争中取胜。

1. 个人市场原则

在线营销中，可以借助于计算机和网络，适应个人的需要，有针对性地提供低成本、高质量的产品或服务。由于互联性的存在，市场竞争在全球范围内进行，市场呈现出瞬息万变之势。公司产品要适应消费者不断变化的个人需要，公司行为要适应市场的急剧变化，企业组织要富于弹性，能适应市场的变化。

2. 价值链原则

一种产品的生产经营会有多个环节，每个环节都有可能增值。我们将其整体称作价值链。公司不应只着眼于价值链某个分支的增值，而应着眼于价值链的整合，着眼于整个价值链的增值。

3. 特定化原则

首先找出具有代表性的个人习惯、偏好和品位，据此生产出符合个人需要的产品。然后，公司找出同类型的大量潜在客户，把他们视作一个独立的群体，向他们出售产品。

4. 主流化原则

为了赢得市场最大份额而赠送第一代产品的做法被称为主流化原则。尽管企业最初建立数字产品和基础设施的费用很高，但继续扩张的成本却很小，由此产生了新的规模经济。

四、在线营销的竞争战略

互联网企业的竞争战略与传统竞争战略的不同之处在于，企业在选择战略时，不是在“比竞争对手的成本更低，或提供差异化产品和服务”中做出选择，而是要充分发挥企业自身的能力，充分利用高匹配战略、原创战略与关系战略这三种新的竞争战略，聚合资源，建立竞争优势。

（1）高匹配战略是指企业基于自身的能力，汇聚互联网资源，以最大的可能性为顾客提供多样化的选择和解决方案。长尾理论的出现说明了互联网上的两个现象：一方面，每一个草根级的用户都能为企业带来价值，是企业不能忽视的对象；另一方面，任何两个用户的兴趣和偏好都可能存在差别。为了实现长尾收益，互联网企业必须重视每个用户，并根据用户的兴趣和偏好匹配出最优的服务。在传统的实物经济体系中，由于受规模经济和低边际生产成本的要求的影响，企业往往忽视了长尾草根的需求。用户兴趣和偏好的多样性及互联网信息的丰富性导致互联网上存在太多的选择，而这会让人晕头转向和不知所措。正确的解决办法就是井然有序地组织选择。“给顾客丰富的选择，但也要帮助他们做出选择”才是互联网企业的正确决策，这就是搞匹配战略。如同传统的低成本战略一样，任何互联网公司为了实现高匹配战略，都需要以海量的信息或数据为基础。海量的信息能创造更多的选择，更多的选择结合完善的选择助理服务等于顾客需求和解决方案的完美匹配。

（2）原创战略是企业基于自身的能力，通过一整套行动，生产并提供给用户或促进用户识别一种用户认为新颖的与众不同的信息和服务。创新是一切竞争力来源的基础。传统的差异化战略要求公司向具有独特需求的顾客销售非标准化产品。数字内容本身的易存储、易复制性导致互联网信息的陈旧和重复。因信息本身的价值随着其被知晓的程度增加而减小，推广到一个极端情况，就是如果一条信息所有人都知道，那么这条信息的价值几乎为零，就像这条信息本身不存在一样。原创内容正是依靠其本身信息传播和知晓的有限性，以最大的可能性满足网民对内容原创性、新鲜度的要求。因为原创的内容能够满足网民的独特需求，所以采取原创战略的企业通常能够为用户提供具有价值的信息。

（3）关系战略是企业基于自身的能力，通过设计一整套行动，提供平台和工具来聚合人与人之间的关系，满足用户对沟通协作的需要。互联网对众多网民尤其是青少年网民来讲，已经不仅仅是一个图书馆——一个单纯的信息储藏室和浏览目录的地方——而是将他们的社会关系网络结合在一起的黏合剂。像MySpace、Facebook、开心网、人人网等新型虚拟网络社区的飞速发展，表明它们不仅是网站，更是汇聚人与人之间动态关系的在线社区。目前，新一代年轻用户正在将虚拟的网络关系带到日常生活中来，包括工作、教育和娱乐。

三种新的竞争战略之间没有孰优孰劣。每种战略的有效性取决于互联网环境中存在的可利用的资源，以及企业基于自身独特的能力积累资源并建立核心竞争力的可能性。

五、在线营销战略的实施与控制

公司实施在线营销必须考虑公司的目标、公司的规模、顾客的数量和购买频率、产品的类型、产品的周期以及竞争地位等；还要考虑公司是否能支持技术投资，决策时的技术发展状况和应用情况等。在线营销战略的制定要经历三个阶段：一是确定目标优势，分析实施在线营销能否促进本企业的市场扩大，通过改进实施策略实现收入增长和降低营销成本；二是分析计算收益时要考虑战略性需求和未来收益；三是综合评价在线营销战略。

公司在决定采取在线营销战略后，要组织战略的规划和执行，在线营销是通过新技术来改进目前的营销渠道和方法，它涉及公司的组织、文化和管理各个方面。如果不进行有效规划和执行，该战略可能只是一种附加的营销方法，不能体现战略的竞争优势。策略规划分为：目标规划，即在确定使用该战略的同时，识别与之相联系的营销渠道和组织，提出改进的目标和方法；技术规划，即在线营销很重要的一点是要有强大的技术投入和支持，因此资金投入和系统购买安装，以及人员培训应统筹安排；组织规划，即实现数据库营销后，公司的组织需要进行调整以配合该策略的实施，如增加技术支持部门、数据采集处理部门，同时调整原有的推销部门等；管理规划，即组织变化后必然要求管理的变化，公司的管理必须适应在线营销的需要。在线营销在规划执行后：一要注意控制，以评估是否充分发挥该战略的竞争优势，是否有改进余地；二要对执行规划时的问题及时识别和加以改进；三要对技术进行评估和采用。

第 3 节　在线营销组合策略

在线营销的职能在不断地扩展，只有从多层面考虑传统市场营销尚未触及的对象，才能真正地发挥它的作用。而传统市场营销进入市场时是通过 4P 营销组合的方式，这种传统的 4P 营销组合很难适应多样的市场环境变化，很难成功履行市场营销的职能，有很大的局限性。

（1）4P 营销组合把企业和顾客之间的交易作为焦点，具有局限性。4P 营销组合的核心在于如何促成一次性的交易。这一观点虽然不存在本质上的问题，但是从关系营销的立场来看是一个短期概念。依据关系营销的观点，交易是维持与顾客间长期关系所产生的。因此，为了维持和创造交易，企业必须优先付出大量的营销努力来构筑与顾客之间良好的关系。但是，传统的 4P 营销组合并不包含这些营销活动。其实维持与顾客的关系虽然不是营销活动的最终目的，但却是达成最终营销目标的有效方法。

（2）4P 营销组合是基于企业单方观点形成的，具有局限性。传统营销组合的核心在于企业生产什么样的产品，产品如何定价，如何向顾客宣传产品，通过什么渠道销售产品。相对于这一观点，劳滕鲍恩（Lautenborn，1990）提出了从顾客立场考虑的 4C 营销组合。这一营销组合包括顾客价值（customer value）、顾客费用（costs to customer）、便利性（convenience）、与顾客的交流（communication）。但是，我们认为关系营销时代的营销应当把企业和顾客看作两个行动的主体，共同构建在线营销组合。

（3）4P 营销组合只把顾客看作不可控制的销售对象，具有局限性。传统的组合战略专注于如何最大限度地满足多变的顾客需求，只是将顾客作为单纯的购买者或消费者，即销售对象。与此不同的是，网络时代的关系营销不再只将顾客看作销售对象。顾客本身已经是形成关系的主体，同时企业也必须扮演协作者的角色来帮助顾客，并将顾客看作自己的管理对象。这就要求企业必须通过精细的数据库分析来获得营销信息，并以此为基础更好地了解顾客，行使为顾客服务的合作者的管理职能。同时，顾客也必须成为企业的协作者，行使生产型消费者和销售型消费者的职能。现在许多客户关系管理（customer relationship management，CRM）项目失败的原因都是单纯地将顾客看作销售对象，机械地分析数据。

（4）4P 营销组合在适用于以个人为单位划分的微观市场和网络经济时，具有局限性。传统的营销组合适用于进入大众市场或目标群体市场。企业与微观市场顾客之间紧密的交互作用对于网络时代营销来说绝对必要。同时，与构成网络的其他企业之间的交互作用也十分重要。现在顾客与顾客之间的交互作用也已经成为重要的营销管理对象。我们坚信，网络时代的新营销必将使这些能够极大促进交互作用的协作方法内部化，进一步实现有效的管理。

（5）4P 营销组合要素不能充分反映网络时代急剧变化的营销环境，具有局限性。以产品为例，传统的产品概念无法涵盖以内容为主的数码产品或信息，现在这些产品正在成为网络时代非常重要的交换对象。价格的概念也存在着局限性，因为在网络时代，企业向顾客提供产品，除了可以等价交换的货币以外，作为回报它们还可以获得时间、许可、努力等，并且这些回报形式越来越普及。传统的促销存在着更多的局限性，因为促销是一种为了扩大销售，单方利用大众媒体进行广告宣传等，在短期内增加消费者购买行为的方法。在重视关系形成的在线营销中，获得顾客的反馈信息是十分重要的。为了触发与顾客间的这种交互作用，双向交流必不可少，然而促销却不包含这一概念。最后，渠道也具有局限性。现有的渠道是与实际销售场所相关的概念。在网络时代利用互联网配送多媒体产品的现象不断增多，信息中间商的作用也越来越大，而过去的渠道概念很难涵盖这些新的现象。

综上所述，我们可以看到传统的 4P 营销组合在适应时代变化时的种种局限性。为了满足对新在线营销组合的需求，本书提出以下的 5C 组合（collaboration，contentware，commitment，communication and channel）。这个 5C 在线营销组合既克服了传统 4P 组合的局限性，还具备了在网络环境下履行新营销职能的战略性组合的功能。5C 营销组合的特征如图 16—1 所示。

● 协同（collaboration）。是构成网络的主体，彼此为了相互的利益而对对方进行管理或者与对方进行合作的方法。这种协同的对象不仅可以是企业和顾客的关系，也可以是企业和企业、顾客和顾客之间的关系。协同作为营销组合的要素之一承认顾客的主体性和顾客力量，同时还可以使顾客管理内部化，使企业与周边企业一起战略性地探索以顾客知识、顾客信息为基础的营销合作方法。现在顾客已不再是单纯的销售对象，企业可以把他们当成协作伙伴。同样，竞争者也不再只是竞争对象，企业也可以将它们转变成协作伙伴。在微观市场和网络经济下的关系营销中，协同管理具有非常重要的作用。

4P 营销组合	5C 营销组合
product，price，place，promotion	collaboration，contentware，commitment，communication，channel
● 以顾客与企业之间的交易为焦点 ● 基于企业单方观点形成的 ● 顾客是不可控制的销售对象 ● 接近大众或目标市场群体的方法 ● 无法充分反映网络时代变化的营销环境	● 以维持顾客与企业之间的长期关系为焦点 ● 考虑到企业和顾客的双方利益 ● 顾客是可控制的管理对象 ● 以个人为单位细分市场，并且必须与构成这一市场的顾客产生交互作用 ● 反映网络时代变化的营销环境

图 16—1　5C 营销组合策略与传统 4P 营销组合策略的区别

● 内容（contentware）。包括达成交换的一个主体向另一主体提供的所有价值，可以分为两个层面，即产品层面，包括物理、服务、数码价值；体验层面，包括在网络中的经历。内容是为了适应现代的网络环境从现有的产品概念扩展而来的。从企业可以提供的内容上看，除了现有的产品概念外，还包括类似于内容产品的数码产品、信息、时间、便利性、社区服务等。因此，企业必须将可提供的所有内容放在同等的位置，然后决定到底需要提供哪些服务。

● 协议（commitment）。是指在顾客接受内容服务时可以用来等价交换的价值。它是原有价格概念的延伸。价格意味着单纯的货币价值，不能涵盖在网络中可以交换的更多样的价值，具有局限性。而协议则涵盖了可以克服这些缺点进行等价交换的多种方法。协议可分为价格和许可两种。如今，企业在提供协议时必须从战略角度决定等价交换的手段是利用货币价格还是其他的协议价格。

● 交流（communication）。是指在一对一或者多对多时，采用多种方法进行的双向对话。原有的促销是企业将自己想要传递的内容单方向地传递给顾客，顾客只能充当听众。网络的发展使双向交流可以实时、廉价、便利地得以实现，也使企业与顾客间一对一的对话成为可能。像这样克服现有的促销的局限性，适应网络的划世纪变化的产物就是交流。网络环境下可以实现双向交流的方式是多种多样的，包括广告、促销、公共关系、口碑宣传等。营销管理者必须战略性地对这些交流方式进行组合。

● 流通（channel）。是指在交换主体之间传递内容的渠道。现有的流通概念具有流通场所的含义，而新的流通概念则克服了这一局限，涵盖了非网络和网络的所有渠道。流通管理主要是指如何构成流通渠道，如何使渠道变得更有效率，以及如何管理渠道等。

综上所述，新的5C营销组合可以弥补网络环境下原有营销组合的不足，更好地履行新营销的职能。它将成为实现在线营销具体目标的有效的战略管理方法论。

第4节　在线营销的形式

在线营销具有许多形式，但就目前而言，主要形式有微信营销、微博营销和社交网络营销三种。

一、微信营销

微信营销是网络经济时代企业对营销模式的创新，是伴随着微信的火热而产生的一种网络营销方式。微信不存在距离的限制，用户注册微信后，可与周围同样注册的“朋友”形成一种联系。用户可以订阅自己所需的信息，商家通过提供用户需要的信息推广自己的产品。微信平台的群发功能可以有效地将企业拍摄的视频、制作的图片或是宣传文字群发给微信好友。企业还可以利用二维码发送优惠信息，激发口碑效应，将产品和服务信息传播到生活中的每个角落。

微信营销存在五种主要模式：

1. 基于位置的服务（location based service，LBS）

签名栏是腾讯产品的一大特色，用户可以随时在签名栏更新自己的状态，自然也可以植入强制性广告，但只有用户的联系人或者好友才能看到。微信中基于LBS的功能插件“查看附近的人”可以使更多陌生人看到这种强制性广告。企业或个体在签名栏放上广告或者促销消息，用户在查找附近的人或者摇一摇的时候就会看见。在这些附近的微信用户中，除了显示用户姓名等基本信息外，还会显示用户签名栏的内容。这有点类似于高速公路上的路牌广告。它的优点在于可以有效地拉拢附近用户，方式得当的话，转化率比较高。不足之处在于覆盖面可能不够大。因此，这一模式适用于诸如快餐店这样的由位置决定生意的店铺。

2. O2O折扣式的二维码扫描

二维码扫描功能源自国外，最初是用来扫描用于识别另一位用户的二维码，从而添加朋友。二维码发展至今其商业用途越来越多，所以微信也就顺应潮流结合 O2O 展开商业活动。用户通过扫描二维码添加好友，并进行互动。用户将二维码图案置于取景框内，微信会帮用户找到好友企业，然后用户可以获得成员折扣和商家优惠。表面上看是用户添加，实质是得到忠实用户。它的优点在于可以针对性地诱导用户产生消费行为。不足之处在于必须由用户主动扫描。因此，这一模式适用于星巴克、金钱豹等与用户联系比较紧密的餐饮休闲店铺。

3. 品牌活动式的“漂流瓶”

漂流瓶是移植自 QQ 邮箱的一款应用，在电脑上广受好评，许多用户喜欢这种和陌生人的简单互动方式。移植到微信上后，漂流瓶基本保留了简单易用的风格和功能。“扔一个”允许用户发布语音或者文字，将其投入大海中，其他用户可以“捞”起来展开对话；“捡一个”则可以“捞”起大海中无数个用户投放的漂流瓶，“捞”到后可以和对方展开对话，但每个用户每天只有 20 次机会。企业把信息放进瓶子里，用户主动“捞”起来得到信息并将其传播出去。实际营销时，微信官方可以对漂流瓶的参数进行更改，使得合作商家的推广活动在某一时间段内抛出的漂流瓶数量大增，普通用户“捞”到的频率也会增加。由于漂流瓶模式本身可以发送不同的文字内容甚至语音小游戏等，如果营销得当，能产生不错的营销效果。其实质是采用随机方式推送消息。它的优点在于简单、易用。不足之处在于针对性不强，由于用户使用漂流瓶的目的是排遣无聊，所以如果方式不正确的话极容易产生反作用，使得用户对品牌或者产品产生厌恶之情。此外，每个用户每天只有 20 次捡漂流瓶的机会，捡到瓶子的机会比较小。因此，这一模式适用于已经有较高知名度的产品或者扩大品牌的影响力。

4. 社交分享式的开放平台＋“朋友圈”

微信开放平台是微信 4.0 版本推出的新功能，应用开发者可通过微信开放接口接入第三方应用，还可以将应用的 Logo 放入微信附件栏中，让微信用户方便地在会话中调用第三方应用进行内容选择与分享。社交分享在电商中一直是热门的话题。除了异步通信的功能，4.0 版本中的“朋友圈”分享功能的开放为分享式的口碑营销提供了最好的渠道。微信用户可以将手机应用、PC 客户端、网站中的精彩内容快速分享到朋友圈中，并支持以网页链接方式打开。企业可以把网站内容分享到微信，或者把微信内容分享到网站。它的优点在于由于微信用户彼此间具有某种更加亲密的关系，所以当商品被某个用户分享给其他好友后，相当于完成了一次有效的口碑营销。不足在于产品扩散比较困难。因此，这一模式适用于做口碑营销的产品。

5. 微信公众平台

微信公众平台是腾讯公司在微信基础平台上新增的功能模块，通过这一平台，每个人都可以用一个 QQ 号码打造自己的公众号，并在微信平台上实现和特定群体的文字、图片、语音的全方位沟通、互动。目前微信公众平台支持 PC，并可以绑定私人账号进行信息群发。微信公众平台一方面可以帮助用户将内容分享给好友，另一方面可以把用户看到的精彩内容分享到朋友圈中。

二、微博营销

微博营销指的是以微博作为营销平台，每一个听众（粉丝）都是潜在营销对象，每个企业通过更新自己的微博向网友传播企业、产品的信息，树立良好的企业形象和产品形象。微博营销中，每天的更新内容可以跟大家交流，或者大家先后发起共同感兴趣的话题，这样就可以达到营销的目的。微博营销注重价值的传递、内容的互动、系统的布局、准确的定位。

微博营销的特点在于：第一，立体化。微博营销可以借助先进的多媒体技术手段，以文字、图片、视频等形式对产品进行描述，从而使潜在消费者更易于接受信息。第二，速度快。微博最显著的特征就是传播迅速。一条关注度较高的微博在互联网及手机 WAP 平台上发出后短时间内通过转发就可以抵达微博世界的每一个角落。第三，便捷性。微博营销优于传统推广，无须严格审批，从而节约了大量的时间和成本。第四，广泛性。微博营销通过粉丝形式进行病毒式传播，同时名人效应能使事件的影响力呈几何级放大。

微博营销可以实现如下目标：（1）有效建立和传播品牌，如官方微博；（2）产生行业影响力和号召力，引导行业良性发展，传播企业价值观，如企业领导作为意见领袖发布微博；（3）实现产品曝光和市场推广，如市场消息的发布；（4）发现目标客户，精准互动营销，实现客户转化和订单销售，全面分析营销效果，如客户推荐；（5）无处不在的主动客服，服务真实客户，如客服微博；（6）企业的口碑实时监测，确保危机公关，如公关类微博。

三、社交网络营销

社交网络营销就是利用社交网站的分享功能，在六维理论的基础上实现的一种营销，通过病毒式传播的手段让产品被更多的人知道。虽然社交网站在我国的发展时间并不长，但是社交网络营销现在已经成为备受企业和用户欢迎的一种营销模式。

社交网络营销具备的优点有：

首先，社交网络营销可以满足企业不同的营销策略。作为一个不断创新和发展的营销模式，越来越多的企业尝试在社交网站上施展拳脚，无论是开展各种各样的线上活动（例如：悦活品牌的种植大赛、伊利舒化奶的开心牧场等）、产品植入（例如：地产项目的房子植入、手机作为礼品植入等），还是市场调研（在目标用户集中的城市开展调查，了解用户对产品和服务的意见）、病毒营销等（植入企业元素的视频或内容可以在用户中像病毒传播一样迅速被分享和转发），所有这些都可以在这里实现，为什么这么说？因为社交网络营销最大的特点就是可以充分展示人与人之间的互动，而这恰恰是一切营销的基础。

其次，社交网络营销可以有效降低企业的营销成本。社交网络的“多对多”信息传递模式具有更强的互动性，受到更多人的关注。随着网民网络行为的日益成熟，用户更乐意主动获取信息和分享信息，社区用户显示出高度的参与性、分享性与互动性。社交网络营销传播的主要媒介是用户，主要方式是众口相传，因此与传统广告形式相比，无须大量的广告投入，相反，参与性、分享性与互动性的特点很容易加深用户对品牌和产品的认知，使其留下深刻的印象。

再次，可以实现目标用户的精准营销。社交网络中的用户通常都是互相认识的朋友，用户注册的数据相对来说是较真实的，企业在开展网络营销时可以很容易对目标受众按照地域、收入状况等进行筛选，从而有针对性地与自己的用户进行互动。如果企业营销的经费不多，但又希望获得比较好的效果，可以只针对部分区域开展营销，例如只针对北京、上海、广州的用户开展线上活动，从而实现目标用户的精准营销。

最后，社交网络营销是真正符合网络用户需求的营销方式。社交网络营销模式的迅速发展恰恰满足了网络用户的真实需求，体现了网络用户的特点，符合网络营销发展的新趋势，没有任何一个媒体能够把人与人之间的关系拉得如此之近。无论是朋友的一篇日记、推荐的一个视频、参与的一个活动，还是朋友新结识的朋友都会让人们在第一时间及时了解和关注到身边朋友们的动态，并与他们分享感受。只有符合网络用户需求的营销模式才能在网络营销中发挥更大的作用。

□ 小　结

在线经济模式下，在线营销应运而生。它指的是在网络环境下，为了组织或个人能够创造交换并维持交换，以市场知识为基础，定义和管理市场的过程。

在线营销具有公平性、虚拟性、对称性、模糊性、复杂性、垄断性、多重性、快捷性、正反馈性和全球性等基本特征。

在线营销采用个人市场原则、价值链原则、特定化原则和主流化原则等竞争原则。

在线营销战略的制定要经历三个阶段：一是确定目标优势；二是分析计算收益时要考虑战略性需求和未来收益；三是综合评价在线营销战略。

5C 营销组合指的是协同、内容、协议、交流与流通。

在线营销具有许多形式，但就目前而言，主要形式有微信营销、微博营销和社交网络营销三种。

□ 重点概念

1. 在线营销——在网络环境下，为了组织或个人能够创造交换并维持交换，以市场知识为基础，定义和管理市场的过程。

2. 公平性——在线营销中，所有的企业都站在同一条起跑线上。公平性只是意味着给不同的公司、不同的个人提供了平等的竞争机会，并不意味着财富分配上的平等。

3. 虚拟性——互联使得传统的空间概念发生变化，出现了有别于实际地理空间的虚拟空间或虚拟社会。

4. 对称性——在线营销中，互联使信息的非对称性大大减少。消费者可以从网上搜索自己想要掌握的任何信息，并能得到有关专家的适时指导。

5. 模糊性——互联使许多人们习以为常的边界变得模糊。其中，最显著的是企业边界的模糊、生产者和消费者的模糊、产品和服务的模糊。

6. 复杂性——在线营销的模糊性使经济活动变得扑朔迷离，难以分辨。

7. 垄断性——在线营销的垄断是由创造性破坏形成的垄断，是短期存在的，新技术的不断出现会使新的垄断者不断取代旧的垄断者。

8. 多重性——在线营销中，一项交易往往涉及多重买卖关系。

9. 快捷性——互联使经济活动具备快速运行的特征，消费者可以迅速搜索到所需要的任何信息，对市场作出即时反应。

10. 正反馈性——在线营销中，由于信息传递的快捷性，人们之间产生了频繁、迅速、剧烈的交互作用，从而形成不断强化的正反馈机制。

11. 全球性——互联使得整个世界的经济活动都紧密联系在一起。信息、货币、商品和服务的快速流动，大大促进了世界经济一体化的进程。

12. 协同——构成网络的主体，彼此为了相互的利益而对对方进行管理或者与对方进行合作的方法。

13. 内容——达成交换的一个主体向另一主体提供的所有价值，可以分为两个层面，即产品层面，包括物理、服务、数码价值；体验层面，包括在网络中的经历。

14. 协议——在顾客接受内容服务时可以用来等价交换的价值。

15. 交流——在一对一或者多对多时，采用多种方法进行的双向对话。

16. 流通——在交换主体之间传递内容的渠道。

□ 思考题

1. 你是否经历过在线营销？如果是，请谈谈你对在线营销的感受。

2. 在线营销最核心的竞争优势是什么？请谈谈你的想法。

3. 5C 营销组合策略比 4P 营销组合策略好在哪里？

案例分析

亲亲家典公司的O2O营销

亲亲家典公司成立于2004年，是一家生产家纺产品的公司。公司自创立之初便一直立足国内市场，经过八年多的发展形成了涵盖床上用品四件套、毛巾、浴巾、海滩巾、擦车巾、毛毯、被芯和枕芯的产品组合。由于企业一直以市场需求为运营导向，并通过对原材料的严格把控保障产品质量，各类产品一直深受消费者的青睐。然而，全球经济形势的变化给家纺行业带来新的挑战与机遇，这迫使亲亲家典对未来的发展思路进行思考。

亲亲家典公司在第一时间敏锐地捕捉到市场环境的变化，经过公司各部门的讨论，郭总与管理团队将公司未来的发展思路确定为“在增大的蛋糕中增加获益，实现公司的跨越式发展”。要贯彻落实这一发展思路，O2O营销策略的实施将是重中之重。O2O（online to offline）这一概念由亚历克斯·拉佩尔（Alex Rampell）于2010年8月提出，是线上营销活动和线下营销活动有机结合的一种电子商务模式。更具体地界定，O2O指的是线上营销、购买和支付活动带动线下经营和线下消费的模式。依托O2O营销贯彻落实未来的发展思路成为亲亲家典公司自上而下的共识。

对亲亲家典公司O2O营销策略的讨论

O2O营销策略被提出来了，但要顺利制定与实施这一策略，需要解决几个关键问题。在会议室内，郭总与各部门管理人员围绕三个关键问题展开了激烈的讨论。

讨论问题一：线下营销活动依托的场所如何选取？

第一个争论的问题是线下营销活动依托场所的选取。一部分管理人员认为只需保留原来的线下渠道合作伙伴即可，原因如下：

（1）公司与原来的渠道合作伙伴已经合作多年，彼此之间形成了稳固的合作关系，能很好地保障公司线下营销活动的展开和宣传环节的正常进行。此外，如果营销活动中有突发情况发生，公司与渠道合作伙伴能借助已有的沟通机制与处理模式妥善解决。

（2）线上营销活动将成为未来营销活动的主要方式，如果公司花费很大的人力、财力和物力开发新的线下渠道伙伴，很难保证能够提升公司的营销绩效。

部分管理人员提出了不同的意见，他们认为线下营销活动依托的场所应当重新选择，主要有以下几方面的原因：

（1）一旦公司开展线上营销活动，“亲亲家典”的品牌知名度将会增大，知晓与了解亲亲家典公司的消费者数量会增加。在增加的消费者中，会有一部分人前往线下零售场所购买。考虑到消费者对线下零售场所偏好的不同，新增的线下消费者肯定不会只去公司已有的合作伙伴那里购买产品，因此需要开拓新的线下零售场所。

（2）原有的线下合作伙伴如果知晓公司同时开展线上营销活动，可能认为会影响到他们自己的销售活动，双方长期以来形成的合作关系将受到现实利益的冲击。公司如果不提前做出调整，势必会很被动。

（3）以淘宝网、京东商城、当当网、卓越亚马逊网为代表的线上零售平台近年来的强势发展极大地冲击了线下零售场所，公司原有的合作伙伴在这种冲击下未来如何发展很难预测。此外，以万达广场为代表的新型线下零售场所正发展得如火如荼，公司应对这样的新场所保持关注并展开合作。

讨论问题二：线上营销活动依托的平台如何选取？

如何选取线上营销活动依托的平台也是大家讨论的重点，管理人员对此形成了三种观点。

第一种观点认为，公司自建网站，不需要第三方平台。持该观点的原因在于：

（1）公司自建网站开展线上营销活动，能使公司获得完全的自主权，从而能够更好地应对市场环境的变化。

（2）公司自建的网站能通过注册会员制的方式使消费者自发形成网络社区，公司能通过对网络社区内消费者的引导增加其黏度，从而掌握一批忠诚的顾客。

（3）依赖第三方平台，公司的线上营销活动容易受到控制，难免为了配合第三方平台的促销攻势开展并不适合自身的活动，损害品牌美誉度。

第二种观点认为，公司完全依托第三方平台，不需要自建网站。持该观点的原因在于：

（1）依托第三方平台开展线上营销活动能借助平台的影响力提升亲亲家典的品牌知名度，并跟随平台的促销活动搭便车，节省成本。

（2）依托第三方平台开展线上营销活动能增加消费者对公司品牌的信任度，保障产品销售顺利开展。

（3）自建网站的成本较高，且维持费用不菲。此外，公司目前缺乏具有较高网站制作水平的员工，请其他公司建好网站后，后期一旦需要更新升级，一方面会增加费用支出，另一方面不能保证对方能完全理解公司的本意。

第三种观点认为，第三方平台与自建网站应同时进行。持该观点的原因较为中庸，即二者可以相得益彰、取长补短。

讨论问题三：如何实现线上营销活动与线下营销活动的有效融合？

线上营销活动与线下营销活动的有效融合是实施O2O营销策略的核心前提。郭总与管理团队共提出了三种方案，每种方案均有赞成意见和反对意见。

（1）方案一——线上宣传，线下销售。该方案的主要思想是，线上营销活动等同于营销沟通活动，消费者通过诸如微博、博客、社交网站等第三方平台能获取亲亲家典产品的各类信息，但无法在线上购买公司产品，只能去线下实体店铺购买，线下实体店铺不承担或很少承担品牌宣传方面的任务。

赞成意见认为，该方案一方面能借助第三方平台拥有的海量人脉极大地提升公司的品牌知名度；另一方面由于将消费者的购买行为全部引导至线下的实体零售店铺，可以使每位消费者很好地体验公司产品的质量，从而极大地提升公司的品牌美誉度。

反对意见认为，一方面，只利用线下实体零售店进行产品销售会失掉很多的潜在购买者，因为不少消费者由于工作忙碌可能只在网上购物，极少为了购买家纺产品专门去一趟实体零售店；另一方面，线上平台仅用作宣传信息未免大材小用，万一遇到竞争对手反过来利用网络水军散布不利于公司的虚假负面口碑，公司现阶段缺乏有效的手段去应对。“水能载舟，亦能覆舟”成为线上平台最好的写照。

（2）方案二——线下体验，线上销售。该方案的主要思想是，线下营销活动的主要目的在于给消费者提供一个舒适的体验环境，通过消费者对亲亲家典产品优异质量的实际感知激发其购买意愿，但购买行为在线上平台发生。

赞成意见认为，消费者的线下体验能带来媲美电视广告的口碑宣传效果，一个有着满意体验过程的消费者能作为意见领袖，把自身的感受和观点通过线上平台广为传播，通过滚雪球的方式同时提升品牌知名度与美誉度。

反对意见认为，线下体验带来的满意顾客并非都是理性的消费者，不排除相当比例的满意顾客属于感性的人，产生冲动性购买行为的可能性较大。冲动性购买行为来得快，去得也快。如果在体验过程之后经历一段时间再到线上购买，则会在这段时期失去购买意愿，对销售业绩无实际提升作用。

（3）方案三——线下与线上完全同步。该方案的主要思想是，线下营销活动与线上营销活动同时进行，同步展开。两类平台中宣传的信息一样，销售的产品一样，产品的销售价格也一样。

赞成意见认为，线下与线上的同步能使公司的宣传信息无处不在，从而最大可能地吸引所有潜在顾客，而且产品与价格无差异也能让消费者感受到公司的一视同仁，这对于维持和提升品牌美誉度都是有好处的。

反对意见认为，线上平台往往会根据产品展示的网页数向公司收取费用，而公司坚持市场导向的观念势必导致生产越来越多差异化的产品，致使产品数量增加，如果把这些产品全部放置于第三方平台，公司的运营成本会增大。此外，线上平台与线下平台的促销活动很难在同一时间段展开，一旦任何一方平台需要公司配合促销活动去调整产品及售价，就会产生窜货现象，不论对消费者还是对某一方平台，都难以交代。

思考与抉择

关于亲亲家典 O2O 营销策略的讨论会一直从下午 2 点开到傍晚 6 点，虽然许多关键问题悬而未决，但已经在公司内外引起热烈反响，这也直接反映到各部门的工作热情和工作态度上。令郭总十分欣慰的是，每个部门的管理人员均认同 O2O 营销策略对于贯彻落实公司未来发展思路的重要性，并且都在积极地参与讨论，畅所欲言。这反映出公司“大营销职能、小营销部门”的组织结构设计思想是正确的，这一思想有力地保障了公司在应对市场变化时的整体性。有这样一支凝聚力强的战斗团队，亲亲家典公司的明天将是美好的。然而，线下营销平台的选择是“结识新朋友，不忘老朋友”，还是“打扫干净屋子再请客”？线上营销平台的选择是“自力更生，艰苦创业”，还是“背靠大树好乘凉”？为了实现有效融合，线下营销活动该做什么？线上营销活动该做什么？是“你方唱罢我登场”，还是“心有灵犀一点通”？这些问题都值得郭总及各部门的管理人员进一步深思。

讨论题

1. 为什么亲亲家典公司要选择 O2O 营销策略，意义何在？

2. 亲亲家典公司在实施 O2O 营销策略时，应如何处理与原有线下渠道合作伙伴的关系？

3. 亲亲家典公司在实施 O2O 营销策略时，是否需要自建网站？

4. 亲亲家典公司在实施 O2O 营销策略时，应如何在“线上宣传，线下销售”、“线下体验，线上销售”与“线下与线上完全同步”三者之间进行选择？

参考文献

1. 菲利普・科特勒．营销管理（第 12 版）．上海：上海人民出版社，2006

2. 菲利普・科特勒．亚洲营销管理（第 3 版）．北京：中国人民大学出版社，2004

3. 菲利普・科特勒等．营销管理（亚洲版．第 5 版）．北京：中国人民大学出版社，2010

4. 阿姆斯特朗，科特勒．市场营销学（第 9 版）．北京：中国人民大学出版社，2010

5. 纪宝成，吕一林．市场营销学教程（第 5 版）．北京：中国人民大学出版社，2012

6. 吕一林．营销渠道决策与管理．北京：中国人民大学出版社，2005

7. 约翰・A・昆奇，罗伯特・J・多兰托，马斯・J・科斯尼克．市场营销管理——教程和案例．北京：北京大学出版社，2000

8. 吕一林译．哈佛商学院案例第 2 辑：营销管理．北京：中国人民大学出版社，2007

9. Barton Weitz，Robin Wensley. Handbook of Marketing. SAGE Publications Ltd.，2002

10. Michael J. Baker. Marketing：Critical Perspectives on Business and Management. Routledge. London and New York，2001

图书在版编目（CIP）数据

市场营销学/吕一林等编著．—5 版．—北京：中国人民大学出版社，2014.10
教育部经济管理类主干课程教材．市场营销系列
ISBN 978-7-300-20142-9

Ⅰ.①市… Ⅱ.①吕… Ⅲ.①市场营销学-高等学校-教材 Ⅳ.①F713.50

中国版本图书馆 CIP 数据核字（2014）第 235256 号

"十二五"普通高等教育本科国家级规划教材
北京高等教育精品教材
教育部经济管理类主干课程教材·市场营销系列
市场营销学（第五版）
吕一林　陶晓波　编著
Shichang Yingxiaoxue

出版发行	中国人民大学出版社		
社　　址	北京中关村大街 31 号	**邮政编码**	100080
电　　话	010－62511242（总编室）		010－62511770（质管部）
	010－82501766（邮购部）		010－62514148（门市部）
	010－62515195（发行公司）		010－62515275（盗版举报）
网　　址	http://www.crup.com.cn		
	http://www.ttrnet.com（人大教研网）		
经　　销	新华书店		
印　　刷	北京鑫丰华彩印有限公司	**版　　次**	2000 年 10 月第 1 版
规　　格	185 mm×260 mm　16 开本		2014 年 11 月第 5 版
印　　张	17 插页 1	**印　　次**	2019 年 3 月第 8 次印刷
字　　数	324 000	**定　　价**	35.00 元

教师教学服务说明

中国人民大学出版社工商管理分社以出版经典、高品质的工商管理、财务会计、统计、市场营销、人力资源管理、运营管理、物流管理、旅游管理等领域的各层次教材为宗旨。

为了更好地为一线教师服务，近年来工商管理分社着力建设了一批数字化、立体化的网络教学资源。教师可以通过以下方式获得免费下载教学资源的权限：

在中国人民大学出版社网站 www.crup.com.cn 进行注册，注册后进入“会员中心”，在左侧点击“我的教师认证”，填写相关信息，提交后等待审核。我们将在一个工作日内为您开通相关资源的下载权限。

如您急需教学资源或需要其他帮助，请在工作时间与我们联络：

中国人民大学出版社　工商管理分社

联系电话：010-62515735，82501048，62515782，62515987

电子邮箱：rdcbsjg@crup.com.cn

通讯地址：北京市海淀区中关村大街甲 59 号文化大厦 1501 室（100872）